高校法学教育与德育管理

宋述贤　巩绪福　严苗　著

吉林人民出版社

图书在版编目（CIP）数据

高校法学教育与德育管理 / 宋述贤，巩绪福，严苗
著. — 长春：吉林人民出版社，2021.11
ISBN 978-7-206-18719-3

Ⅰ. ①高… Ⅱ. ①宋… ②巩… ③严… Ⅲ. ①法学教
育－教学研究－高等学校②高等学校－德育工作－研究－
中国 Ⅳ. ①D90-42②G641

中国版本图书馆 CIP 数据核字（2021）第 222470 号

高校法学教育与德育管理

GAOXIAO FAXUE JIAOYU YU DEYU GUANLI

著　　者：宋述贤　巩绪福　严　苗
责任编辑：王　斌
装帧设计：瑞天书刊
出版发行：吉林人民出版社
地　　址：长春市人民大街 7548 号
印　　刷：济南文达印务有限公司
开　　本：787mm×1092mm　1/16
印　　张：21.5
字　　数：330 千字
标准书号：ISBN 978-7-206-18719-3
版　　次：2021 年 11 月第 1 版
印　　次：2021 年 11 月第 1 次印刷
定　　价：38.00 元

如发现印装质量问题，影响阅读，请与印刷厂联系调换。

前　言

当今世界呈现出政治多极化、经济全球化、文化多元化现象，各种文化与价值观相互融合、相互碰撞，与此同时，社会主义市场经济已在我国确立并发展，改革开放也已进入到一个崭新阶段，面对纷繁多变的社会，面对层出不穷的新事物，当代学生有思想、有见地，同时，一些文化及价值观中的消极因素、我国社会变革所产生的负面影响也会对学生造成困惑与迷惘。这对学校教育工作者提出了严峻挑战，如何运用学生能接受的方式、方法开展行之有效的德育教育是每一位学校教育工作者必须思考并研究的课题。

法学教育承担着培养法律人才、传播法律知识、弘扬法律精神、涵养法律道德的重要任务，是提高公民法律素质的重要渠道，是培养法律人才的主要阵地，是构建和谐社会、推进民主法治进程的一项基础性工作。在构建社会主义和谐社会的新形势下，法学教育必然面临着许多新的机遇和课题。我们要从依法治国、建设社会主义法治国家的高度，继续提升法学教育的地位；要从建立公正、高效、权威的社会主义司法制度的高度，继续发挥法学教育的作用；要在观念和制度两个层面，继续为法学人才施展才华创造更好的条件。

高校的教育承担着培养社会主义事业建设者与接班人的重任，进一步将法学教育与德育管理结合起来，更新观念，调整培养目标，拓宽专业口径，更好地适应社会发展对学校教育的要求。

本书共十八章，合计三十三万字。由来自菏泽学院的宋述贤担任第一作者，负责第一章至第四章的内容，合计 10 万字以上。由来自淄博职业学院的巩绪福担任第二作者，负责第七章至第十二章的内容，合计 10 万字以上。由来自陕西警官职业学院法律系的严苗担任第三作者，负责第五章至第六章、第十三章至第十八章的内容，合计 12 万字以上。由来自西安医学院的闫平担任副主编，也对本书的编写做出了贡献。

目　录

第一章　法学与德育

第一节　法学与德育的科学依据

"思想道德修养与法律基础"这门课程的设立，有着重要的科学依据。学习、掌握"思想道德修养与法律基础"，首先就要深入地探索和把握其科学依据，增强学习的自觉性、主动性和创造性。

一、坚持人的全面发展理论的需要

马克思主义关于人的全面发展的理论，是马克思主义科学理论的重要组成部分，是指导和促进人的全面发展与健康成长的科学指南，也是开设"思想道德修养与法律基础"课程最重要的理论根据。

马克思主义关于人的全面发展的理论有着丰富的内涵。

首先，人的全面发展是指劳动能力的全面发展。马克思指出："我们把劳动力或劳动能力，理解为一个人的身体即活的人体中存在的、每当他生产某种使用价值时就运用的体力和智力的总和。"因此全面发展的人必须克服由于私有制和旧的社会分工造成的脑力劳动和体力劳动的分离，避免"某种智力上和身体上的畸形化"，摆脱那种"极度地损害了神经系统，同时又压抑肌肉的多方面运动，侵吞身体和精神上一切自由活动"的劳动状况。所以，马克思讲的人的全面发展，是指人的劳动能力自由而全面的发展，它是以实行社会革命，消灭导致人畸形发展的资本主义私有制及旧式分工，建立以公有制为基础的新型社会为前提的。它既要求创造人全面发展的社会条件，同时也要求教育同生产劳动相结合。正如马克思、恩格斯所说："未来教育就是生产劳动同智育和体育相结合，它不仅是提高社会生产的一种方法，而且是造就全面发展的人的唯一方法"。只有这样，才能促进入的劳动能力的全面发展，使劳动者具有多方面的劳动能力，更好地适应产业结构调整过程中从原有的劳动部门和岗位向新的劳动部门和岗位转移的需要，即适应劳动转移和职业转换的需要。

其次，人的全面发展是指人的社会关系的全面发展。人的发展与人的社会关系有密切的联系。人的本质是一切现实社会关系的总和。每个人所结成的社会关系不同，其本质也不同，发展的社会平台也不同。社会关系不仅决定人的本质，也决定着人的发展。人的全面发展，用马克思的话来说，就是"个人关系和个人能力的普遍性和全面性"。因此，人的全面发展不仅包含人的劳动能力的全面发展，而且包含人的社会关系的全面发展。人的社会关系的发展就是"个人关系的普遍性和全面性"，是个人形成的社会关系日益普遍化、全面化的过程。人的社会关系发展得越充分，人的劳动能力的发展就越自由，人的社会本质就越完善，人的社会发展程度和价值实现程度就越高。一个人的发展往往取决于同他直接、间接交往的其他一切人的发展，一个人的社会交往程度越高，社会关系越丰富，视野就越开阔，获取的信息、知识、技能、经验就越多，能力的发展就越快，进步就越全面、越迅速。因此，在人的全面发展中，一定要注重人的社会关系的发展。为了促进入的全面发展，必须在生产力发展的基础上，不断改造旧的社会关系，发展新的社会关系，为个人形成日益全面而普遍的社会关系创造重要条件。这是人的全面发展的本质要求，也是社会进步的本质要求。

再次，人的全面发展是指人的素质的全面发展。人的素质的全面发展是马克思主义关于人的全面发展理论的重要内容。中国共产党继承和发展了马克思主义关于人的素质全面发展的思想。早在 1957 年，毛泽东就在《关于正确处理人民内部矛盾的问题》一文中，明确提出了促进人的德、智、体等素质全面发展的思想。他指出：我们的教育方针，应该使受教育者在德育、智育、体育几方面都得到发展，成为有社会主义觉悟的有文化的劳动者。邓小平早在改革开放之初，就多次谈道：要教育全国人民做到有理想、有道德、有文化、有纪律，努力培养社会主义"四有"新人，这就把人才培养过程中的德才兼备的素质要求具体化了。江泽民在纪念北京大学建校一百周年的讲话中指出：大学生要坚持学习科学文化与加强思想修养的统一，坚持学习书本知识与投身社会实践的统一，坚持实现自身价值与服务祖国人民的统一，坚持树立远大理想与进行艰苦奋斗的统一，就青年知识分子的发展目标、成长道路、价值取向及实现途径等提出了要求，为青少年的全面发展和健康成长指明了方向。1999年，在全国第三次教育工作会议上，江泽民在谈到素质教育时深刻指出：要说素质，思想政治素质是最重要的素质。不断增强学生和群众的爱国主义、集体主义、社会主义思想，是素质教育的灵魂。曾经在纪念中国共产党成立八十周年的重要讲话中，江泽民又进一步指出："要努力促进入的全面发展。这是马克思主义关于建设社会主义新社会的本质要求。""要努力提高全民族的思想道德素质和科学文化素质，实现人们思想和精神生活的全面发展。"他还指出：促进人的全面发展同推进经济、文化的发展和改善人民物质文化生活，是互为前提和基础的。"人越全面发展，社会的物质文化财富就会创造得越多，人民的生活就能得到改善，而物质文化条件越充分，又越能推进入的全面发展。"而这两方面发展都是永无止境的历史过程，"它们应相互结合、相互促进地向前发展"。2004年3月，胡锦涛在中央人口资源环境工作座谈会上的讲话中，从贯彻以人为本的科学发展观的高度，进一步阐述了促进人的全面发展的问题。他指出："坚持以人为本，就是要以实现人的全面发展为目标，从人民群众的根本利益出发谋发展、促发展，不断满足人民群众日益增长的物质文化需要，切实保障人民群众的经济、政治和文化权益，让发展的成果惠及全体人民。"这一思想把人的全面发展同贯彻科学发展观有机联系起来，并上升到治国理念的高度，是对马克思主义关于人的全面发展理论的新发展，对指导新时期大学生思想政治教育的开展具有重要意义。

坚持马克思主义关于人的全面发展的理论，不仅要注重全面促进大学生的劳动能力和社会关系的发展，而且要注重促进大学生综合素质的全面发展。

大学生劳动能力和社会关系的发展，最终也体现在德、智、体等素质的全面发展上。大学生的综合素质，包括思想道德素质、科学文化素质、身心健康素质。在大学生的素质结构中，思想道德素质是最重要、最核心的素质，它决定着大学生科学文化素质和身心健康素质的发展，决定着大学生整体素质的性质和方向，决定着大学生整体素质结构的优化。所以，提高大学生的综合素质，促进大学生的全面发展，必须大力加强思想道德教育，提高大学生的思想道德素质，带动和促进大学生科学文化素质和身心健康素质的发展，优化大学生的整体素质结构。而大学生的思想道德素质，包括人的思想素质、政治素质、道德素质、法律素质等。这些素质的全面发展与提高，不是一个自发的过程，而是一个自觉的过程。不仅需要自觉的自我学习，更需要开展系统的思想道德与法制教育，使大学生更好地掌握和内化社会的道德规范与法律规范，促进自身的全面发展与健康成长。因此，开设"思想道德修养与法律基础"课，是坚持和贯彻马克思主义关于人的全面发展理论，促进大学生全面发展和健康成长的需要。

二、坚持依法治国与以德治国相结合的需要

依法治国与以德治国相结合是新时期党在总结历史经验的基础上提出的重要治国方略。

依法治国与以德治国相结合，要求我们从治国方略的高度理解其科学内涵与特点。我们讲的依法治国，与中国古代的法治思想有根本不同。中国古代的法治思想实际上是刑治思想，虽然它也强调法律的作用，但强调"刑不上大夫，礼不下庶人"，重点是用法律来统治和驾驭普通百姓，而对上层统治者则网开一面，特别是社会的最高统治者，往往不受法律的制约。所以中国古代的所谓法治，实际上是人治，而不是现代意义上的法治，更不是我国在新的历史时期所提出的依法治国方略。

依法治国，其科学含义是：加强社会主义法治建设，以法律为重要依据和手段治理国家，为社会主义市场经济的发展和国家的治理提供重要的法律

保障。依法治国强调法律面前人人平等，不允许任何人凌驾于法律之上，强调依法保障人民群众当家做主，依法充分行使自己的民主权利，按照人民群众依法定程序形成的国家意志，即体现人民群众利益和意志的法律和制度，管理国家和社会事务。法治的特点，是以其权威性和强制手段规范社会成员的行为及其关系。法律强调他律，以强制性为基础。

以德治国是在对中国古代德治思想批判继承的基础上形成的重要治国方略。中国古代的统治者非常注重德治，孔子明确地把德治放在第一位，把法（刑）治放在第二位。用他的话来说，就是"道（导）之以政，齐之以刑，民免而无耻；道之以德，齐之以礼，有耻且格"。孟子继承并发挥了孔子的"德主刑辅"的思想，突出强调实施德政的重要性，认为只有实行德治，重礼义教化，方能统一天下。儒家经典《大学》对中国古代德治思想作了集中阐述，明确指出："大学之道，在明明德，在亲民，在止于至善……古之欲明明德于天下者，先治其国；欲治其国者，先齐其家；欲齐其家者，先修其身；欲修其身者，先正其心；欲正其心者，先诚其意；欲诚其意者，先致其知；致知在格物。物格而后知至，知至而后意诚，意诚而后心正，心正而后身修，身修而后家齐，家齐而后国治，国治而后天下平。自天子以至于庶人，壹是皆以修身为本。"明确强调治国要以"修身为本"，深刻揭示了修身、养性、齐家、治国、平天下的内在联系，彰显了儒家德治思想的精髓。

我们今天讲的以德治国，与中国古代的德治思想既有联系，更有区别。中国古代的德以德治国的科学含义是：加强社会主义道德建设，提高人民群众的思想道德素质，以坚持依法治国与以德治国相结合，需要把道德建设和法制建设结合起来，发挥道德和治思想，强调闭门内省而不重视社会实践的道德修养功能，强调自我修身而不注重在集体中共同提高道德水平，强调用封建社会的道德规范约束人们而不注重道德规范本身的调整、发展与完善。这与我们今天的以德治国方略完全不同。

社会主义道德为重要依据和手段来治理国家，为社会主义市场经济的发展和社会的全面进步奠定重要的道德基础。因此，以德治国，强调道德内省与实践磨炼的统一，强调个人修养与集体修养的统一，强调用社会主义道德规范约束人们行为与社会主义道德规范不断发展完善的统一。以德治国的重点，是通过以德育人，提高人们的道德素质，促进人们的道德自律与道德共律，规范经济社会行为，促进社会经济发展。德治的特点，是以其说服力和劝导力提高社会成员的思想认识和道德觉悟，规范社会成员的行为及其关系。道德强调自律，以自觉性为基础。

坚持依法治国与以德治国相结合，需要把道德建设和法制建设结合起来，发挥道德和法律在国家治理中的不同优势和作用。法律和道德，都是调整社会成员行为及其相互关系的社会规范，这是它们的共同本质。所不同的是，法律是运用国家力量强制推行的调节人们行为及其相互关系的行为规范，道德是运用社会舆论力量启发和引导人们自觉实行的调节人们行为及其相互关系的行为规范。法律依赖国家强制力，具有权威性和强制性；道德依赖内心自觉，具有自觉性与自愿性。法律强调平等性，法律面前人人平等；道德强调层次性，具有不同的境界，要把先进性与广泛性要求结合起来。道德为法治提供精神内核和价值导向，有利于增强人们遵守和执行法律、法规的自觉性；法律为德治提供实施手段和外部条件，并为社会成员提供了道德底线，有利于增强人们遵守和践行道德的权威性。在一定意义上讲，法律规范也是道德规范，是一个社会所能允许的最低的道德行为标准，是对一个公民的基本道德要求。道德和法律都是调整社会成员社会关系，保证社会和谐发展的重要手段。道德和法律具有不同的优势，在规范人们的社会行为和相互关系方面具有不同的作用，应该把两者结合起来，相互渗透、相互转化、相互促进，形成协调、规范人们社会行为和相互关系的有机的社会规范体系，促进社会秩序的完善与和谐社会的构建。

三、坚持"育人为本，德育为先"的需要

当今世界的竞争，主要表现为综合国力的竞争；综合国力的竞争主要表现为现代科学技术的竞争；现代科学技术的竞争主要表现为人才的竞争。科学技术是第一生产力，人才资源是第一资源。增强综合国力，关键在科学技

术；发展科学技术，关键在人才。中央提出实施科教兴国、人才强国战略，是加快社会主义现代化建设步伐、实现中华民族伟大复兴的重大举措。实施科教兴国、人才强国战略，必须大力发展教育事业，优先加强和发展德育，这是开发人才资源、推进社会主义现代化建设的时代要求。

我们党历来重视教育在塑造社会主义新人和促进国民经济发展中的重要作用。邓小平曾经指出："一个十亿人口的大国，教育搞上去了，人才资源的巨大优势是任何国家比不了的。有了人才优势，再加上先进的社会主义制度，我们的目标就有把握达到。"而在学校教育中，邓小平又指出：毫无疑问，学校应该永远把坚定正确的政治方向放在第一位。这一论断充分说明了思想政治教育在学校教育中的核心和首要地位。

中共中央、国务院发出《关于进一步加强和改进大学生思想政治教育的意见》，明确提出"学校教育、育人为本，德智体美、德育为先"，这是解决好"培养什么人，如何培养人"这一根本问题的重要原则，是新时期学校教育事业发展的重要方针。

育人为本，就是要求学校把人才培养作为根本任务，各项工作都要紧紧围绕人才培养来进行，为人才培养服务，促进人才全面发展。要坚持全员育人、全程育人、全方位育人，坚持教书育人、管理育人、服务育人，真正做到齐抓共管、整体育人，不断增强育人的合力。

德育为先，就是要求学校在德育、智育、体育、美育等各项教育活动中，坚持把思想道德教育作为教育的首要任务。要把促进大学生的全面发展作为思想政治教育的根本目标。通过加强思想道德教育，带动和促进智育、体育、美育和其他各项教育活动，全面提高学生的综合素质。德育为先，不仅可以保证我国高等教育的社会主义性质和方向，保证学生把坚定正确的政治方向放在第一位，而且可以寓德育于智育、体育之中，帮助学生明确学习目的和意义，调动学生学习的兴趣和积极性，增强精神动力，保证和推动智育、体育的顺利实施，促进大学生的全面发展。如果不把德育作为首要任务，教育既不可能坚持正确的方向，也难以顺利地向前发展。因此，德育为先，充分体现了教育的方向性和规律性。

党的十八大报告明确指出："坚持教育为社会主义现代化建设服务、为人民服务，把立德树人作为教育的根本任务，培养德智体美全面发展的社会主义建设者和接班人。"首次提出了教育的根本任务是"立德树人"。

"立德树人"同"育人为本、德育为先"是根本一致的。"立德树人"是学校教育的根本任务，"育人为本、德育为先"，是时代发展对学校教育的根本要求，也是对人才培养的根本要求。立德，就是立社会主义之德；树人，就是造就社会主义新人。树人先立德，立德为树人。只有坚持育人为本，德育为先，立德树人，才能培养和造就大批德智体美全面发展的社会主义建设者和接班人。大学生是十分宝贵的人才资源，是民族的希望，是祖国的未来。加强和改进大学生思想政治教育，提高大学生的思想政治素质，把大学生培养成中国特色社会主义事业的建设者和接班人，对于全面实施科教兴国和人才强国战略，确保我国在激烈的国际竞争中始终立于不败之地，确保实现全面建设小康社会、加快推进社会主义现代化的宏伟目标，确保中国特色社会主义事业兴旺发达、后继有人，具有重大而深远的战略意义。学校教育要把"立德树人"的根本任务和"育人为本、德育为先"的时代要求真正落实在人才培养之中，加强和改进大学生的思想道德教育，加强"思想道德修养与法律基础"课程建设，充分发挥思想政治理论课在大学生思想政治教育中的主渠道作用。大学生也应按照"立德树人""德育为先"的任务和要求，把思想道德修养放在首位，把学习科学文化知识与加强思想道德修养结合起来，把学习科学理论与投身社会实践结合起来，把教育与自我教育结合起来，不断提高自身的思想道德素质。

四、坚持建设社会主义核心价值体系的需要

加强社会主义核心价值体系建设，是我党明确提出的兴国铸魂的战略任务。党的十六届六中全会通过的《中共中央关于构建社会主义和谐社会若干重大问题的决定》早就明确指出："建设和谐文化是构建社会主义和谐社会的重要任务，社会主义核心价值体系是建设和谐文化的根本。"党的十七大

报告进一步明确指出："社会主义核心价值体系是社会主义意识形态的本质体现。要巩固马克思主义指导地位，坚持不懈地用马克思主义中国化最新成果武装全党、教育人民，用中国特色社会主义共同理想凝聚力量，用以爱国主义为核心的民族精神和以改革创新为核心的时代精神鼓舞斗志，用社会主义荣辱观引领风尚，巩固全党全国各族人民团结奋斗的共同思想基础。"党的十八大报告更是旗帜鲜明地强调："社会主义核心价值体系是兴国之魂，决定着中国特色社会主义发展方向。要深入开展社会主义价值体系学习教育，用社会主义核心价值体系引领社会思潮、凝聚社会共识。推进马克思主义中国化时代化大众化，坚持不懈用中国特色社会主义理论体系武装全党、教育人民，深入实施马克思主义理论研究和建设工程，建设哲学社会科学创新体系，推动中国特色社会主义理论体系教材进课堂进头脑。"

社会主义核心价值体系是我国的兴国之魂和社会主义思想道德的基石，在我国整个社会价值体系中居于核心地位，发挥着主导性作用，决定着我国整个社会价值体系的基本特征和基本方向，决定着我国社会主义现代化建设的兴衰成败和国家的前途命运。社会主义核心价值体系包括四个方面的基本内容，即马克思主义指导思想、中国特色社会主义共同理想、以爱国主义为核心的民族精神和以改革创新为核心的时代精神、社会主义荣辱观。其中，马克思主义指导思想是社会主义核心价值体系的灵魂，中国特色社会主义共同理想是社会主义核心价值体系的主题，民族精神和时代精神是社会主义核心价值体系的精髓，社会主义荣辱观是社会主义核心价值体系的基础。这四个方面基本内容相互联系、相互贯通，共同构成辩证统一的有机整体。社会主义核心价值体系对"思想道德修养与法律基础"课程建设起着根本的指导作用。在社会主义核心价值体系中，处于基础地位的社会主义荣辱观，对"思想道德修养与法律基础"课程具有具体的指导作用。

社会主义荣辱观全面充实和丰富了思想道德修养的时代内容，为系统开展大学生的思想道德教育提供了依据。社会主义荣辱观强调要热爱祖国、服务人民、崇尚科学、辛勤劳动、团结互助、诚实守信、遵纪守法、艰苦奋斗，内容非常丰富，涉及国家、人民、科学、劳动、团结、诚信、法制、勤俭等一系列问题，重点是要突出爱国主义、集体主义、社会主义教育，进一步树立正确的人生观、价值观、道德观、法制观。这些既是大学生思想道德修养的基本要求，也是"思想道德修养与法律基础"课程的基本内容。"思想道德修养与法律基础"课程要根据社会主义荣辱观的丰富内容和基本要求，结合大学生的思想实际，精心设计大学生思想道德修养的内容，系统开展大学生思想道德教育，把社会主义荣辱观的思想体系转化为"思想道德修养与法律基础"课程的知识体系，把"思想道德修养与法律基础"的知识体系转化为学生的思想道德素质，把学生的思想道德素质转化为学生的社会实践行为，从而不断提高大学生的整体素质，促进大学生的全面发展和健康成长。

社会主义荣辱观集中体现了思想道德修养的本质要求，为坚持社会主义的价值取向提供了依据。我国社会主义社会思想道德修养的本质要求是要坚持社会主义的价值取向。社会主义荣辱观教育实质上是一种价值观教育。人们对荣誉与耻辱的观念与看法本质上是人们价值观念的展现。人们在国家、人民、科学、劳动、团结、诚信等问题上的不同看法和态度，实际上反映了人们不同的价值判断和价值取向，体现了人们不同的价值标准与价值选择。所以，我们要把社会主义荣辱观教育上升到社会主义价值观的高度上来加以认识和实施，只有这样，才能深刻把握这一教育的本质要求，提高思想道德教育的效果。社会主义荣辱观教育要求始终坚持以集体主义为核心的社会主义价值观的主导地位。

以"八荣八耻"为主要内容的社会主义荣辱观教育是"五爱"教育在新的历史条件下的延伸与深化。"八荣八耻"涉及国家、人民、科学、劳动、互助、诚信、守法、勤俭等各种问题上的价值关系，其中最根本的是国家、集体与个人的利益关系问题。正是在国家利益、集体利益和个人利益有所冲突的时候，才能真实反映出一个人的荣辱观念、价值取向和道德水准。国家、集体与个人的利益关系实质上就是公与私的关系问题，是社会价值和自我价值的关系问题，对这种关系的认识与处理是社会主义价值观的核心问题，是社会主义荣辱观的根本问题，也是判断人的荣辱观念和道德水准的根本尺度。以集体主义为核心的社会主义价值观是贯穿社会主义荣辱观教育的一根红线。"八荣八耻"教育是以集体主义为核心的社会主义价值观的具体表现。在"八荣八耻"的明荣知耻教育中，"以热爱祖国为荣、以危害祖国为耻"，"以服务人民为荣、以背离人民为耻"，强调的是祖国和人民的利益高于个人的利益，要把祖国和人民的利益放在第一位，自觉地服务祖国和人民，维护与实现国家和人民的利益，这是以集体主义为核心的社会主义价值观的具体体现。"以崇尚科学为荣、以愚昧无知为耻"，"以辛勤劳动为荣、以好逸恶劳为耻"，"以艰苦奋斗为荣、以骄奢淫逸为耻"，强调的是用发展科学、辛勤劳动、艰苦奋斗来造福人民、造福社会，而不能只沉湎于个人的安乐享受，同样是以集体主义为核心的社会主义价值取向的体现。"以团结互助为荣、以损人利己为耻"，"以诚实守信为荣、以见利忘义为耻"，"以遵纪守法为荣、以违法乱纪为耻"，强调的是团结、诚信、守法，倡导建立以合理利益关系为基础的新型的人际关系，注重运用社会主义道德规范和法律规范，来调整人与人之间的相互交往和利益关系，这也是在人际交往和利益实现过程中遵循以集体主义为核心的社会主义价值观的具体要求和体现。因此，在以社会主义荣辱观为指导，进行"思想道德修养与法律基础"课程教学时，要教育和引导学生深刻认识人的社会本质，从社会主义生产关系的本质要求出发，坚持以集体主义为核心的价值观，正确认识和处理国家、集体、个人三者利益关系，自我价值与社会价值的关系，以自私自利为耻，以服务祖国和人民为荣，把个人利益融入到国家、集体利益之中，把个人理想融入到共同理想之中，把个人力量融入到集体力量之中，在实现国家、集体利益的过程中实现个人的利益，在实现社会价值的过程中实现自我价值。

第二节　法学与德育的内容体系

一门课程总是要从一定的逻辑起点出发，遵循一定的思路，建构该课程的内容体系与逻辑结构。

一、逻辑起点

本课程包括思想道德修养和法律基础两部分内容，作为一个完整的课程体系，具有共同的逻辑起点，这就是"全面发展的合格人才"。

首先，全面发展的合格人才是大学生"思想道德修养与法律基础"课程教育中最简单和最高的概括，体现着教育的根本目标和本质要求。我国的教育方针明确规定，要培养德、智、体、美等全面发展的社会主义事业的建设者和接班人。中共中央、国务院《关于进一步加强和改进大学生思想政治教育的意见》指出，加强和改进大学生思想政治教育的指导思想是：坚持以马克思列宁主义、毛泽东思想、邓小平理论和"三个代表"重要思想为指导，深入贯彻党的十六大精神，全面落实党的教育方针，紧密结合全面建设小康社会的实际，以理想信念教育为核心，以爱国主义教育为重点，以道德建设为基础，以大学生全面发展为目标，解放思想、实事求是、与时俱进，坚持以人为本，贴近实际、贴近生活、贴近学生，努力提高思想政治教育的针对性、实效性、吸引力、感染力，培养德、智、体、美全面发展的社会主义合格建设者和可靠接班人。高等教育的根本目标和任务，说到底是培养适应我国社会主义现代化建设需要的全面发展的合格人才。这样的人才，既要有高于社会一般成员的思想道德素质，又要有高于社会一般成员的法律素质，而且这两种素质的培养又是不可分割、互相联系的。大学生是受教育程度最高的社会成员，是社会未来各条战线的骨干，是国家的精英和栋梁。对于大学生在思想道德素质、法律素质乃至整体素质上，应该有更高的要求。开设"思想道德修养与法律基础"课程，有助于从整体上培养大学生良好的思想道德素质和法律素质，进而提高大学生的综合素质，促进大学生的全面发展，使其真正成为社会主义现代化建设所需要的全面发展的合格人才。由此可见，培养全面发展的合格人才是整个大学生思想政治教育的出发点和落脚点，从而也构成了大学生思想道德修养与法律基础的逻辑起点。

其次，全面发展的合格人才潜在地蕴含着大学生"思想道德修养与法律基础"这门课程的全部信息量。"思想道德修养和法律基础"课程作为对大学生进行系统的、有计划的思想政治教育的主渠道之一，实际上是紧紧围绕着全面提升大学生的思想道德素质和法律素质，遵循大学生思想政治品德形成和发展的规律来设计课程内容和教授方式的，并且以是否达到培养全面发展的合格人才这一终极目标作为检查和评价教育效果的标准和依据。"思想道德修养与法律基础"课程可以说是从培养全面发展的合格人才出发，而又围绕着全面发展这个核心来展开的。"思想道德修养与法律基础"课程体系中的人生观、价值观、法制观的教育内容，以及从道德与法律的理论、规范到实践的发展结构都是为提高大学生的思想道德素质和法律素质，促进大学生的全面发展服务的。"全面发展的合格人才"为"思想道德修养与法律基础"这门课程丰富内容的展开，提供了重要的起始信息平台。

最后，全面发展的合格人才体现了历史与逻辑相统一的要求。培养全面发展的合格人才不仅是"思想道德修养与法律基础"课程的逻辑要求，而且是我国高等学校人才培养的历史要求。中华人民共和国成立以来，我国高等教育经历了不同的历史发展阶段，特别是改革开放以来，高等教育进入到新的历史发展时期。尽管在人才培养过程中一度出现过曲折，但不论是哪一历史阶段，培养全面发展的合格人才始终是我国高等教育的根本目标和内在要求。在人才培养过程中，通过思想道德素质的培养来推动大学生全面素质的提高是中华人民共和国成立以来我国人才培养的基本做法和经验。在全面建设小康社会的新世纪、新阶段，"思想道德修养与法律基础"课程更要始终坚持和自觉体现这一要求，紧密联系大学生思想道德发展的新情况和特点，提高教育实效，努力培养时代需要的全面发展的合格人才。

二、基本思路

如果说"全面发展的合格人才"是本课程的逻辑起点，那么促进大学生的社会化、把大学生培养成全面发展的合格人才就是本课程的逻辑主线和基本思路。本书的基本思路如下：

第一，从个体到社会。所谓从个体到社会，就是从大学生个人成长、成才的实际出发，促进大学生的社会化，使大学生接受和内化社会的道德规范和法律规范，促进大学生的健康成长和全面发展，把大学生培养成为社会所需要的合格人才，进而通过促进大学生的个人成才和全面发展达到促进社会全面发展的目的。

"思想道德修养与法律基础"课程所要解决的基本矛盾是大学生的思想政治品德状况同社会所要求的思想政治品德之间的矛盾。大学生思想政治教育坚持以人为本，就是要坚持以学生为本，从学生思想道德发展的内在需要和实际情况出发，着力解决好大学生思想政治品德状况同社会所要求的思想政治品德之间的矛盾，引导大学生超越自我，把个人发展与社会发展结合起来，促进大学生思想道德品质的发展，促进大学生的社会化，实现大学生由自在的自我角色向合格的社会成员的转化。

"思想道德修养与法律基础"课程要把着力点放在满足大学生思想道德发展的内在需要和大学生成长、成才的迫切要求上来，解决大学生在学习、生活及成长过程中遇到的道德困惑与法律难题，教育和引导大学生认识思想道德发展在人生成长和事业发展中的重要价值，把握自身思想道德发展及全面发展的内在需要，积极主动地参与思想道德与法律培养的过程，增强思想道德发展的主体性，把自己由思想道德教育的客体变为思想道德发展的主体，把"要我育德"变成"我要育德"，把"社会要我育德"变成"自我需要育德"，使学生实现思想道德素质和法律素质的升华。

第二，从实然到应然。所谓实然，是指大学生现实的思想政治品德状况；所谓应然，是指社会所要求大学生应该达到的思想政治品德状况。实然和应然可以说是贯穿于"思想道德修养与法律基础"课程始终的矛盾，整个课程的教学就是在不断地解决这个矛盾中展开的。在"思想道德修养与法律基础"课程中，我们要避免离开大学生的思想实际和思想政治品德素质发展的内在特点来谈思想政治教育的目标，否则将会使思想政治教育的目标成为悬浮于现实世界之上的空中楼阁。但是，我们又不能局限于实然，只停留在现实上，一味地回避应然，躲避崇高。"思想道德修养与法律基础"课程要在紧密联系大学生现有的接受水平和思想政治品德发展状况的前提下，提出其未来可以通过努力达到的思想道德发展目标，然后达到全面成长、成才的最终目标。这就要求本课程必须在研究大学生思想政治品德的"实然"基础上提出思想政治教育可以达到的"应然"。

实然和应然的问题，也就是现实和理想的问题。从实然到应然，就是要从现实到理想，即一切从实际出发，从学生现实的思想道德状况及其客观环境出发，提出学生思想道德素质和整体素质发展的目标，作为思想道德教育和法律教育所要达到的理想状态，经过有效的教育活动，实现学生由现实的思想道德状况向理想的思想道德状况发展，实现学生由现实人格向理想人格的升华，促进学生的全面发展和健康成长。

第三，从内化到外化。在思想政治教育过程中，内化是指受教育者将所学习、了解和掌握的思想道德规范和法律规范内化为自己的思想认识和思想政治品德；外化是指受教育者将这种思想认识和思想政治品德付诸实践，体现于自身的行为，形成自身的行为习惯。简言之，内化是一个认识过程，外化则是一个实践过程；内化是一个由外到内的过程，外化是一个由内到外的过程，内化和外化构成了一个相互衔接、不断螺旋式上升的发展过程。中国古代的儒家经典《大学》中提出了著名的"修齐治平"理论，即"格物、致知、诚意、正心、修身、齐家、治国、平天下"，实际上已经提出了一套内圣外王、从内化到外化的思想道德教育理论与方法。

三、内在结构

"思想道德修养与法律基础"课程的内在结构，主要体现为"一体两翼，三个层次"。

"一体"，即以大学生的全面发展为主体。大学生的全面发展始终是贯穿于"思想道德修养与法律基础"课程内容的主体和躯干。

"两翼"，是指思想道德规范和法律规范构成了本门课程两方面的主要教育内容，两者缺一不可，共同服务于大学生的全面发展。两者如同主体的两翼，两翼服务于主体，主体依赖于两翼，没有主体，两翼就缺乏赖以存在的基础；没有两翼，主体就缺乏赖以实现的载体。

思想道德规范，主要包括人生观、价值观、道德观的有关教育内容和规范。重点是人生发展、人生理想、人生道路、人生价值、人际关系，以及社会主义道德、公民道德的基本内容，尤其是大学生的学习道德、生活道德、恋爱道德、择业道德、职业道德、网络道德等。

法律规范，主要包括大学生作为公民应当具有的法律意识、法律精神和法律素质。重点是培养学生法律面前人人平等、权利与义务统一、民主与法治统一的法制观念，增强学生依法办事、依法行事、依法维权的自觉性。

"三个层次"，是指在内容进展上，本课程分为原理篇、规范篇、实践篇三个层级分明并相互衔接的有机组成部分，循序渐进，逐步展开。

原理篇：主要以全面发展的合格人才应具备的基本素质为起点，以德治与法治、道德与法律之间的辩证关系作为重要依据，论述个人成长过程中思想道德素质、科学文化素质和健康素质之间的辩证关系，以及思想道德素质中思想、政治、道德和法制观念等结构内部的相互关系，帮助大学生深刻认识"思想道德修养与法律基础"课程设置的目的和基本要求。

规范篇：主要从个人与社会关系角度出发，根据社会主义思想道德基本要求和社会主义法律的基本规范，结合大学生成长、成才过程中所遇到的实际问题，从具体问题、日常行为规范层面逐渐上升到思想观念和人生价值层面，再上升到社会主义思想道德和法律规范层面，上升到理想信念和法律精神层面，系统、全面地阐述社会主义思想道德要求和法律规范。

实践篇：主要从大学生道德实践和法律实践的角度，引导学生在接受社会主义思想道德要求和法律观念的过程中，如何把社会主义思想道德要求内化为自己的道德行为，如何在学习社会主义法制观念的过程中做到遵纪守法、知法用法，不断在实践中提升自己的思想道德素质和法制观念。

加强大学生思想道德教育与法律教育的根本目的，是为了引导大学生加强人生修养，实践社会的道德规范与法律规范，促进大学生全面成才与社会的全面进步。

第三节　法学与德育的要求

学习"思想道德修养与法律基础"课程，还要掌握其学习方法与要求。

一、道德与法律相结合

道德与法律是本书两大不可分割的组成部分，在学习的过程中，要坚持整体学习方法，不仅要了解道德与法律、道德规范与法律规范的主要内容与基本精神，更要把道德规范与法律规范紧密联系起来，了解道德与法律、道德规范与法律规范的本质联系与相互作用，了解法律的道德基础与道德的法律保障，了解道德与法律的相互贯通与相互转化，了解道德与法律在促进人才成长与社会发展中的不同优势和重大作用，把对基本法律义务的遵循与较高的道德境界的追求联系起来，把法律意识与道德精神联系起来，相互促进，共同把握，整体提高。

二、内化与外化相统一

要在学习中实践，用正确的认识来指导和规范自己的行为，养成良好的道德习惯，通过内化为外化创造重要的前提和条件；要在实践中学习，注重在实践中理解、掌握和运用道德规范和法律规范，通过外化来体现、巩固和检验内化的成果。内化和外化相统一的原则应该贯穿于这门课程学习的始终。

三、理论与实践相联系

要把学习"思想道德修养与法律基础"课程的书本知识同投身于社会实践紧密结合起来，注重联系社会实践和大学生的思想实际，学习和掌握思想道德规范和法律规范。注重运用思想道德理论和法律规范推动大学生的人生修养实践和社会实践活动，在实践中提高自身的道德素质和法律素质。

四、教育与自我教育相促进

学习"思想道德修养与法律基础"课程，必须始终把教育与自我教育有机统一起来。教育以自我教育为目的，教是为了不教；自我教育以教育为指导，要不断提高自我教育的科学性与有效性。教育与自我教育相结合，就是把教育者的主导作用与受教育者的主动作用结合起来，把教育的外因与内因结合起来，不断增强大学生在思想道德修养与法律知识学习上的主动性与主体性，进一步提高"思想道德修养与法律基础"课程教学的实效。

第二章　学习宪法法律和法治体系

第一节　法律的概念及发展

一、法律的词源与含义

（一）法的含义

在中国传统文化中，法律富含着公平如水、正义神圣的深刻意蕴，寄托着惩恶扬善、匡扶正义的价值追求。据《说文解字》考证，汉语中"法"的古体是"灋"。"灋，刑也。平之如水，从水；廌，所以触不直者去之，从去。"在古代，"法"主要表现为"刑"或"刑律"。古代的"刑"既有刑戮、罚罪之意，也有规范之意。"廌"也称"獬豸"，是传说中的一种独角神兽，它公正不阿，善断是非曲直。据说，我国的司法鼻祖皋陶就用它来裁判诉讼案件，被獬豸用独角顶触的一方即败诉或有罪。在古代文献中，"法"除与"刑"通用外，也往往与"律"通用。据《尔雅·释诂》记载，在秦汉时期，"法"与"律"二字已同义，都有常规、均布、划一的意思。《唐律疏议》更明确指出"法亦律也，故谓之为律"，战国李悝"集诸国刑典，造《法经》六篇……商鞅传授，改法为律"。"法律"作为独立合成词，在古代文献中只偶尔出现过，近现代才成为主要用法。清末以来，"法"与"法律"常常并用。

所以，我们可以得出两个直观的结论：

1.国家判断人们行为的是非曲直的标准——法。

2.体现国家判断人们行为是非曲直而且人人必须遵守的典籍——法律。

19

（二）法律的含义

我国法学界通说，法律是由国家制定或认可并依靠国家强制力保证实施的，反映由特定社会物质生活条件所决定的统治阶级意志，规定权利和义务，以确认、保护和发展有利于统治阶级的社会关系和社会秩序为目的的行为规范体系。

就我国现行法律而论，"法律"一词有广义和狭义两种用法。广义的法律是指法律的整体，主要包括宪法，全国人民代表大会及其常务委员会制定的法律，国务院制定的行政法规，中央军事委员会制定的军事法规，地方国家权力机关制定的地方性法规，民族自治地方人民代表大会制定的自治条例和单行条例，以及国务院部门规章和地方政府规章等。狭义的法律仅指全国人民代表大会及其常务委员会制定的法律。在社会生活中，人们所讲的法律通常是指广义的法律。

二、法律的本质与特征

（一）法律的本质

法律是统治阶级意志的体现。

具体指：

1.法律体现的是统治阶级的整体意志，不是统治阶级内部个别人的意志。

2.法律保护的是统治阶级的整体利益，所以统治阶级也必须遵守法律。

3.法律体现的是上升为国家意志的统治阶级意志，即通过国家立法的形式所体现的意志。它不是统治阶级意志的全部，统治阶级的意志还通过政策道德等形式来体现。

4.法律是由特定社会的物质生活条件决定的。社会物质生活条件是指与人类生存相关的物质资料的生产方式、地理环境和人口等。其中，生产方式是决定法律的本质、内容和发展方向的根本因素。有什么样的生产方式，就有什么性质和内容的法律。

（二）法律的特征

法律是由国家制定或认可并以国家强制力保证实施的、反映由特定社会物质生活条件所决定的统治阶级意志的规范体系。

1.制定，即国家机关在法定职权范围内依照法律程序，制定、补充、修改、废止规范性法律文件的活动。

2.认可，即国家机关赋予某些既存社会规范以法律效力，或者赋予先前的判例以法律效力的活动。

3.强制力，是由国家保证实施，即具有国家强制性。这种强制性，既表现为国家对违法行为的否定和制裁，也表现为国家对合法行为的肯定和保护。

三、法律的产生与发展

法律不是凭空出现的，而是产生于特定时代的物质生活条件基础之上的。社会物质生活条件是指与人类生产相关的物质资料的生产方式、地理环境和人口等。其中，物质资料的生产方式既是决定社会面貌、性质和发展的根本因素，也是决定法律本质、内容和发展方向的根本因素。生产方式包括生产力和生产关系两个方面，对法律产生决定性的影响。

目前社会发展产生了四种性质的法律，即奴隶制法律、封建制法律、资本主义法律、社会主义法律。

第二节　我国社会主义法律

一、社会主义法律的特征

（一）我国社会主义法律的本质特征

从体现的意志看，我国社会主义法律是党的主张和人民共同意志的体现，是阶级性与人民性的统一。我国是中国共产党领导的人民民主专政的社会主义国家，人民是国家的主人，制定法律的权力属于人民。社会主义法律体现党的主张和人民共同意志，维护人民的共同利益，巩固中国共产党的执政地位。

从实质内容看，我国社会主义法律是社会历史发展规律、自然规律的反映，是科学性和先进性的统一。我国社会主义法律的科学性和先进性主要体现在三个方面：一是坚持以辩证唯物主义和历史唯物主义的世界观、方法论以及中国特色社会主义法治理论为指导；二是善于借鉴我国传统法律和外国法律的成功经验；三是立法体制、立法程序和立法技术能适应时代发展而不断改革与创新，确保立法的质量和水平。

从法律的社会作用来看，我国社会主义法律是中国特色社会主义事业顺利发展、社会主义和谐社会建设的法律保证。

（二）中国特色社会主义法律体系的特征

中国特色社会主义法律体系，是以宪法为统帅，以宪法相关法、民法商法等多个法律部门的法律为主干，由法律、行政法规、地方性法规等多个层次的法律规范构成的法律体系。它体现了中国特色社会主义的本质要求，体现了改革开放和社会主义现代化建设的时代要求，体现了结构内在统一而又多层次的科学要求，体现了继承中国法制文化优秀传统和借鉴人类法制文明成果的文化要求，体现了动态、开放、与时俱进的发展要求。

二、社会主义法律的作用

法律的作用是指法律对人的行为和社会关系所产生的影响。法律的作用是历史的，与法律所反映的经济基础和阶级本质紧密相连。任何法律都要维护统治阶级的根本利益和核心价值，为统治阶级服务。我国社会主义法律反映了社会主义初级阶段的特点，其最重要的作用表现为确立和维护社会主义的政治制度、经济制度、社会秩序以及推动社会改革与进步。此外，社会主义法律和其他法律一样，还有指引、预测、评价、教育、强制等重要作用。

三、社会主义法律的运行

法律的运行是一个从创制、实施到实现的过程。这个过程主要包括法律制定（立法）、法律执行（执法）、法律适用（司法）、法律遵守（守法）等环节。法律制定是国家对权利和义务，即社会利益和负担进行的权威性分配；法律的遵守、执行、适用则是把法定的权利和义务转化为现实的权利和义务，把文本上的法律转化为现实中的法律。

第三节　我国的宪法与法律部门

一、我国宪法确立的基本原则与制度

首先，我国人民代表大会制度的优越性主要表现在保障人民当家做主，有利于调动人民群众建设社会主义的积极性、主动性、创造性，保证国家机关协调高效运转，有利于维护国家统一和民族团结等。我国的人民代表大会与"一府两院"不是相互掣肘，不是相互拆台，而是合理分工、协调一致。其次，我国不能照搬西方政治制度模式的"三权分立"。"三权分立"是资本主义制度的重要组成部分，意指立法权、行政权、司法权分立。最初体现为阶级分权，有削弱王权反对封建的意义。资产阶级统治稳固以后，演变为阶级内部不同的利益集团之间的分权。资产阶级内部存在大量的政治派别和利益集团，通过分权制约来协调各利益冲突。在我国，广大人民的根本利益是一致的，不存在根本利益不同的集团，因而也就没有"三权分立"赖以存在的社会基础。而且权力分立的所谓民主形式下，容易造成各权力部门各行其是，一些简单的事情常常被复杂化，重大的问题又容易久拖不决。在我国实行"三权分立"既无政治基础，更无经济基础和阶级基础。

二、我国的实体法律部门

（一）宪法相关法

宪法相关法是与宪法相配套、直接保障宪法实施和国家政权运作等方面的法律规范，主要包括国家机构的产生、组织、职权和基本工作原则方面的法律，民族区域自治制度、特别行政区制度、基层群众自治制度方面的法律，维护国家主权、领土完整、国家安全、国家标志象征方面的法律，保障公民基本政治权利方面的法律。

宪法相关法包括：全国人民代表大会组织法、国务院组织法、人民法院组织法、人民检察院组织法等法律；有关国家机构的组织、职权和权限等方面的制度；香港特别行政区基本法、澳门特别行政区基本法，特别行政区制度；居民委员会组织法和村民委员会组织法，城乡基层群众自治制度；缔结条约程序法、领海及毗连区法、专属经济区和大陆架法、反分裂国家法和国旗法、国徽法等；集会游行示威法、国家赔偿法等，以及民族、宗教、信访、出版、社团登记方面的行政法规。

（二）民法商法

孟德斯鸠的名言"在民法慈母般的眼神中，每个人就是整个国家"，形象地道出了现代民法精神的真谛。与公法关注国家权力不同，处于私法核心地位的民法是公民个体自由与尊严的保障，它反对重物轻人，推崇权利平等。民法精神潜藏于生活的每个角落，促使每个人幸福而又有尊严地生活。

民法是调整平等主体的公民之间、法人之间、公民和法人之间的财产关系和人身关系的法律规范，遵循民事主体地位平等、公平、诚实信用等基本原则。商法遵循民法的基本原则，同时秉承保障商事交易自由、等价有偿、便捷安全等原则。

随着市场经济的发展，我国陆续制定了合同法、物权法、农村土地承包法等法律，建立健全了债权制度和包括所有权、用益物权、担保物权的物权制度；制定了侵权责任法，完善了侵权责任制度；制定了婚姻法、收养法、继承法等法律，建立和完善了婚姻家庭制度；制定了涉外民事关系法律适用法，健全了涉外民事关系法律适用制度；制定了公司法、合伙企业法、个人独资企业法、商业银行法、证券投资基金法、农民专业合作社法等法律，建立健全了商事主体制度；制定了证券法、海商法、票据法、保险法等法律，建立健全了商事行为制度，海上贸易、票据、保险、证券等市场经济活动制度逐步建立并迅速发展。

（三）行政法

行政法是关于行政权的授予、行政权的行使以及对行政权的监督的法律规范，调整的是行政机关与行政管理相对人之间因行政管理活动发生的关系。

行政法包括：行政处罚法、行政复议法、行政许可法等。

（四）经济法

经济法是国家从社会整体利益出发，对经济活动实行干预、管理或者调控的法律规范，是国家对市场经济进行适度干预和宏观调控的法律手段和制度框架，旨在防止市场经济的自发性和盲目性所导致的弊端。

经济法包括：预算法、价格法、中国人民银行法；企业所得税法、个人所得税法、车船税法、税收征收管理法，增值税暂行条例等行政法规；银行业监督管理法、反洗钱法；农业法、种子法、农产品质量安全法；铁路法、公路法、民用航空法、电力法；土地管理法、森林法、水法、矿产资源法；节约能源法、可再生能源法、循环经济促进法、清洁生产促进法等。

（五）社会法

社会法是调整劳动关系、社会保障、社会福利和特殊群体权益保障等方面的法律规范，遵循公平和谐与国家适度干预原则，通过国家和社会积极履行责任，对劳动者、失业者、丧失劳动能力的人以及其他需要扶助的特殊人群的权益提供必要的保障，维护社会公平，促进社会和谐。

社会法包括：劳动法；矿山安全法、职业病防治法、安全生产法；劳动合同法、就业促进法和劳动争议调解仲裁法；红十字会法、公益事业捐赠法和基金会管理条例；工会法；社会保险法；2016 年 9 月 1 日实施的《中华人民共和国慈善法》等。

第四节　建设中国特色社会主义法治体系

一、建设中国特色社会主义法治体系的意义

中国特色社会主义法律体系是我国法律制度建设走向完善的标志，主要从器物层面来讲，是依法治国的制度基础。法治体系是从治国理政的思维层面来讲。建设中国特色社会主义法治体系、建设社会主义法治国家，鲜明回答了我国社会主义法制建设将往哪里走、怎么走的最根本问题，明确了全面依法治国的根本目的和历史任务。同时它是国家治理体系的重要组成部分，体现了党按照宪法法律治国理政、按照党纪党规从严治党的坚定决心，在法治轨道上推进国家治理体系和治理能力现代化。

建设中国特色社会主义法治体系的意义：凝聚思想共识的法治航标；推进国家治理现代化的重要举措；全面依法治国的基础工程。

二、建设中国特色社会主义法治体系的内容

建设中国特色社会主义法治体系，就是在中国共产党领导下，坚持中国特色社会主义制度，形成完备的法律规范体系、高效的法治实施体系、严密的法治监督体系、有力的法治保障体系、完善的党内法规体系，坚持依法治国、依法执政、依法行政共同推进，坚持法治国家、法治政府、法治社会一体建设，实现科学立法、严格执法、公正司法、全民守法，促进国家治理体系和治理能力现代化。

三、全面依法治国的基本格局

党的十八大提出了"科学立法、严格执法、公正司法、全民守法"的十六字方针，党的十八届四中全会将其作为全面依法治国的基本格局，并做出了更加明确具体的部署。

科学立法。"立善法于天下，则天下治；立善法于一国，则一国治。

严格执法。"天下之事，不难于立法，而难于法之必行。

公正司法。"理国要道，在于公平正直。

全民守法。一切法律中最重要的法律，既不是铭刻在大理石上，也不是铭刻在铜表上，而是铭刻在公民的内心里。法律的权威源自人民的内心拥护和真诚信仰。

第三章　增强法律意识弘扬法治精神

第一节　领会社会主义法律精神

一、我国社会主义法律的内涵

法律不是从来就有的，而是随着私有制、阶级和国家的出现逐步产生的。根据其所需的经济基础和反映的阶级本质来划分，人类社会先后存在过四种历史类型的法律，即奴隶制法律、封建制法律、资本主义法律和社会主义法律。当代中国的法律属于社会主义类型的法律。

（一）法律的一般含义

把握我国社会主义法律的内涵，首先要了解法律的一般含义。

法律是一种公平的规则，即人类在社会层次的规则，社会上人与人之间关系的规范。从法律发展史来看，法律是一种复杂的社会历史现象。直到19世纪40年代马克思主义法学的产生，人们才开始对法的本质有了深刻的揭示和科学的概括。马克思、恩格斯在《德意志意识形态》《共产党宣言》等许多著作中对法的本质进行了论述，这也是其历史唯物主义的重要内容。只有透过各种法律现象，把握深藏其后的本质，才能深刻揭示出法律的一般含义。

1.法律是由国家创制并保证实施的行为规范

人类为了社会共同生活的需要，在社会互动过程中衍生出来的由人们共同制定并明确施行了社会行为的规矩和社会活动的准则，即为社会规范。其本质是对社会关系的反映，也是社会关系的具体化，它包括风俗习惯、道德规范、宗教规范、社会礼仪、职业规范、法律规范等。社会规范是社会控制的重要手段，各种行为规范互相配合，能够有机地组成一个社会规范体系，调整人们各个方面的社会行为，维护一定的社会秩序，使社会活动进入一定的轨道。

法律区别于道德规范、宗教规范、风俗习惯、社会礼仪、职业规范等其他社会规范的首要之处在于，它是由国家创制并保证实施的社会规范。国家创制法律规范的方式主要有两种：第一，法律规范的制定。国家机关在制定的职权范围内依照法律程序，制定、补充、修改、废止规范性法律文件的活动。第二，法律规范的认可。国家机关赋予某些既存社会规范以法律效力，或者赋予先前的判例以法律效力的活动。

2.法律是统治阶级意志的体现

在阶级对立的社会中，法律是统治阶级意志的体现。马克思、恩格斯在《共产党宣言》中揭露资产阶级法的本质时曾指出"你们的法不过是被奉为法律的你们这个阶级的意志。"列宁曾指出"法律就是取得胜利，掌握政权的阶级的意志的表现。"这表明法是统治阶级意志的体现。统治阶级意志本身不是法，只有"被奉为法律"才是法，也就是只有通过国家机关把统治阶级意志以国家意志形式表现出来才是法。还需指出，法并不是统治阶级意志的全部内容，它仅仅是上升为国家意志的统治阶级意志。统治阶级意志还涉及法以外的其他行为规范，如道德规范、宗教规范、社团章程等均可体现统治阶级意志。

3.法律由社会物质生活条件决定

法律不是凭空出现的，而是产生于特定时代的物质生活条件基础之上。马克思和恩格斯在《共产党宣言》中还指出："这种意志的内容是由你们这个阶级的物质生活条件来决定的。"法体现统治阶级的意志，但统治阶级的意志并非凭空产生，而是由其社会物质生活条件决定的。社会物质生活条件指与人类生存相关的地理环境、人口和物质资料的生产方式等，任何统治阶级都不能超出经济关系的要求任意立法。其中，物质资料的生产方式既是决定社会面貌、性质和发展的根本因素，也是决定法律本质、内容和发展方向的根本因素。生产方式包括生产力与生产关系两个方面，对法律产生决定性的影响。在一个社会中，有什么样的生产关系，就有什么性质和内容的法律。奴隶制生产关系、封建制生产关系、资本主义生产关系和社会主义生产关系，相应地产生了四种历史类型的法律。同样，生产力的发展水平也制约着法律的发展程度。比如，中国古代是封闭的内陆国家，以农业文明为主，所以法律中关于土地的内容比较多；古希腊罗马濒临海洋，海上贸易促进了商业文明的形成，所以古希腊罗马的民商法部门特别发达。在生产力水平较低的奴隶社会，罗马用《十二铜表法》来维护奴隶制统治，而绝不会出现诸如物权法、继承法等现代法律文件。

综合以上三方面，可以将法律定义为：法律是由国家创制并保证实施的，反映由社会物质生活条件决定的统治阶级意志的行为规范。

（二）我国社会主义法律的本质

法是社会关系的调整器。社会主义法作为社会主义上层建筑的组成部分，并非消极、被动地反映社会关系，而是由工人阶级领导的国家积极主动地维护、协调并反作用于各种社会关系的调整器。可以说，我国社会主义法是由社会主义国家制定并以国家强制力保证实施的行为规范体系，它虽然具有一般法律的基本特征，但它更具有我们社会主义的特征。

我国社会主义法律，是在中国共产党领导的新民主主义革命时期孕育，在社会主义国家建立后确立，并在社会主义建设中不断向前发展的。目前已经初步形成了一个以宪法为核心、具有中国特色、相对比较完备的社会主义法律体系。我国社会主义法律具有以下本质：

（1）从法律所体现的意志来看，我国社会主义法律是工人阶级领导下的广大人民意志的体现。我国社会主义法律既具有鲜明的阶级性，又具有广泛的人民性，体现了阶级性与人民性的统一。在全体人民当中，工人阶级作为新的生产方式的代表，在政治上居于领导地位，因此，我国社会主义法律首先是工人阶级意志的体现。同时，由于工人阶级的意志和利益与全体人民的意志和利益在根本上是一致的，所以，我国社会主义法律是工人阶级领导下的全体人民共同意志的体现。当然，我国社会主义法律所体现的共同意志，并不是人民中各个阶级和群体的意志的简单相加，也不是自发形成的，而是在工人阶级的先锋队——中国共产党的领导下逐步形成的。

（2）从法律的实质内容来看，我国社会主义法律是社会历史发展规律和自然规律的反映，具有鲜明的科学性和先进性。在剥削阶级占统治地位的社会中，法律受少数人狭隘利益的局限，容易与客观规律和历史发展趋势相背离。社会主义法律反映的不是少数人的特殊利益，而是全体人民的共同利益，尽管这种共同利益的具体内容会随着社会的发展变化而变化，但它与历史发展的基本方向和基本规律是一致的。尽管我国社会主义法律体系的建设起步较晚，但是法制建设坚持了辩证唯物主义和历史唯物主义的世界观和方法论，善于吸收和借鉴我国传统法和外国法的成功经验，并且在立法体制、立法程序和立法技术等方面不断改革创新，立法质量和水平也在不断提高。例如，我国现行宪法是在 1982 年宪法的基础上，采用宪法修正案的方式对宪法进行了四次修改，不断完善，保证了宪法的稳定性，也体现出我国立法工作的科学性。因此，从本质上说，社会主义法律更能够尊重和反映客观规律。我国社会主义法律的科学性主要体现在三个方面：一是我国社会主义法律以辩证唯物主义和历史唯物主义为世界观和方法论。辩证唯物主义和历史唯物主义指引人们去发现客观规律，在法律实践中尊重和反映客观规律。二是我国社会主义法律善于借鉴我国传统法和外国法的成功经验。前人和他人的成功经验实际上是客观规律的反映，因而对前人和他人成功经验的吸收，就是对规律性认识的吸收。三是我国社会主义法律的立法体制、立法程序和立法技术，适应时代发展而不断改革与创新，使立法的质量和水平不断提高。

（3）从法律的社会作用来看，我国社会主义法律是中国特色社会主义事业顺利发展的法律保障。

在经济方面，法律维护和巩固社会主义基本经济制度，引导和保障改革开放和社会主义现代化建设的顺利进行，促进社会生产力的发展。例如，《宪法》规定"国家实行社会主义市场经济"，"在法律规定范围内的个体经济、私营经济等非公有制经济，是社会主义市场经济的重要组成部分"等，以法律的形式确立了国家实行社会主义市场经济的基本经济体制，从而保证了社会主义市场经济的顺利发展。

在政治方面，法律维护和巩固社会主义基本政治制度，引导和保障社会主义民主政治建设顺利进行，保证人民享有广泛的民主权利和自由，保证人民当家作主的地位。例如，近年来，一系列行政法律制度的出台，推动了依法行政、建设社会主义法治政府的进程。

在文化方面，法律维护社会主义核心价值体系，引导和保障教育、科技、文化事业的发展，繁荣社会主义先进文化。例如，近年来我国加大了对侵权盗版行为的打击力度，包括出台相应的司法解释、降低刑事处罚门槛等。新修订的《中华人民共和国著作权法》、国务院颁布的《信息网络传播权保护条例》等法律法规，对数字化侵权问题也作出了比较明确的规定，这些都从法律上保证了著作者的知识产权。

二、我国社会主义法律体系

（一）宪法

宪法是国家的根本大法，是特定社会政治经济和思想文化条件综合作用的产物，它集中反映各种政治力量的实际对比关系，确认革命胜利成果和现实的民主政治，规定国家的根本任务和根本制度，即社会制度、国家制度的原则和国家政权的组织以及公民的基本权利义务等内容。宪法具有最高法律效力，是其他法律的立法依据，其他任何法律都不得与宪法相抵触。习惯上，把《全国人民代表大会组织法》《民族区域自治法》《香港特别行政区基本法》《澳门特别行政区基本法》《立法法》《全国人民代表大会和地方各级人民代表大会选举法》《全国人民代表大会和地方各级人民代表大会代表法》《国旗法》《国徽法》《国籍法》等法律、法规作为与宪法相关的法律。

（二）民法、商法

民法，是规定并调整平等主体的公民间、法人间及其他非法人组织之间的财产关系和人身关系的法律规范的总称，是国家法律体系中的一个独立的法律部门，与人们的生活密切相关。民法既包括形式上的民法（即民法典），也包括单行的民事法律和其他法律、法规中的民事法律规范。我国目前尚无一部较完整的民法典，而是以《民法通则》为核心法律，辅之以其他单行民事法律，包括《合同法》《担保法》《拍卖法》《商标法》《专利法》《著作权法》《婚姻法》《继承法》《收养法》等。

商法是民法中的一个特殊部分。商法是指调整公民、法人之间商事关系和商事行为的法律规范的总称。商法的调整对象是商事关系。目前我国商法主要有《公司法》《保险法》《票据法》《海商法》《证券法》《信托法》《企业破产法》等。

（三）行政法

行政法，指行政主体在行使行政职权和接受行政法制监督过程中而与行政相对人、行政法制监督主体之间发生的各种关系，以及行政主体内部发生的各种关系的法律规范的总称。行政法分为一般行政法和特别行政法两个部分。一般行政法是指有关行政主体、行政行为、行政程序、行政责任等一般规定的法律、法规，如《公务员法》《行政组织法》《行政处罚法》《行政复议法》《行政程序法》等。特别行政法则指适用于各专门行政职能部门管理活动的法律、法规，包括国防、外交、人事、民政、公安、国家安全、民族、宗教、侨务、教育、科学技术、文化、体育、医药卫生、城市建设、环境保护等行政管理方面的法律、法规，如《治安管理处罚条例》《海关法》《教育法》《食品卫生法》等。特别行政法只适用于特定领域，在其他领域不能适用。

（四）经济法

经济法是调整国家在监管与协调经济运行过程中发生的经济关系的法律规范的总称。经济法主要包括两个部分：一是创造平等竞争环境、维护市场秩序方面的法律，我国现已制定《反不正当竞争法》《消费者权益保护法》

《产品质量法》《广告法》等。二是国家宏观调控和经济管理方面的法律，我国现已制定《预算法》《审计法》《会计法》《中国人民银行法》《价格法》《税收征收管理法》《个人所得税法》《城市房地产管理法》《土地管理法》等。

（五）社会法

社会法是调整有关劳动关系、社会保障和社会福利关系的法律规范的总称。我国已制定的社会法有《劳动法》《劳动合同法》《工会法》《未成年人保护法》《老年人权益保障法》《妇女权益保障法》《残疾人保障法》《矿山安全法》《红十字会法》《公益事业捐赠法》《消费者权益保障法》《职业病防治法》《就业促进法》《劳动争议调解仲裁法》等。

三、我国社会主义法律的运行

法律的运行是一个从创制、实施到实现的过程。这个过程主要包括法律制定（立法）、法律遵守（守法）、法律执行（执法）、法律适用（司法）等环节。如果说法律制定是国家对权利和义务，即社会利益和负担进行的权威性分配，那么法律的执行、遵守、适用则是把法定的权利和义务转化为现实的权利和义务，把文本上的法律转化为现实中的法律。

（一）法律制定

法律制定，又称"立法"，是有立法权的国家机关依据法定权限和程序制定、修改或废止规范性法律文件的活动。法律制定是为了有法可依，是法律运行的起始性和关键性环节。根据我国《宪法》和《立法法》的规定，全国人大及其常委会行使国家立法权，有权制定法律；国务院有权根据宪法和法律制定行政法规，国务院各部门可以根据宪法、法律和行政法规制定部门规章；省、自治区、直辖市、较大的市的人民代表大会及其常委会有权根据本行政区域的具体情况和实际需要，在不违背和抵触宪法、法律、行政法规和本省、自治区的地方性法规的前提下，制定地方性法规；省、自治区、直辖市、较大的市的人民政府有权根据法律、行政法规和本省、自治区、直辖市的地方性法规，制定地方政府规章；自治区、自治州、自治县的人民代表大会有权根据当地民族的具体情况制定自治条例和单行条例；特别行政区立法机关有权根据行政区基本法自主地制定本行政区的法律。

（二）法律遵守

法律遵守，又称"守法"，是指国家机关、社会组织和公民个人依照法律规定行使权力和权利以及履行职责和义务的活动，也就是说，要做法所要求或允许做的事，不做法所禁止的事。这里的法不仅包括由特定国家机关所制定和颁布的、具有普遍法律效力的规范性文件，如宪法、法律、行政法规、地方性法规、民族自治法规、特别行政区的法、国家承认的国际条约、惯例等，还包括由执法机关制作的具有特定法律效力的文件（非规范性文件），如人民法院的调解协议书、判决书、公民之间依法签订的协议文书（合同等）。人们通常把守法仅仅理解为履行法律义务，其实，守法意味着一个国家的人们严格依法办事的活动和状态。依法办事包括两层含义：一是依法享有并行使权利，二是依法承担并履行义务。因此，不能将守法仅仅理解为履行义务，它还包含着正确行使权利。在法律运行过程中，守法是法律实施和实现的基本途径。如果法律制定出来后，不被人们所遵守，那就与没有法律一样。如果一个国家的很多法律都不被人们所遵守，那就表明该国的法律没有权威和尊严。

在社会主义国家，一切组织和个人都是守法的主体。我国《宪法》第5条明确规定："一切国家机关和武装力量、各政党和各社会团体、各企业事业组织都必须遵守宪法和法律。一切违反宪法和法律的行为，必须予以追究。"第33条规定："任何公民享有宪法和法律规定的权利，同时必须履行宪法和法律规定的义务。"

（三）法律执行

法律执行，又称"执法"。在广义上，法律执行是指国家机关及其公职人员，在国家和公共事务管理中依照法定职权和程序，贯彻和实施法律的活动。从狭义上讲，就是行政执法，是国家行政机关在其职权范围内，依法对行政事务进行组织和管理活动。行政执法是法律实施和实现的重要环节。在我国，占总数80％以上的法律、法规都是由行政机关贯彻执行的。在法律运行中，行政执法是国家最大量、最繁重、最经常的工作，是实现国家职能和法律价值的重要环节。

四、建设社会主义法治国家

社会主义国家作为人类历史上最高类型的国家，不仅应当是人民当家作主的国家，而且也应当是实行法治的国家。在走向社会主义法治国家的征途中，我们国家既探索积累了许多成功的经验，也有过深刻的教训。自党的十一届三中全会以来，我们党和国家日益深刻地认识到法律在社会生活中的重要作用，确立了法制建设在现代化建设中的重要地位。党的十五大明确提出了依法治国、建设社会主义法治国家的基本方略。九届全国人大二次会议把依法治国、建设社会主义法治国家的方略载入宪法。这一基本方略的确立，标志着我们党和国家治国方略的历史性转变，是我们党和国家法制建设理论和实践发展史上的重要里程碑。国务院新闻办公室2008年2月28日发表了《中国的法治建设》白皮书。这部中国政府首次发表的法治建设白皮书全面介绍了中华人民共和国成立以来，特别是改革开放以来，在建设中国特色社会主义的伟大实践中，中国的法治建设取得的巨大成就。

"法治"与"法制"，虽然仅一字之差，但从内涵上讲，却有重大区别。法制，是"法律制度"的简称，是一种社会制度。法制是统治阶级按照自己的意志，通过国家政权建立的用以维护其阶级专政的法律和制度。法治，是指依据良好的法律来治理国家和社会，法律成为处理一切社会争议和纠纷的最终依据。

"法治"和"法制"既有一定的区别，又有紧密的联系，它们都属于社会上层建筑的范畴。只要有法律和法规存在就有法制存在，但不一定就是实行法治。法治是治国的原则和方略，是普遍的守法原则，同政治民主相联系。强调依法治国，是法治的本质特征之一。在现代社会，只有在依法治国的思想指导下，才有可能真正建立和健全法制，也只有建立了完备的法制，才能使依法治国得以实现。所谓依法治国，就是广大人民群众在党的领导下，依照宪法和法律的规定，通过各种途径和形式管理国家事务，管理经济文化事业，管理社会事务，保证国家各项工作都依法进行，逐步实现社会主义民主的制度化、法律化，使这种制度和法律不因领导人的改变而改变，不因领导人的看法和注意力的改变而改变。依法治国的主体是人民群众，建设社会主义法治国家，是一项需要人民群众广泛参与的艰巨复杂的系统工程，要经历长期的历史发展过程，要经过几代人持续不断的努力。建设社会主义法治国家的主要任务有以下几项。

（一）完善中国特色社会主义法律体系

1997 年党的十五大报告在确立依法治国基本方略的同时，明确提出了社会主义法治国家建设过程中的立法目标——到 2010 年形成有中国特色的社会主义法律体系。2007 年党的十七大报告宣布，"中国特色社会主义法律体系基本形成"。但是，中国特色社会主义法律体系的形成只是基本解决了无法可依的问题，按照科学发展观和全面落实依法治国基本方略的要求，在新的历史起点上还需进一步完善中国特色社会主义法律体系。

完善的中国特色社会主义法律体系，至少应当具有以下特征：一是经济、政治、文化和社会生活的各个方面都有法可依；二是各类法律从精神到原则再到具体内容统一、协调、可行，将矛盾、冲突和漏洞减少到最低限度；三是无论法典还是单行法从形式到内容，各得其所；四是对过时、落后和冲突矛盾的法律能够及时发现，及时修改补充，做到法律变动与形势发展同步。

完善中国特色社会主义法律体系，需要进一步加强立法工作。坚持科学立法、民主立法原则，完善发展民主政治、保障公民权利、推进社会事业、健全社会保障、规范社会组织、加强社会管理等方面的法律法规，夯实社会和谐的法治基础；坚持立法与改革、发展相结合的原则，用立法引导和推进国家的改革、发展；坚持立法严密、细致的原则，提高法律的可操作性；坚持经济立法与政治立法并重的原则，保证经济体制改革与政治体制改革同步推进；加强对立法工作的科学研究，完善立法制度和程序，改善立法技术和方法，提高立法质量和水平，以高质量、高水平的立法完善社会主义法律体系。

吴邦国委员长在十一届全国人大二次会议上代表全国人大常委会所作的工作报告中指出，形成和完善中国特色社会主义法律体系，必须把握好四点：

（1）不能用西方的法律体系套用在我们的法律体系上。中国特色社会主义法律体系必然要求以体现人民共同意志、保障人民当家作主、维护人民根本利益为本质特征，这是社会主义法律体系与资本主义法律体系的本质区别。"外国法律体系中有的法律，不符合我国国情和实际的，我们不搞；外国法律体系中没有的法律，但我国现实生活需要的，要及时制定。"

（2）行政法规和地方性法规都是法律体系的重要组成部分。"对用法律来规范尚不具备条件的，可依法制定行政法规和地方性法规，待取得经验、条件成熟时再制定法律；对一些地方事务和具有民族地区特点的事项，可依法制定地方性法规或自治条例、单行条例进行规范。"需要强调的是，建立的中国特色社会主义法律体系只能有一个。维护这个法律体系的统一和尊严，是维护社会主义法制的统一和尊严的前提。行政法规、地方性法规都是也只能是这个统一的法律体系的重要组成部分。

（3）要区分法律手段和其他调整手段的关系。调整社会关系的手段历来是多种多样的，除法律规范外，还有市场机制、行业自律、习惯规则、道德规范以及先进的管理、技术手段，等等。不可能什么问题都用法律手段去解决即最终依靠国家强制力去解决。只有那些在社会生活中带普遍性、反复出现、用其他调整手段难以解决、最终需要依靠国家强制力解决的问题，才需要用法律手段解决。因此，在加强立法工作的同时，也要考虑如何充分运用和发挥市场机制、行业自律、习惯规则、道德规范以及先进的管理、技术手段等在调整社会关系中的作用。

（4）我们的法律体系是动态的、开放的、发展的。法律体系"本身就有一个与时俱进的问题，需要适应客观形势的发展变化，不断加以完善"。我国还处于改革、转型时期，中国特色社会主义还处于发展与完善的过程中，社会主义市场经济体制还处于发展和完善的过程中，经济社会的快速发展，社会主义民主政治的不断推进，文化生活的丰富多彩，和谐社会的积极构建，体制机制的改革创新，经济全球化的深入发展，这些都对立法工作不断提出新课题、新要求。

（二）提高党依法执政的水平

十七大报告指出：要坚持党总揽全局、协调各方的领导核心作用，提高党科学执政、民主执政、依法执政水平，保证党领导人民有效治理国家。依法执政，就是坚持依法治国、建设社会主义法治国家，领导立法，带头守法，保证执法，不断推进国家经济、政治、文化、社会生活的法制化、规范化，以法治的理念、法治的体制、法治的程序保证党领导人民有效治理国家。依法执政是新的历史条件下马克思主义政党执政的一种基本方式。党的执政要通过依法执政来实现，党的执政权要通过依法执政来巩固，党的执政水平要通过依法执政不断提高。依法执政水平是执政水平的核心，提高党的依法执政的水平，是提高党的执政水平的重要保证。

第一，确保党的意志和人民意志的统一是提高党的依法执政水平的前提条件。党要加强对立法工作的领导，将党的路线方针政策通过立法程序上升为国家意志，上升为具有普遍约束力的法律，成为具有国家强制力保证实施的全社会共同遵循的行为准则。第二，在宪法和法律的范围内执政，是党提高依法执政水平的重要方式。执政是一种法律行为，是产生法律效果并受法律约束的行为。要用宪法和法律来规范党员及领导干部的领导行为，要在法治原则下对党的领导实行法制化监督。在强调党内监督的同时，强调对党的法律监督，强调对党组织和党员行为的人大监督。党组织对人大进行政治领导与人大对同级党组织进行宪法监督，相辅相成。第三，确保行政机关依法行政，保证国家法律的贯彻实施，是提高党依法执政水平的主要环节。加强党对行政机关的领导，把党的最优秀分子推荐参加选举，通过选举进入到最重要的岗位上去，真正执掌权力。并在行政过程中，做到有法可依，有法必依，执法必严，违法必究。同时，加强党对行政权的监督和制约。依法行政的核心是监督制约行政权，要对行政权力进行合理配置，建立健全依法行使权力的制约机制，防止权力滥用。第四，确保司法机关依法独立公正地行使司法权，是提高党依法执政水平的重要内容。司法独立绝对不是排斥党的领导和执政，而恰恰是以适应司法专业特点的方式来维护和坚持党的领导地位，实施党的执政行为。司法机关以独立司法的方式保证司法公正实现的程度越高，其维护执政党的领导权威和人民利益的作用就越大。第五，提高依法执政的意识是提高党的依法执政水平的重要基础。首先，要树立宪法和法律至上的观念。依法执政首先是依宪执政。作为执政党必须维护法律的权威，遵循法治的原则，不得以权代法、以权压法、以权乱法、以权废法，要树立法律面前人人平等的观念。其次，要不断强化执政为民的理念。"执政为民"是我们党依法执政的本质特征。人民是国家的主人、社会的主体，国家和执政党拥有和行使人民赋予的权力，就必须做到"权为民所用"，在执政中坚持既为人民执政又靠人民执政，将全体人民的根本利益法律化、制度化，实现和体现全心全意为人民服务的宗旨。

（三）加快建设法治政府

建设法治政府就是要建立职能明确而有限、法律统一、透明廉洁、诚实信用、便民高效的政府，树立"依法行政"的观念，以建设"阳光"政府为基础，促进法治政府的全面建设。进一步推进科学、民主、规范执政，提高政府服务人民的效率。建设法治政府，是落实依法治国方略，推进社会主义民主与法制建设的重要内容。加快建设法治政府，必须全面推进依法行政，严格按照法定权限和程序行使权力、履行职责，健全行政执法责任追究制度，完善行政复议、行政赔偿制度。

全面推进依法行政，建设法治政府是一项系统工程，必须通过坚持不懈的努力才能实现。第一，加快推进政企分工、政资分工、政事分开、政府与市场中介组织分开，形成权责一致、分工合理、决策科学、执行顺畅、监督有力的行政管理体制。第二，提出法律议案、地方性法规草案，制定行政法规、规章、规范性文件等制度，要符合宪法和法律规定的权限和程序。第三，全面、正确实施法律、法规、规章，保障法制统一，政令畅通，切实保护公民、法人和其他组织合法的权利和利益，及时纠正、制裁违法行为，有效维护经济社会秩序。第四，形成科学化、民主化、规范化的行政决策机制和制度，使人民群众的要求、意愿得到及时反映，使政府提供的信息全面、准确、及时，使制定的政策、发布的决定相对稳定，使行政管理做到公开、公平、公正、便民、高效、诚信。第五，基本形成高效、便捷、成本低廉的防范、化解社会矛盾的机制，使社会矛盾得到有效防范和化解。第六，使行政权力与责任紧密挂钩、与行政权力主体利益彻底脱钩。行政监督制度和机制基本完善，政府的层级监督和专门监督明显加强，行政监督效能显著提高。第七，使行政机关工作人员特别是各级领导干部依法行政的观念明显增强，尊重法律、崇尚法律、遵守法律的氛围基本形成；依法行政的能力明显增强，善于运用法律手段管理经济、文化和社会事务，能够依法妥善处理各种社会矛盾。

第二节　树立社会主义法治观念

"依法治国，建设社会主义法治国家"是我国的一项治国方略，落实这一方略，就要求全体公民树立社会主义民主与法治观念、权利义务观念、法律面前人人平等观念等社会主义法治观念，养成自觉遵纪守法、严格依法办事的习惯。

一、社会主义民主与法治观念

人民民主是社会主义的生命，人民当家作主是社会主义民主政治的本质和核心。发展社会主义民主、健全社会主义法制、建设社会主义法治国家，是中国特色社会主义事业的重要组成部分。社会主义民主与法治是人类历史上最高类型的民主与法治，党的领导是社会主义民主法治建设的根本保证。当代大学生应当以马克思主义为指导，正确理解社会主义民主与法治的性质和特征，树立起符合时代精神的社会主义民主与法治观念。

（一）社会主义民主与法治是社会主义的重要特征

社会主义民主与法治是社会主义的重要特征。1979年6月邓小平在人民政协第五届全国委员会第二次会议的开幕词中指出："为了实现四个现代化，必须发扬社会主义民主和加强社会主义法制。"1992年10月江泽民在中国共产党第十四次全国代表大会上进一步指出："人民民主是社会主义的本质要求和内在属性。没有民主和法制就没有社会主义，就没有社会主义的现代化。"胡锦涛在十七大报告中指出："人民民主是社会主义的生命。发展社会主义民主政治是我们党始终不渝的奋斗目标。""人民当家作主是社会主义民主政治的本质和核心。"

发展社会主义民主、健全社会主义法制、建设社会主义法治国家，是中国特色社会主义建设事业的重要组成部分。一方面，从文明的分类来看，社会主义民主和法治属于社会主义政治文明范畴，是社会主义政治文明的基本内容和基本标志。没有社会主义民主和法治，就没有社会主义政治文明，也就没有社会主义。另一方面，只有在社会主义社会，才能实行真正的民主与法治，才能建立人类历史上最高类型的民主与法治。发展社会主义政治文明要顺应经济社会发展变化。适应人民不断提高的政治参与积极性，以保障人民当家作主为根本，以增强党和国家活力、调动人民积极性为目标。

（二）党的领导是社会主义民主与法治的根本保证

中国共产党是社会主义民主法治建设的领导力量，是维护和发展人民民主、实行并坚持依法治国的坚强保证。削弱党的领导，脱离党的领导，放弃党的领导，社会主义民主法治就不可能建设好。发展社会主义民主政治，最根本的就是要坚持党的领导、人民当家作主和依法治国有机统一。

中国共产党自成立起就以实现和发展人民民主为己任。我们党领导人民推翻剥削阶级的统治，建立人民民主专政的国家政权，就是要组织和支持人民依法管理国家和社会事务、管理经济和文化事业，当家作主，实现人民群众的根本利益。而人民利益的广泛性和实现人民利益的复杂性、艰巨性，必然要求有一个代表最广大人民根本利益的坚强的政治核心来广泛地动员、领导和组织人民掌握好国家权力，管理好国家、社会事务和各项事业。在中国，中国共产党领导、支持和保证人民当家作主，就是从制度上、法律上保障这一根本准则在国家和社会生活中得到充分和切实的贯彻和体现。因此，发展社会主义民主政治，建设社会主义政治文明，核心在于坚持党的领导。依法治国是党领导人民治理国家的基本方略。党领导人民通过国家权力机关制定宪法和法律，又领导人民通过各级国家机关执行和实施宪法和法律。

（三）社会主义民主与法治相互依存、相互促进

1979 年 6 月，邓小平在接见日本公明党第八次访华团时的谈话中说："民主和法制，这两个方面都应当加强，过去我们都不足。要加强民主就要加强法制。没有广泛的民主是不行的，没有健全的法制也是不行的。"十二届六中全会通过的《中共中央关于社会主义精神文明建设指导方针的决议》明确提出"不要社会主义民主的法制，绝不是社会主义法制；不要社会主义法制的民主，绝不是社会主义民主。"作为社会主义政治文明的两个组成部分，社会主义民主与社会主义法治之间存在着密切关系。这种密切关系可以概括为两个方面。一方面，社会主义民主是社会主义法治的前提和基础，决定着社会主义法治的性质和内容。只有人民掌握国家政权，才能通过国家机关制定和执行法律，才能将保障和实现人民的民主权利作为社会主义法治的出发点与归宿，也才能使社会主义法治得到广大人民群众的支持和拥护。另一方面，社会主义法治是社会主义民主的体现和保障。社会主义法治是社会主义民主的重要实现途径。社会主义民主只有制度化、法律化，才能持续、稳定、有序地推进，人民当家作主才有切实的制度保障。

二、自由平等观念

自由不等于为所欲为，卢梭说过："人是生而自由的，但却无往不在枷锁之中。"自由从来都不是没有限制的无限自由，法律所追求的自由价值是主体行为与法律规范的统一。法律意义上的自由，意味着任何人和机构都不能强迫权利主体去做法律不强制他做的事，也意味着权利主体只能在法律界定的范围内做他想做的事。保障公民的自由平等是我国宪法和法律的基本价值取向。社会主义制度为实现法律面前人人平等的理想奠定了现实的经济、政治和文化基础，因而，法律面前人人平等的观念不仅被社会主义法制所承认，而且成为社会主义法制的基本原则。法律上的自由平等观念最核心的内容是依法享有和行使自由的观念、法律面前人人平等的观念。

（一）依法享有和行使自由的观念

马克思曾经指出："法律不是压制自由的措施，正如重力定律不是阻止运动的措施一样。"虽然法律是约束人们的行为的规范，但并不意味着对人们的自由的限制与取消。为了保障他人同等的自由，法律一般都要给当事人的自由确定合理的界限，对当事人的自由施加合理的约束。一切进步的法律约束人们的行为的目的，不是为了废除或压制人们的自由，而是为了保护和扩大人们的自由。

大学生在理解和行使宪法和法律所赋予的自由时，应树立依法享有和行使自由的观念。一方面，要善于行使和运用宪法和法律所赋予的自由权，充分表达和实现个人愿望和追求，促进社会的进步和发展。我国《宪法》第35条、第36条规定："中华人民共和国公民有言论、出版、集会、结社、游行、示威的自由。""中华人民共和国公民有宗教信仰自由。"也就是说我们有权在法律规定的范围内表达和实现这些意愿。另一方面，在享受自由权的同时，要严格按照宪法和法律所规定的各种制度和程序行使自由权，不得超越法定的范围和界限。也就是说不得以自由权的名义做诽谤、诬陷、猥亵、危害国家安全和社会秩序等行为。我国《宪法》第51条规定："中华人民共和国公民在行使自由和权利的时候，不得损害国家的、社会的、集体的利益和其他公民的合法的自由和权利。"

（二）法律面前人人平等观念

在奴隶社会和封建社会，人们在守法上是不平等的。奴隶主和封建主只享有权利而很少或不承担义务，奴隶和广大劳动者则只承担义务而很少或不享有权利。法律面前人人平等观念，是近代资产阶级为反对封建制度而提出的。这一观念是对封建社会封建等级观念、特权制度的否定，具有积极的历史意义。但是在资本主义社会中，由于人们在经济、政治及社会地位上的不平等，所以法律上的真正平等在社会生活中不可能实现。社会主义制度为实现法律面前人人平等的理想奠定了现实的经济、政治和文化基础，法律面前人人平等的观念不仅被社会主义法制所承认，而且得到充分体现，成为社会主义法制的基本原则。

1.公民在守法上一律平等

法律面前人人平等，要求所有公民都必须平等地遵守法律，依照法律规定平等地享有和行使法律权利，平等地承担和履行法律义务。在社会主义国家，不承认有任何享受特权的公民，也不承认任何免除法律义务的公民。我国现行《宪法》第33条第2款规定："中华人民共和国公民在法律面前一律平等。"第5条第5款规定："任何组织或者个人都不得有超越宪法和法律的特权。"

2.公民在适用法律上一律平等

公民在适用法律上一律平等，是法律面前人人平等的核心要求。它要求国家行政机关、司法机关在适用法律时，对于任何公民，不论其民族、种族、性别、职业、宗教信仰、教育程度、财产状况、社会地位、居住期限等有何差别，都要给予平等对待，从而保证每个公民的合法权益都平等地受到法律保护，任何公民的违法犯罪行为都平等地受到法律追究和制裁。

此外，为保证立法充分体现人民的意志，我国社会主义立法工作必须走群众路线，广泛听取各方面意见，切实做到集思广益。我国《立法法》第5

条规定，立法应当体现人民的意志，发扬社会主义民主，保障人民通过多种途径参与立法活动。

三、公平正义观念

追求公平正义一直被认为是法律的主要价值目标。在过去的阶级社会，由于法律是统治阶级意志的体现，法律最终只能维护和实现占统治地位的剥削阶级的公平正义观，而不可能实现真正的社会公平正义。只有在社会主义国家，由于法律是最广大人民意志的体现，法律才有可能真正体现最广大人民的根本利益。在社会主义法治理念体系中，公平正义是被定位为社会主义法治的价值追求，体现了社会主义法治的终极目标是在全社会实现公平与正义。

（一）坚持立法公正与执法公正并重

从法律运行的环节来看，法律公正包括立法公正和执法公正两个方面。立法公正是执法公正的前提，执法公正是法律公正得以实现的重要形式。

如果立法是不公正的，执法就很难做到公正。立法公正主要表现为：立法机关按照民主的程序制定法律，充分听取和吸收人民群众的意见；法律充分反映人民的利益和意志，充分体现社会的公正原则和标准。执法公正包括多方面的要求：一是坚持合法合理原则，保证一切执法必须符合法律的规定，符合社会的公理；二是坚持及时高效的原则，保证所有案件能得到及时公正的处理；三是坚持程序公正的原则，要以人们看得见的方式实现公正，使裁判或决定的过程变为人们感受民主、客观、公平的过程。在全面实施依法治国方略的形势下，我们既要重视立法公正，又要重视执法公正，保证从立法到执法全面实现社会的公平正义。

（二）坚持实体公正与程序公正并重

从法律公正的内涵来看，法律公正包括实体公正和程序公正两个方面。在法律中，实体公正是指法律上的权利、义务、责任的设定分配的结果是否正当合理。程序公正又被称为"看得见主义"，是指法律上的权利、义务、责任的设定、分配的过程或程序是否正当合理。实体公正是结果的公正，程序公正是过程的公正，二者是相互依存的。

我们在参与或从事法律活动时，既要重视实体公正，也要重视程序公正。程序公正与实体公正是密切联系、相互制约的，程序不公正往往会导致实体不公正。以诉讼为例，不公正的审判程序容易导致不公正的审判结果。因此，我们特别要增强程序公正观念，重视程序方面的制度建设。

四、权利义务观念

法律权利和义务观念，是社会主义法治国家的公民应具有的基本法制观念。正确的法律权利义务观念，包括正确理解法律权利与法律义务的性质，把握法律权利和法律义务的关系，懂得如何正确行使法律权利，正确履行法律义务。由于历史和现实的种种影响，一方面，有些人不能认真对待权利，权利意识较为淡薄；另一方面，有些人也不能正确对待义务，履行法律义务的意识不强。不少人仅仅是出于对惩罚的畏惧或服从权威的习惯来履行法律义务，因而往往处于消极、被动状况，不履行法律义务、规避法律义务的现象目前还比较严重。全体公民树立正确的法律权利义务观念，是社会主义法制建设的一项紧迫任务。

（一）法律权利与法律义务的性质

法律权利是指法律所允许的、权利人为了满足自己的正当利益而采取的并被他人法律义务所保证的行为自由。一个完整的法律权利结构包括三个要素：①自由权，即权利人可以自主决定做出一定行为的权利，不受他人干预；②请求权，即权利人要求他人做出一定行为或不做出一定行为的权利；③胜诉权，即权利人在自己的权利受到侵犯时，请求国家机关予以保护的权利。其中自由权是基础，请求权是实体内容，诉权是保障手段。

法律义务是指法律所规定或认可的义务人以满足权利人的利益所必须从

事的一定行为或不行为。法律义务在结构上包括两个部分：一是义务人必须根据权利的内容做出一定的行为，这在法学上被称为"作为义务"，如赡养父母、抚养子女、依法纳税、依法服兵役等；二是义务人不得做出一定行为的义务，被称为"不作为义务"，如不得破坏公共财产、禁止非法拘禁、严禁刑讯逼供、不得假冒他人注册商标等。

法律权利和法律义务是一对关系密切的概念，应当以相互联系的眼光看待它们的基本性质，而不应当孤立地理解它们各自的性质。从这一前提出发，可以从以下三个方面来理解法律权利和法律义务的性质：

（1）从来源来看，法律权利和法律义务一般都来源于法律的明文规定，或者法律虽未明文规定，但可以从法律的规定中推导出来。后一类法律权利和法律义务通常被称为默示的或推定的权利和义务。

（2）从基本内容来看，法律权利意味着人们可以依法做或不做一定行为，可以依法要求他人做或不做一定行为。法律通过规定权利，使人们获得某种合法的利益或自由。法律义务包括作为义务和不作为义务两种。作为义务要求人们必须依法做出一定行为，如依法纳税的义务、依法服兵役的义务等。不作为义务要求人们依法不得做出一定行为，如不得盗用他人注册商标的义务、不得挪用公共财产的义务等。法律通过规定义务，使人们承受某种约束或负担。

（3）从范围来看，法律权利和法律义务都有明确的界限。首先，法律规定的权利和义务的种类及范围，受社会物质生活条件、政治文明程度以及文化发展水平制约，以社会承受能力为限度。其次，每项法律权利和法律义务都有法定界限。无论是行使权利，还是履行义务，都应当在法定界限内进行。我国《宪法》第51条明确规定："中华人民共和国公民在行使自由和权利的时候，不得损害国家的、社会的、集体的利益和其他公民的合法的自由和权利。"

（二）法律权利与法律义务的关系

从法律的历史和实践来看，法律权利与法律义务之间存在着多方面的复杂关系。一般来说,法律权利与法律义务关系可以概括为:结构上的相关关系、总量上的等值关系和功能上的互补关系。

1.结构上的相关关系

法律权利和法律义务二者是对立统一的。法律权利与法律义务,一个表征利益,另一个表征负担;一个是主动的,另一个是受动的。就此而言,它们是法律这一事物中两个分离的、相反的成分和因素,是两个互相排斥的对立面。同时,它们又相互依存、相互贯通。相互依存表现为,法律权利和法律义务不可能孤立存在与发展。一方的存在和发展都必须以另一方的存在和发展为条件。相互贯通表现为法律权利和法律义务的相互渗透、相互包含以及一定条件下的相互转化。没有权利,就没有义务;没有义务,也就没有权利。我国宪法规定:"任何公民享有宪法和法律规定的权利;同时也必须履行宪法和法律规定的义务。"没有脱离义务单独存在的权利,也没有摒弃权利而单独履行的义务。公民既是权利的享有者,又是义务的承担者。公民在法律上既是权利的主体,又是义务的主体。

2.总量上的等值关系

法律权利和法律义务在总量上是等值的。首先,一个社会的法律权利总量和法律义务总量是相等的。在一个社会,无论法律权利和法律义务怎样分配,不管每个社会成员实际享有的法律权利和承担的法律义务是否均衡,也不管规定权利与规定义务的法条数量是否相等,法律权利与法律义务在总量上总是等值或等额的。其次,在具体法律关系中,法律权利与法律义务互相包含。法律权利的范围就是法律义务的界限,同样,法律义务的范围就是法律权利的界限。权利的实现要求义务的履行,义务的履行要求权利的实现。也就是说,权利的享有需要一定的条件,这个条件需要依靠义务来创造,如果不履行义务,那么权利就失去了存在的基础。公民能够享有的权利要根据他所尽的义务确定,反之亦然。但一个社会的法律权利和法律义务在总量上是相等的。

3.功能上的互补关系

法律权利和法律义务各有其独特的、总体上又是相互补充的功能。法律义务以其强制某些积极行为发生、防范某些消极行为出现的特有约束机制而更有助于建立社会秩序；法律权利以其特有的利益导向和激励机制而更有助于实现人的自由。由于秩序和自由都是社会的基本价值目标，因而法律义务和法律权利对一个社会来说都是必需且缺一不可的。公民的权利和义务是相辅相成、相互促进的。义务的履行为公民权利的实现提供和创造了条件，权利的实现则可以激发人民群众的主人翁责任感，调动人的积极性和创造性，有助于实现人的自由。

第三节　增强国家安全意识

一、确立新的国家安全观

国家安全一般是指一个国家不受内部和外部的威胁、破坏而保持稳定有序的状态，是国家生存和发展的基本前提。国家安全的提法来源于冷战思维的国际关系学和地缘政治理论。在 1947—1991 年，苏联和美国两个超级大国争霸世界，在政治上搞对抗，军事上实行军备竞赛，世界各国因担心争霸会导致新的世界大战，都十分关注国家主权独立、领土安全、政治稳定的问题。当时传统的国家安全观将国家安全仅仅理解为政治安全和国防安全，即主权独立、领土安全、政治稳定。

苏联解体后，随着经济全球化、世界多极化格局的形成，国家之间的竞争演变为以经济竞争和科技竞争为特征的综合国力的竞争，国家安全也面临越来越多的威胁和挑战，尤其是"9·11"之后，恐怖主义、地区冲突、环境恶化、能源短缺、毒品交易、金融危机、流感疫情等非军事因素逐渐成为国家安全的关注重点。新国家安全观强调，各国在安全上要相互信任，共同维护，树立互信、互利、平等、协作的新安全观，通过对话和合作解决争端，而不应诉诸武力或以武力相威胁。新的国家安全观，不仅包括传统的政治安全和国防安全，还包括经济安全、科技安全、文化安全、生态安全、社会公共安全等。

政治安全和国防安全是国家安全的支柱与核心。没有政治安全和国防安全，就根本不可能有国家安全。政治安全是指国家的政治制度和政治形势保持稳定，不受国内外敌对势力的破坏和颠覆。国防安全是指国家的领土、领海和领空安全，不受外来军事威胁或侵犯。

经济安全、科技安全、文化安全、生态安全、社会公共安全是国家安全的重要内容。经济安全是指国民经济能够抗御国内外各种经济风险而保持平稳有序运行的态势，包括金融安全、能源安全、贸易安全、粮食安全等。经济安全是国家安全的经济基础。科技安全是指国家的科学技术系统能够有效地应对来自内部和外部的威胁，维护和实现国家利益的能力和状态。文化安全是指一国人民能够独立自主地选择自己的价值观念、文化制度，独立自主地控制和利用自己的文化资源。由于科技发展和经济全球化趋势带来的影响，网络安全、信息安全问题变得非常突出，要保证国家的文化安全，必须特别重视网络安全和信息安全。生态安全是指国家所处的自然生态环境能够维系其经济、社会的可持续发展。社会公共安全表现为预防、控制、处理各种社会违法犯罪活动和突发灾害事故，以维护社会治安，保障社会的正常工作和生活秩序，保护国家和人民生命财产的安全。社会公共安全不仅包括传统意义上的社会治安，还包括越来越重要的公共卫生安全和食品安全等。

二、掌握国家安全法律知识

法律是各个国家维护国家安全的重要手段。公民要承担维护国家安全的责任，就必须了解国家安全法律制度，掌握国家安全法律知识。增强大学生的国家安全意识首先要掌握国家安全的法律知识，了解国家安全法律制度。法律是维护国家安全的重要手段。我国不仅专门制定了一批维护国家安全的法律、法规，而且在很多法律、法规中还有维护国家安全方面的规定。

（一）国家安全的一般法律制度

《国家安全法》《刑法》等法律法规规定了我国国家安全的一般法律制度。《国家安全法》是维护国家安全的专门法律，规定了国家安全机关在国家安全工作中的职责以及公民和组织维护国家安全的权利和义务，规定了各类危害国家安全行为所应承担的法律责任。《刑法》专门规定了危害国家安全罪，包括背叛国家罪，分裂国家罪，煽动分裂国家罪，武装叛乱、暴乱罪，颠覆国家政权罪，煽动颠覆国家政权罪，资助危害国家安全犯罪活动罪，投敌叛变罪，叛逃罪，间谍罪，为境外窃取、刺探、收买、非法提供国家秘密、情报罪，资敌罪等具体罪名。

（二）国防安全法律制度

我国国防安全法律制度主要由《国防法》《反分裂国家法》《兵役法》《军事设施保护法》《出境入境边防检查条例》等法律法规构成。《国防法》是维护国防安全的专门法律，规定了国家机构的国防职权，武装力量，边防、海防和空防，国防科研生产和军事订货，国防经费和国防资产，国防教育，国防动员和战争状态，公民、组织的国防义务和权利，军人的义务和权益，对外军事关系等内容.《反分裂国家法》明确规定了台湾问题的性质、以和平方式实现祖国统一、以非和平方式及其他必要措施制止"台独"分裂势力分裂国家等内容。

（三）经济安全法律制度

我国目前虽然缺乏有关经济安全的专门立法，但很多经济法律、法规都包含了有关经济安全的规定，具有维护国家经济安全的功能。例如，涉及外商投资方面的法律，如《中外合资经营企业法》《中外合作经营企业法》《外资企业法》《反垄断法》等；涉及金融监管方面的法律，如《中国人民银行法》《商业银行法》《证券法》《保险法》等；涉及能源管理方面的法律，如《矿产资源法》《节约能源法》等。我国加入世界贸易组织后，制定、修改了一批与世贸组织相关的法律法规，特别是在外商投资企业法律、对外贸易法律等方面，加强了对国家经济安全的保障。

（四）网络信息安全法律制度

为了维护国家的网络和信息安全，国家制定了《维护互联网安全的决定》《计算机信息系统安全保护条例》《互联网信息服务管理办法》《计算机信息网络国际联网安全保护管理办法》，这些法规明确规定了利用互联网实施的各种违法行为及其处罚办法。

（五）生态安全法律制度

我国的生态安全法律制度包括两个组成部分：一部分是我国制定的有关生态安全保障的法律、法规，另一部分是我国缔结或参加的有关国际生态安全保护的条约。我国目前已经初步形成一个以宪法为核心，包括环境保护、灾害防御、自然资源保护、生物安全保护等方面的法律、法规在内的生态安全保障法律制度。我国已经缔结或者参加了 60 多个与环境保护和生态安全有关的国际条约，如《联合国气候变化框架公约》《生物多样性公约》《保护世界文化和自然遗产公约》《濒危野生动植物种国际贸易公约》《关于环境保护的南极条约议定书》等。

三、履行维护国家安全的义务

作为中华人民共和国的公民，我们每个人都必须遵守国家安全法律，履行维护国家安全的法律义务。我国《宪法》明确规定了公民维护国家安全的基本义务，《国家安全法》《保守国家秘密法》《国防法》《兵役法》等法律明确规定了公民维护国家安全的各项具体的法律义务。主要有以下几项。

（一）依照法律服兵役和参加民兵组织的义务

由中国人民解放军、中国人民武装警察部队和民兵构成的武装力量是巩固国防、抵抗侵略、保卫国家的主要力量。公民依照法律服兵役和参加民兵组织，是武装力量存在和发展的人员保证。《宪法》第 55 条规定，保卫祖国、抵抗侵略是中华人民共和国每一个公民的神圣职责。依照法律服兵役和参加民兵组织是中华人民共和国公民的光荣义务。《国防法》《兵役法》等法律都重申了公民的这一基本义务。

（二）保守国家秘密的义务

国家秘密的泄露直接威胁国家安全。因此，《宪法》明确规定，公民有保守国家秘密的义务。《保守国家秘密法》《国家安全法》《国防法》等法律具体规定了公民保守国家秘密的义务。《国家安全法》规定，任何公民和组织都应当保守所知悉的国家安全工作的国家秘密，不得非法持有属于国家秘密的文件、资料和其他物品。《国防法》规定，公民和组织不得泄露国防方面的国家机密，不得非法持有国防方面的秘密文件、资料和其他秘密产品。故意或过失泄露国家秘密，将承担刑事或行政法律责任。

（三）提供便利条件或其他协助的义务

国家开展国防建设和国家安全工作需要得到公民和社会组织的支持或协助《国防法》规定，公民应当支持国防建设，为武装力量的军事训练、战备勤务、防卫作战等活动提供便利条件或其他协助。《国家安全法》规定，公民应当为国家安全工作提供便利条件或其他协助。《国家安全法》还规定，故意阻碍国家安全机关依法执行国家安全工作，性质恶劣或后果严重的，要承担刑事或行政法律责任。

第四节　加强社会主义法律修养

当代大学生不仅要培养社会主义法律意识，而且要加强社会主义法律修养。只有加强社会主义法律修养，不断提高法律意识和法律素质，才能担负起建设社会主义法治国家的历史重任。

一、培养社会主义法律思维方式

社会主义法治国家建设的进程能否顺利推进，在一定程度上要看社会主义法律思维能否深入人心。我国法制宣传教育的内容不仅应该包括宣传和普及法律知识，而且应该包括努力提升公民的法律思维水平。大学生要自觉培养法律思维方式和能力。

（一）法律思维方式的含义

所谓法律思维方式，是指按照法律的规定、原理和精神，思考、分析、解决法律问题的习惯与取向。社会问题通常很复杂，包含着政治、经济、道德和法律等多种因素。如果说政治思维方式的重心在于利与弊的权衡，经济思维方式的重心在于成本和收益的比较，道德思维方式的重心在于善与恶的评价，那么法律思维的重心则在于合法性的分析，即把合法性当做思考问题的前提，围绕合法与非法来判断一切有争议的行为、主张和关系。因此，法律问题往往还包含着政治、经济或道德问题。虽然可以从道德的、经济的、政治的角度来思考和处理问题，但一旦这些问题被纳入法律调整的范围，就应当按照法律的规定、原理和精神来思考与处理。在相当多的情况下，按照法律思维思考与处理问题，与按照道德思维、经济思维或政治思维思考与处理问题，会得出相同或相似的结论，但在某些情况下，则可能得出不同的结论。

（二）法律思维方式的特征

1.讲法律

法律思维首先要讲法律，以法律为准绳思考与处理法律问题。一个行为发生之后，首先我们要想到这个行为的性质是什么，是合法、中性还是违法。其次，如果它违法了，就要考虑违反的是什么法律。最后，我们要看违法之后，要承担什么责任。某种行为是合法行为还是违法行为，是一般违法行为还是犯罪行为，是否应当承担法律责任，应当承担什么样的法律责任，都应当以法律为标准作出判断。如果脱离法律来思考与处理问题，就谈不上是法律思维。

在社会生活中，人们有时会遇到法与理、法与情的冲突，遇到合理不合法或合情不合法的情况。但是，即使人们感觉到法律明显不合理，也不能随意地抛弃或搁置法律。一项法律规定只要没有被修改或废除，就是有效的，人们就有义务遵守或执行。如果人们觉得某项法律规定不合理，可以向有关国家机关提出修改或废除的建议，由有关国家机关修改或废除该项法律规定。但在国家修改或废除之前，仍然必须遵守或执行。

2.讲证据

法律思维思考与处理法律问题要以证据为根据。只有在有证据的情况下才能查清案件，法院才能作出正确的判决。正确地分析与处理法律案件，无非就是抓住两个关键问题：一是查清案件事实，二是正确运用法律。首要问题就是证据问题。只有收集到充分的证据，才能查清案件事实。一般来说，证据就是以法律规定的形式表现出来的、能够证明案件真实情况的事实。讲证据，意味着思考与处理法律案件时不能捕风捉影，更不能主观臆断。

法律上的证据具有三个特征：一是证据的合法性。证据必须是合法的，证据的形式、搜集和查证都必须符合法律的规定，即证据的来源要合法，而且要经查证属实后才可使用。二是证据的客观性。证据必须是客观真实的，不是伪造的。做假证是要承担法律责任的。三是证据的关联性。证据必须与案件事实有实质性联系，从而对案件事实具有证明作用。

3.讲程序

法律思维思考与处理法律问题要从法律程序出发。程序就是法律所规定的法律行为的方式和过程。程序告诉人们实施某种法律行为时应当先做什么事情，后做什么事情以及如何做这些事情。法律通过规定明确的程序来约束人们的行为。所以，人们的行为必须符合法律程序，才可能产生预期的法律效果。与其他类型的思维方式相比，法律思维更为关心行为的程序问题。简单地说，程序就是法律所规定的法律行为的方式和过程。而其他类型的思维方式则可能更关心行为的实质，而不关心或较少关心行为的程序。

4.讲法理

法律思维思考与处理法律问题要运用法律原理和精神，为法律结论提供充分的法律论证与法律理由。法律思维的任务不仅是获得处理法律问题的结论，而且更为重要的是提供法律结论的理由。任何理性的思维都应当用适当的理由来支持所获得的结论，而法律思维对理由的要求更有特殊之处。其一，理由必须是公开的，而不能是秘密的。其二，理由必须有法律上的依据。其三，理由必须具有法律上的说服力。就此而论，与其说法律思维的首要任务是寻求解决问题的结论，不如说是寻求据此做出结论的理由——那些认同法律并依赖于法律的人们能够接受的理由。那种只提供结论而不提供理由的思维方式不符合法律思维方式的本质特征。

（三）培养法律思维方式的途径

对于普通人来说，培养法律思维并不是一件轻而易举的事情，而需要付出艰苦的努力。大学生可以通过学习法律知识、掌握法律方法、参与法律实践等途径，在日常生活中逐渐养成从法律的角度思考、分析、解决法律问题的思维习惯。

1.学习法律知识

学习和掌握基本的法律知识，是培养法律思维方式的前提性条件。一个对法律知识一无所知的人，不可能形成法律思维方式。法律知识通常包括两部分：一是关于法律规定的知识，二是关于法律原理的知识。这两部分法律知识对于培养法律思维方式都很重要。只有了解国家在某个问题上的法律规定，才能对该问题进行法律思维。只有了解法律的原理、原则和规范，才能把握法律思维的基本规律。

2.掌握法律方法

法律方法是人们从法律角度思考、分析和解决法律问题的方法。法律思维的过程就是运用法律方法思考、分析和解决法律问题的过程，因此法律方法是构成法律思维的基本要素。我们要培养法律思维方式，就必须掌握法律方法。应当指出的是，法律工作者使用的法律方法相当复杂，有法律解释的方法、法律推理的方法、填补法律漏洞的方法、认定事实的方法等，每一种基本方法又包括一系列的具体方法。普通公民不必像法律工作者那样深入而系统地掌握各种法律方法，但也有必要了解和掌握一些基本的法律方法。例如，要掌握法律解释的一些基本方法等，知道如何正确理解和解释法律。

3.参与法律实践

法律思维方式是一种在法律实践中训练、培养和应用的思维方式。脱离活生生的法律生活和法律实践，不可能养成法律思维方式。只有通过反复参与各种法律活动，在法律实践中运用法律知识和方法去思考、分析、解决法律问题，才能养成一种自觉的法律思维习惯。随着社会主义法治国家建设进程的不断推进，法律对社会生活的调整范围将越来越广泛，人们面临的法律事务必然会越来越多。这既对培养法律思维方式提出了迫切要求，也为培养法律思维方式提供了良好条件。

二、树立社会主义法律权威

增强法律意识，提高法律修养，还应树立和维护法律的权威。法律权威是就国家和社会管理过程中法律的地位和作用而言的，是指法的不可违抗性。正如苏格拉底服毒而死的例子，虽然当时对他的审判有违公正，但他的举动却维护了法律的权威。这就是一种法律精神，尤其在现代法治社会，我们更应该树立法律至上的精神，用法律来规范我们的行为，规范社会秩序。

法律权威表现在两个方面，一是外在强制力，法的强制力是由法的国家意志性所决定的。正是由于法代表了国家的意志，因此国家为了保证法的顺利实施，要动用它的暴力机关，如公安、监狱、军队等。这也是法区别于其他社会规范最明显的特征。二是法的内在说服力。内在说服力既来源于法律本身的内在合理性，也来源于法律实施过程的合理性。社会主义法律权威的树立，既有赖于国家的努力，也有赖于公民个人的努力。

（一）维护法律权威的意义

在当代中国，树立法律权威具有非常重要的意义。这种重要意义不仅在于为了建设社会主义法治国家，而且在于为了实现国家的长治久安。法律权威是国家稳定的坚实基础。当国家的最高权威是领导者个人时，政治的稳定、国家的兴衰就将寄托于领导者个人身上。随着领导人的更迭，国家的政局就有可能大起大落，政策与法律也会频繁变动。但是，当国家的最高权威是法律时，由于法律是一种超越于任何个人之上的普遍性规则，并且具有稳定性和连续性，因此尽管领导者会不断流动和更迭，但政治统治与社会秩序仍将会保持相当的稳定性和连续性。

（二）自觉维护社会主义法律权威

社会主义法律权威的树立，既有赖于国家的努力，也有赖于公民个人的努力。从国家角度来说，应当采取各种有效措施消除损害社会主义法律权威的因素。例如，要进一步提高立法质量，保证法律的科学性、合理性；改善法律实施的状况，确立起法律的威严；深入开展法制宣传教育，增强全社会的法律意识。从个人角度来说，应当通过各种方式努力维护社会主义法律权威。对于大学生来说，至少应做到以下三个方面：

（1）努力树立法律信仰。一个人只有从内心深处真正认同、信任和信仰法律，才会自觉维护法律的权威。大学生应当通过认真学习法律知识，深入理解法律在现代社会中的重要作用，深刻把握我国社会主义法律的精神，从而树立起对我国社会主义法律的信仰。

（2）积极宣传法律知识。大学生在自己学习和掌握法律知识的同时，还要向其他人宣传法律知识，特别是要宣传社会主义民主与法治观念，帮助人们彻底根除"权大于法""要人治不要法治"等封建残余思想，宣传我国社会主义法律的优越性，使人们了解、熟悉和认同我国社会主义法律，从而推动全社会形成尊重和维护社会主义法律权威的良好风尚。

（3）敢于同违法犯罪行为作斗争。大学生不仅要有守法意识，自觉遵守国家法律，而且要有护法精神，敢于同违法犯罪行为作斗争。违法犯罪行为既是对社会秩序的破坏，也是对法律权威的蔑视。要维护法律权威，就要敢于和善于同违法犯罪行为作斗争。同违法犯罪行为作斗争的方式是多种多样的，既包括事前采取有效措施预防违法犯罪行为的发生，也包括事中和事后制止、检举、揭发违法犯罪行为。

第四章　了解法律制度自觉遵守法律

第一节　我国宪法规定的基本制度

宪法不是从来就有的，它是 17、18 世纪资产阶级革命的产物。英国是最早发生资产阶级革命的国家，也是最早实行宪政的国家。但由于英国历史传统的特殊性，资产阶级与封建贵族相互妥协，没有制定成文宪法。所谓英国宪法，实际上是由不同历史时期陆续颁布的宪法性法律和不同历史时期逐步形成的宪法惯例、宪法判例所构成。1787 年制定的美国宪法是世界宪法发展史上第一部成文宪法。美国宪法的产生，经历了从《独立宣言》到制定各州宪法和《邦联条例》，再到制定《联邦宪法》这样一个发展过程，1789 年美国宪法正式生效。1918 年制定的苏俄宪法，是第一部社会主义国家的宪法。

一、宪法的特征和原则

宪法是国家的根本大法。通常规定一个国家的社会制度和国家制度的基本原则、国家机关的组织和活动的基本原则，公民的基本权利和义务等重要内容，有的还规定国旗、国歌、国徽和首都以及统治阶级认为重要的其他制度，涉及国家生活的各个方面。宪法具有最高法律效力，是制定其他法律的依据，一切法律、法规都不得同宪法相抵触。

（一）宪法的特征

一个国家有许多法律，如民法、民事诉讼法、刑法、刑事诉讼法、行政法等，宪法是其中的一种。但是，宪法在国家的法律体系中居于根本法地位。马克思曾用"宪法——法律的法律"来说明宪法的根本法地位。宪法同其他法律相比，具有自己的基本特征：

1.宪法是国家的根本法

宪法规定的是国家的根本制度和根本任务。我国宪法序言中宣布："本宪法以法律的形式确认了中国各族人民的奋斗成果，规定了国家的根本制度和根本任务，是国家的根本法，具有最高的法律效力。"所谓根本制度就是国家制度、社会制度及其基本原则，它包括国家性质、政权组织形式、国家结构形式和社会经济制度等涉及国家全局的根本性问题。所谓根本任务是保证国家制度和社会制度的巩固和发展，促进根本任务的完成，宪法还规定了国家机关的组织与活动的原则，公民的基本权利和义务。这些问题涉及的也都是国家的根本问题。至于其他法律，则是在符合国家根本制度的基础上而规定的某些方面的法律。

2.宪法具有最高法律效力

宪法的最高法律效力具有三层意思：一是一切规范性文件都要依据宪法制定，是宪法的具体化，或者说，宪法是其他一切法律的渊源，如刑法只规定犯罪和刑罚问题，民法只规定平等主体之间的财产关系和人身关系；二是一切规范性文件都不能和宪法相抵触，否则要被撤销和宣布无效，换言之，其他一切法律都必须从宪法中找到出处或"合法性"；三是宪法是一切国家机关、武装力量、政党、社会团体以及公民的最高行为准则。所以，我国宪法序言宣布："全国各族人民、一切国家机关和武装力量、各政党和各社会团体、各企业事业组织，都必须以宪法为根本的活动准则，并且负有维护宪法尊严、保证宪法实施的职责。"宪法第5条第3款也规定："一切法律、行政法规和地方性法规都不得同宪法相抵触。"

3.宪法有严格的制定和修改程序

宪法内容的根本性和效力的最高性，要求宪法的制定和修改有更加严格的程序。一方面，制定和修改宪法的机关，往往是依法特别成立的，而并非普通的立法机关。另一方面，通过、批准宪法或者其修正案的程序，往往严于普通法律。我国宪法第 64 条第 1 款规定："宪法的修改,由全国人民代表大会常务委员会或者五分之一以上的全国人民代表大会代表提议,并由全国人民代表大会以全体代表的三分之二以上的多数通过。"而普通法律则只需要全国人民代表大会以全体代表的过半数通过即可。较之其他法律,宪法修改的程序更为严格。

（二）宪法的基本原则

宪法的基本原则是指人们在制定和实施宪法过程中必然遵循的最基本的准则,是贯穿立宪和行宪的基本精神。任何一部宪法都不可能凭空产生,都必须反映一国当时的政治指导思想、社会经济条件和历史文化传统,宪法基本原则是对这些方面的集中反映。

1.中国共产党的领导原则

党的领导是宪法的根本,没有共产党就没有中华人民共和国,也就没有中华人民共和国的宪法。党对国家的领导主要是政治领导、组织领导和思想领导。党领导全国人民制定宪法,又领导人民遵守和实施宪法。我们的革命、建设和改革的一切成就以至包括宪法在内的法制的进步,无不在党的领导下取得。实质上,宪法本身就是党的主张和人民意志的统一的表现。由于中国共产党处于执政党的地位,拥有及时的大量的资讯,具有对重大事态的洞察力和对复杂形势的判断力,从而党的理论及其制定的路线、方针和基本政策必然成为宪法规范的依据。要在宪法和法律上保证中国共产党在国家中的执政地位,保证党的主张和人民意志相统一,并通过法定程序使党的主张上升为国家意志。不仅在历史上,而且在今后,中国人民将继续在中国共产党领导下,努力完成国家的根本任务。党的领导的原则在宪法中的重要地位是不言而喻的。因此,只有坚持党的领导,才能正确地理解宪法,深入地实施宪法。

2.人民主权原则

人民主权是指国家中绝大多数人拥有国家的最高权力。我国《宪法》第2 条第 1 款规定："中华人民共和国的一切权力属于人民。"这一规定是人民主权原则的体现，它表明我国的一切权力来自人民，国家的目的是为了保护人民。一切权力属于人民的原则在宪法规范中的表现是多方面的。《宪法》通过确认我国人民民主专政的国体，保障了广大人民群众在国家中的主人翁地位；通过确认以公有制为主体、多种所有制经济共同发展的基本经济制度，为人民当家作主奠定了经济基础；通过确认人民代表大会制度的政体，为人民当家作主提供了组织保障；通过确认广大人民依照法律规定，通过各种途径和形式，管理国家事务，管理经济和文化事业，管理社会事务的权利，把人民当家作主贯彻于国家和社会生活各个领域。《宪法》规定人民行使国家权力的机关是全国人民代表大会和地方各级人民代表大会；各级人民代表大会代表由人民选举产生，对人民负责，受人民监督等。

3.公民权利原则

公民基本权利是实现"国家权力属于人民"的必不可少的基础。因为公民如果没有个人权利的保障，那在整体上就不可能实现"国家权力属于人民"，也就谈不上人民民主和社会主义民主的建设。以宪法和法律保障公民基本权利的状况，是现代社会民主与法治发展程度的重要标志。宪法确认和保护的公民权利也就是人权保障在国家根本法中的体现。人权是指人享有的人身自由和各种民主权利。我国《宪法》明确规定"国家尊重和保障人权"，并规定公民享有广泛的权利与自由，包括公民有参与国家政治生活的权利和自由、公民的人身自由和信仰自由、公民社会经济文化方面的权利等。我国《宪法》第二章用18个条文列举了公民的26项基本权利。

4.法治原则

法治是相对于人治而言的。它是指统治阶级按民主原则把国家事务法律化、制度化，并严格依法进行管理的一种方式。其核心思想在于依法治理国家，法律面前人人平等，反对任何组织和个人享有法律之外的特权。社会主义国家的宪法不仅宣布宪法是国家的根本法，而且还规定国家的立法权属于最高人民代表机关，使宪法和法律有了广泛深厚的民主基础，为社会主义的法治原则的实现提供了前提条件。我国《宪法》明确规定："实行依法治国，建设社会主义法治国家"。依法治国的根本要求是"有法可依、有法必依、执法必严、违法必究"。

5.民主集中制原则

（1）民主集中制作为我国宪法的基本原则，同时也是我国政治制度的根本原则。根据宪法的规定，我国的一切权力属于人民，这是民主集中制的首要基点。

（2）人民行使权力的机关是全国人大和地方各级人大。它们都由民主选举产生，对人民负责，受人民监督。

（3）国家行政机关、审判机关、检察机关都由人民代表大会产生，对它负责，受它监督。

（4）中央和地方的国家机构职权的划分，既保证中央的统一领导，又充分发挥地方的主动性和积极性。

（5）我国的决策和立法以及其他的工作都坚持从群众中来，到群众中去，集中上来，坚持下去的反复过程。在国家体制上，实行个人服从整体、少数服从多数、下级服从上级、地方服从中央，同时又尊重个人、少数、下级或者地方的意见和首创性。

民主集中制是我国政体的实质，是人民代表大会制度的优越之所在。宪法的原则精神是要构建一个既有民主又有集中，既有自由又有纪律，既有统一意志又有个人心情舒畅那样一种生动活泼的和谐的政治局面。

二、我国的国家制度

国家制度又称国家体制，是确立一国阶级统治关系的基本制度。主要指我国国体，即各阶级在国家中的地位，反映国家的本质，国家的阶级属性。国体决定政体，并通过政体来表现，所以国家制度既包括国体，也包括政体，是规定国家权力归属什么阶级和这个阶级采取什么组织形式以实现其权力的制度。国家制度一般都规定在该国的宪法、法律和其他特别法中。国家的政治体制以及一切机构组织与活动的原则都是根据国家制度来规定的。

中国人民在中国共产党领导下，推翻了帝国主义、封建主义和官僚资本主义的统治，建立了工人阶级领导的以工农联盟为基础的人民民主专政，即无产阶级专政的国家制度。中国的一切权力属于人民，人民行使国家权力的机关是全国人民代表大会和地方各级人民代表大会。国家行政机关、军事机关、审判机关、检察机关，都由国家权力机关产生，对它负责，受它监督。我国的国家制度主要包括人民民主专政制度、人民代表大会制度、中国共产党领导的多党合作和政治协商制度、民族区域自治制度、基层群众自治制度和基本经济制度等。

（一）人民民主专政制度

1.我国的国家性质

国家性质亦称国体，是指社会各阶级在国家生活中的地位和作用。我国《宪法》第1条规定："中华人民共和国是工人阶级领导的、以工农联盟为基础的人民民主专政的社会主义国家。"这就是我国的国体。人民民主专政的含义是中国共产党和中华人民共和国始终代表最广大人民的根本利益，可以使用专制的方法来对待敌对势力以维持人民民主政权。中国共产党领导的人民民主政权在人民内部实行民主，逐步扩大社会主义民主，发展社会主义民主政治；对境内外敌对势力和犯罪分子实行专政。

人民民主专政是无产阶级专政在中国具体历史条件下的表现形式，《宪法》规定："工人阶级领导的、以工农联盟为基础的人民民主专政，实质上即无产阶级专政。"其内容包括：强调工人阶级的领导地位，强调农民始终是工人阶级取得政权和社会主义建设事业成功的最可靠的同盟军，工农联盟表现了人民民主专政国体的充分的民主性和广泛的代表性；强调对人民实行民主和对敌人实行专政的辩证统一，在人民内部实行民主是实现对敌人专政的前提和基础，而对敌人实行专政又是人民民主的有力保障。人民民主专政中的民主与专政是辩证统一的关系，两者紧密相连、相辅相成、缺一不可。

2.爱国统一战线是人民民主专政的重要保障

建立和完善广泛的统一战线，是建立、巩固和发展人民民主专政制度的重要保障。我国《宪法》规定："社会主义事业必须依靠工人、农民和知识分子，团结一切可以团结的力量。在长期的革命和建设过程中，已经结成由中国共产党领导的，由各民主党派和各人民团体参加的，包括全体社会主义劳动者、社会主义事业的建设者、拥护社会主义的爱国者和拥护祖国统一的爱国者的广泛的爱国统一战线，这个爱国统一战线将继续巩固和发展。"可以说，统一战线的存在和发展，是中国人民民主专政的一个主要特色。新时期的爱国统一战线是由中国共产党领导的，有各民主党派和各人民团体参加的包括全体社会主义劳动者，拥护社会主义的爱国者和拥护祖国统一的爱国者的广泛的政治联盟。实际包括两个联盟：一是由祖国大陆范围内的全体劳动者和爱国者组成的以社会主义为政治基础的联盟，这个联盟必须坚持四项基本原则；二是广泛团结台湾同胞、港澳同胞、海外侨胞，以拥护祖国统一为政治基础的联盟。它的任务主要有：一是把中国建设成为富强、民主、文明的社会主义现代化国家而努力奋斗；二是争取台湾回归祖国，实现祖国和平统一的大业；三是为维护世界和平做出新的贡献。中国人民政治协商会议是中国具有广泛代表性的爱国统一战线组织，是在中国共产党领导下，实现同各民主党派及其他爱国人士进行政治协商的机关，也是中国统一战线的组织形式。

（二）人民代表大会制度

1.我国的政权组织形式

政权组织形式也就是政体，即指特定社会的统治阶级采用何种原则和方式去组织其反对敌人、保护自己、治理社会的政权机关。组织政权机关，特别是组织中央政权机关的原则和方式，显示着特定国家的政权组织形式。政权组织形式反映着政权组织内部结构的状况以及各个组成部分之间的关系，同时也反映着人民同国家机构之间的关系。因此，它是特定国家的民主制度的最基本表现。国体决定政体，政体体现国体。

人民代表大会制度是我国的根本政治制度。我国《宪法》第2条规定："中华人民共和国的一切权力属于人民。人民行使国家权力的机关是全国人民代表大会和地方各级代表大会。"《宪法》第3条规定："中华人民共和国的国家机构实行民主集中制原则。全国人民代表大会和地方各级人民代表大会都由民主选举产生，对人民负责，受人民监督。国家行政机关、审判机关、检察机关都由人民代表大会产生，对它负责，受它监督。"人民代表大会制度是我国人民革命政权建设的经验总结，是马克思主义国家学说和中国国情相结合的产物。

2.人民代表大会制度的优越性

人民代表大会制度不仅是我国国家机构和国家政治生活的基础，是其他政治制度的核心，而且也是我国人民实现当家作主的基本形式。人民代表大会制度的优越性主要表现在：

（1）人民代表大会制度是与人民民主专政的国体相适应的政权组织形式，保证了人民当家作主各种权利的实现，尤其是保证了人民决定国家大事和决定国家机构领导人两项重要权利的实现。早在2000多年前，先哲亚里士多德就指出，如果一个国家的政权是一个人组成的，它就是专制政体，如果是由少数人组成的，它就是贵族政体，如果是由多数人组成的，它就是民主政体。人民代表大会制度是我国社会主义民主的基石，它在最广泛的范围内将人民组织到国家政权之中，进而使人民从形式到内容都成为国家的主人，正是在这个意义上，我们既可以说它是主权在民原则的制度载体，又可以说它是列宁在论民主时反复强调的国家制度，还可以说它是中国人民在中国共产党领导下探索出的有中国特色的社会主义政体形式，因为它的本质就在于保证人民当家作主。

（2）人民代表大会制度动员了全体人民以国家主人翁的地位投身于社会主义各项事业建设。从20世纪50年代的对农业、手工业和资本主义工商业的三大社会主义改造——这三大改造奠定了社会主义公有制的经济基础；到了20世纪70年代初，四个现代化目标的确立——这个目标坚定了全体中国人民走社会主义道路的信心和决心；至今我们仍然坚持的以经济建设为中心的思想路线——它的成果使人们既看到也体验到了社会主义制度的优越性；再到现在的三个文明协调发展及全面建设小康社会。这些年来，我国所有的政治、经济、文化建设无一不是通过人民代表大会来定纲领、定目标、定国策，然后集中全国人民的意志，动员全国各方面的力量，而以最高的效率实现的。人民代表大会表现出的动员、整合各方力量做大事的优越性是世界其他任何国家政治制度所无法比拟的。人民代表大会制度保证了国家机关高效协调运转。人民选出自己的代表组成各级人民代表大会，由人民代表大会再产生其他国家机关，人民代表大会与其他国家机关形成产生与被产生、议决与执行、监督与被监督的三种基本关系，这三种关系表明我们所有国家机关间不是对立关系而是合作关系，不是分权关系而是分工关系，不是相互制约关系而是共同受人民代表大会和人民制约的关系，不是各自为政的并列关系，而是向人民共同负责的关系。概而言之，中国共产党领导下的各国家机关分工合作、共同向宪法和人民负责的政权运转模式是人民代表大会制度最具特色的地方，同时也是它的最显著的效率特征。

（3）人民代表大会制度维护了国家的统一，民族的团结，社会政治稳定和国家的长治久安。国家统一的标志是国家主权的统一。在我国，人民享有包括主权在内的一切权力，但人民行使国家权力的根本途径是人民代表大会，所以人民代表大会是国家统一的保证。人民代表大会由各民族选出的代表组成，法律上保证每个民族都有代表参与国家政权，是民族团结的基础所在。稳定是一种秩序化了的社会状态，法治是最有效的设定和保持这种状态的方法，人民代表大会通过维护国家法制的统一性而使社会得以稳定和发展，进而达到了国家的长治久安。

（4）人民代表大会制度是实现党对国家事务领导和保持执政地位的根本途径。党的主张与人民意志的统一，党的决策和决策贯彻执行的统一，对党负责和对人民负责的统一，唯一的途径是人民代表大会的法定程序，党对国家机构的组织领导，法定的程序是人民代表大会的选举或决定程序。通过人民代表大会实现对国家的政治、思想的组织领导，是我党逐步探索的行之有效的执政方式。"三个代表"重要思想的本质是立党为公，执政为民，人民代表大会制度的本质是人民当家作主，二者本质的一致性，决定了我党只能通过人民代表大会来实现领导权和巩固执政地位。

3.我国人民代表大会制实行"议行合一"

"议行合一"是我国人民代表大会制的基本活动原则。我国人民代表大会制实行"议行合一"，并不是说人民代表大会除了制定法律、议决国家大事之外，一切行政管理工作都由它直接办理，把国务院和地方各级人民政府的工作都包办起来；而是指它既制定法律、决定国家大事，又组织行政机关，领导和监督行政机关的工作，并且通过它的代表向人民群众传达它所制定的法律和作出的决议的精神，以自己的模范行动带领群众认真贯彻执行。人民代表大会之所以便于实行"议行合一"，是因为它把国家权力集中起来由自己行使。这种国家权力的全权性，使它成为行使国家立法权的机关，并有权议决国家大事；使它有权组织国家其他机关，特别是国家行政机关，并领导和监督它们执行法律和决议。

三权分立制度是适应资本主义经济和政治特征的政治制度，它在本质上是占社会少数的资产阶级所享有的民主形式，广大的人民群众在这种制度内的作用和影响是无足轻重的。三权分立制度使相当一部分权力在相互牵制中抵消，常常是议而不决、决而不行。三权分立制度不适合我国国情。我国的国家政治制度是人民通过各级人民代表大会统一行使国家权力。尽管我国的立法和行政、司法也有必要的分工，但在三权之中立法权处于首位，行政权、司法权从属于立法权。以民主集中制为基础的人民代表大会制度，不仅最符合中国国情，而且比西方的三权分立制度具有巨大的优越性。

（三）中国共产党领导的多党合作和政治协商制度

1.我国的政党制度

政党制度是指国家政治生活中各政党之间以及政党与政权之间的关系的制度，是国家政治制度的重要组成部分。一个国家的政党制度是由该国特定的社会、历史条件和现实条件决定的。首先，它取决于国内各阶级、阶层和集团之间力量的对比，以及各政党的状况。其次，它同国家政权的组织形式直接相关。再次，各国的选举制度对政党制度起着促成和巩固作用。由于国家的性质不同，政党制度也有不同的类型，主要有资本主义国家的政党制度和社会主义国家的政党制度两大基本类型。

中国共产党领导的多党合作和政治协商制度是我国的一项基本政治制度，是中国特色社会主义政党制度。人民通过选举、投票行使权利和人民内部各方面在重大决策之前进行充分协商,尽可能就共同性问题取得一致意见,是我国社会主义民主的两种重要形式。中国共产党在民主革命的长期斗争中,同各民主党派结成人民民主统一战线。在中国共产党的领导下,终于取得了民主革命的胜利。

2.我国的政党制度的特点

中国共产党领导的多党合作和政治协商制度是具有中国特色的社会主义政党制度。我国《宪法》明确规定: "中国共产党领导的多党合作和政治协商制度将长期存在和发展。"我国是人民民主专政的社会主义国家,同这种国体相适应的政权组织形式是人民代表大会制度,同这种国体相适应的政党制度是中国共产党领导的多党合作和政治协商制度。这一政党制度的基本特征有以下几点。

（1）共产党在中国各政党中处于领导地位,各民主党派接受共产党的领导。共产党对民主党派是政治领导,即政治原则、政治方向和重大方针政策的领导。这种领导主要是靠正确的政治主张和自身模范行为,并通过平等协商来实现的。共产党支持民主党派充分发挥各自的积极性、主动性、创造性,独立自主地开展活动。

（2）各政党共同致力于社会主义事业。共产党和各民主党派都以四项基本原则为共同的行动准则,以实现不同时期的总任务为共同纲领。在新的历史时期,建设有中国特色社会主义成为共同的奋斗目标。

（3）在国家政权中,共产党是执政党,民主党派是参政党。民主党派参加国家政权,参与国家大政方针和国家领导人选的协商,参与国家事务的管理,参与国家方针、政策、法律、法规的制定和执行。

（4）共产党与民主党派之间实行政治协商、互相监督。政治协商是我国社会主义民主的一大特点,不论政党大小都有平等的发言权,既尊重多数人的共同意愿,又照顾少数人的合理要求。互相监督即政党之间实行民主监督,而首先是民主党派对共产党的监督。

（5）共产党和民主党派都享有宪法规定的权利和义务范围内的政治自由、组织独立和法律地位平等。各政党都以宪法为根本活动准则，负有维护宪法尊严，保护宪法实施的职责。共产党领导、多党派合作，共产党执政、多党派参政。这一政党制度既能实现广泛的政治参与，集中各民主党派、各人民团体和各界人士的智慧，促进执政党和各级政府决策的科学化、民主化，又能集中统一，统筹兼顾各方面群众的利益要求。

3.中国不能搞西方的两党制或多党制

有人认为，中国要发展民主政治，就必须推行两党制或多党制。这一观点是错误的。资本主义国家推行的两党制或多党制，有执政党、反对党和在野党，各党派明争暗斗。但不论哪个党派上台执政，都不能真正代表人民的利益，都要极力维护自己及其代表集团的利益。西方议会无论是一院制还是两院制，都是各党派争权夺利的场所。我国是社会主义国家，在以生产资料公有制为主体的经济基础上，各劳动阶级和阶层的根本利益是一致的。这决定了中国不能搞西方那种实质上是维护资产阶级专政的两党制或多党制。中国是一个人口众多、幅员辽阔、各方面发展很不平衡的发展中国家，是一个统一的多民族国家，如果没有中国共产党这样坚强有力的政党进行集中统一领导，必然会是一盘散沙。中国共产党领导的多党合作制度，有利于发扬社会主义民主，有利于维护国家政局的稳定，增进人民的团结，能够保证集中领导与广泛民主、充满活力与富有效率的有机统一。中国共产党领导的多党合作和政治协商制度，是植根于中国土壤上的一个全新的政治制度。这一制度，既有利于发扬民主，充分调动我国人民的社会主义积极性，又有利于加强和改善共产党的领导，避免西方多党制或两党制轮流执政带来的弊端，实现广泛民主和集中领导的统一，充满活力和富有效率的统一。

（四）民族区域自治制度

1.我国的民族区域自治制度

民族区域自治制度，是指在国家统一领导下，各少数民族聚居的地方实行区域自治，设立自治机关，行使自治权，自主地管理本民族、本地区的内部事务，行使当家作主的权利的制度。民族区域自治制度是我国的基本政治制度之一，是建设中国特色社会主义政治的重要内容。我国《宪法》明确规定，中华人民共和国是全国各族人民共同缔造的统一的多民族国家。根据《宪法》和《民族区域自治法》的规定，民族区域自治制度主要包括以下内容：各民族自治地方都是中华人民共和国不可分离的部分，各民族自治地方的自治机关都是中央统一领导下的地方政权机关；民族区域自治必须以少数民族聚居区为基础，是民族自治与区域自治的结合；在民族自治地方设立自治机关，民族自治机关除行使宪法规定的地方国家政权机关的职权外，还可以依法行使广泛的自治权。

2.中国实行民族区域自治制度的原因

（1）中国在历史上长期以来就是一个集中统一的国家。在长期的历史发展中，中国境内各民族逐步汇合成了中华民族。

（2）长期以来中国的民族分布以大杂居、小聚居为主。长期的经济文化联系，形成了各民族只适宜于合作互助，而不适宜于分离的民族关系。

（3）我国人口、资源分布和经济文化发展不平衡。只有实行民族区域自治制度，才有利于各民族的发展和国家的繁荣、昌盛。

（4）自1840年以来，中国各民族都面临着反帝反封建、为民族解放而奋斗的共同任务和命运。在共御外敌、争取民族独立和解放的长期斗争中，中国各民族建立了休戚与共的亲密关系，形成了互相离不开的政治认同。这就为建立一个统一的中华人民共和国，并在少数民族地区实行民族区域自治奠定了坚实的政治和社会基础。

3.民族区域自治制度的优越性

（1）实行民族区域自治制度有利于维护国家统一和安全。民族区域自治是以领土完整，国家统一为前提和基础的，是国家的集中统一领导与民族区域自治的有机结合。它增强了中华民族的凝聚力，使各族人民，特别是少数民族把热爱本民族与热爱祖国的深厚感情结合起来，更加自觉地担负起捍卫祖国统一、保卫边疆的光荣职责。

（2）实行民族区域自治制度有利于保障少数民族人民当家作主的权利得以实现。

（3）实行民族区域自治制度有利于发展平等团结互助和谐的社会主义民族关系。

（4）民族区域自治制度有利于促进社会主义现代化建设事业蓬勃发展。

4.中国民族区域自治制度的特点

中国的民族区域自治制度有两个显著特点：一是中国的民族区域自治，是在国家统一领导下的自治，各民族自治地方都是中国不可分离的一部分，各民族自治机关都是中央政府领导下的一级地方政权，都必须服从中央统一领导。二是中国的民族区域自治，不只是单纯的民族自治或地方自治，而是民族因素与区域因素的结合，是政治因素和经济因素的结合。

（五）基层群众自治制度

1.我国基层群众自治制度的发展

我国的基层群众自治制度，是在中华人民共和国成立后的民主实践中逐步形成的，并首先发育于城市。1949 年底到 1950 年初，在一些城市中出现了由群众自己组织起来的防护队、防盗队和居民组等名称不一的群众性自治组织。1950 年 3 月，天津市根据居民居住状况建立了居民委员会。但是，此时居民委员会的特点是，各地的规模不太一样，职能也不统一。1953 年 6 月 8 日，彭真同志给毛泽东等中央领导同志专门写了名为《关于城市街道办事处、居民委员会组织和经费问题的报告》。毛泽东及其他中央领导同志同意了这个报告。此后，各城市都陆续建立了居民委员会组织，名称也逐渐趋向统一，其性质都属于基层群众性自治组织。1954 年 12 月召开的第一届全国人大常委会第四次会议制定并颁布了《城市居民委员会组织条例》，第一次用法律的形式肯定了居民委员会的性质、地位和作用。党的十一届三中全会以后，我国城市居民委员会的组织建设得到了全面的恢复和发展。1980 年 1 月，全国人大常委会重新公布了《城市居民委员会组织条例》。1989 年 12 月 26 日，全国人大常委会第十一次会议通过了《城市居民委员会组织法》。

这标志着我国城市居民委员会的组织建设进入了一个新的全面发展的时期。

同城市居民委员会相比，村民委员会出现得比较晚。党的十一届三中全会后，在实行联产承包责任制的过程中，广西壮族自治区罗城县和宜山县的一些村，自发地把农民组织起来，创立了村民委员会这一组织形式。1982年，全国人大常委会在起草宪法修改草案时，总结和吸收了城市居民委员会的经验和广大农民群众创造的新鲜经验，把村民委员会和居民委员会一起写进了宪法，并对村民委员会的性质、任务和组织原则都作了具体规定，这是我国制宪史上的一个创举。1998年11月4日，九届全国人大常委会五次会议通过《村民委员会组织法》。此后，我国农村基层群众自治组织呈现出强大的生命力，在实践中不断发展壮大。

中共十七大将"基层群众自治制度"首次写入党代会报告，正式与人民代表大会制度、中国共产党领导的多党合作和政治协商制度、民族区域自治制度一起，纳入了中国特色政治制度范畴。胡锦涛同志《在庆祝中国共产党成立90周年大会上的讲话》指出："人民代表大会制度是根本政治制度，中国共产党领导的多党合作和政治协商制度、民族区域自治制度以及基层群众自治制度等是基本政治制度。"

2.中国基层民主建设

目前，我们已经建立起了以农村村民委员会、城市居民委员会和企业职工代表大会为主要内容的基层民主自治体系。人民群众在城乡基层群众性自治组织中，依法直接行使民主选举、民主决策、民主管理和民主监督的权利，对所在基层组织的公共事务实行民主自治。中国的基层群众自治是一条发挥群众主体作用与国家主导作用有机统一的民主自治之路，是一条适应经济社会发展需要与为经济社会发展服务有机统一的民主自治之路，是一条发展的渐进性与发展的创新性有机统一的民主自治之路，是一条培育人民的民主意识与维护人民的实际利益有机统一的民主自治之路，是一条实体性民主与程序性民主有机统一的民主自治之路。基层群众自治制度作为中国政治制度的一项基本内容，必将产生深远的影响。

三、我国公民的基本权利和义务

公民指具有一国国籍，并根据该国法律规定享有权利和承担义务的自然人。《中华人民共和国宪法》规定："凡具有中华人民共和国国籍的人都是中华人民共和国的公民。"公民的基本权利也称宪法权利，是指由宪法规定的公民享有的基本的、必不可少的权利。公民的基本义务也称宪法义务，是指由宪法规定的公民必须遵守和应尽的根本责任。公民的基本权利与基本义务一起反映并决定着公民在国家中的政治与法律地位，并构成普通法律规定公民权利和义务的基础与原则。宪法规定的公民的基本权利和义务，对国家和公民来说，都是必不可少的，它也是构成普通法律规定的公民的权利和义务的基础和原则。普通法律规定的公民的一般权利和义务，都是宪法规定的公民基本权利和义务的具体化。

（一）我国公民的基本权利

公民基本权利指由一国宪法确认的公民在政治、经济、文化、人身等方面所享有的基本权利。我国宪法对公民基本权利的规定，体现了广泛性、平等性、真实性以及权利和义务的一致性。

1.平等权

平等权是中国公民的一项基本权利，指的是公民同等地依法享有权利和履行义务。我国《宪法》规定："中华人民共和国公民在法律面前一律平等。"平等权也是公民实现其他权利的基本要求。1949年中华人民共和国成立之初，起临时宪法作用的《共同纲领》曾规定了男女平等和民族平等。1954年，中华人民共和国第一部宪法明确规定了"公民在法律上一律平等"。1956年，该规定开始受到批判，认为法律上一律平等是资产阶级的法律原则，是虚伪的原则，它抹杀了法的阶级性。1975年与1978年宪法取消了这一规定。1978年中国共产党第十一届三中全会公报重申"要保证人民在自己的法律面前人人平等，不允许任何人有超于法律之上的特权。"1982年宪法恢复了公民平等权的内容，明确规定"中华人民共和国公民在法律面前一律平等。"公民的平等权重新成了公民应有的宪法权利。

2.政治权利和自由

政治权利和自由是指公民作为国家政治生活主体依法享有的参加国家政治生活的权利和自由，是国家为公民直接参与政治活动提供的基本保障。具体包括三个方面：一是选举权和被选举权。我国《宪法》第34条规定："中华人民共和国年满十八周岁的公民，不分民族、种族、性别、职业、家庭出身、宗教信仰、教育程度、财产状况、居住期限，都有选举权和被选举权；但是依照法律被剥夺政治权利的人除外。"二是政治自由。政治自由主要是指公民表达自己政治意愿的自由。我国《宪法》第35条规定："中华人民共和国公民有言论、出版、集会、结社、游行、示威的自由。"三是监督权。我国公民享有对人民代表和国家机关及其工作人员批评与建议、申诉与控告、检举的权利。

3.宗教信仰自由

法律规定公民享有宗教信仰自由即公民依据内心的信念，自愿地信仰宗教的自由。宗教信仰自由作为一种权利体系，主要由信仰的自由、宗教活动自由、宗教仪式自由构成。我国《宪法》第36条规定："中华人民共和国公民有宗教信仰自由。"其含义包括：公民有信教或者不信教的自由，有信仰这种宗教或者那种宗教的自由，有信仰同一宗教中的这个教派或那个教派的自由，有过去信教现在不信教或者过去不信教而现在信教的自由。《宪法》还规定："任何国家机关、社会团体和个人不得强制公民信仰宗教或者不信仰宗教，不得歧视信仰宗教的公民和不信仰宗教的公民。""国家保护正常的宗教活动。任何人不得利用宗教进行破坏社会秩序、损害公民身体健康、妨碍国家教育制度的活动。"依照宪法精神和相关法律规定，任何人都不得打着宗教信仰自由的旗号组织或参加邪教组织。

4.人身自由权

人身自由权是指公民在法律范围内有独立行为而不受他人干涉，不受非法逮捕、拘禁，不被非法剥夺、限制自由及非法搜查身体的自由权利。人身自由不受侵犯，是公民最起码、最基本的权利，是公民参加各种社会活动和享受其他权利的先决条件。它是公民按照自己的意志和利益进行行动和思维、不受约束、控制或妨碍的人格权。人身自由权的主要内容有：

（1）身体自由权。也称作行动的自由权，是指自然人按照自己的意志和利益，在法律规定的范围内作为和不作为，不受非法限制、剥夺、妨碍的权利。

（2）精神自由权。也称作决定意思的自由、意志自由权。自然人依自己的意志和利益从事正当的思维活动，观察社会现象，是进行民事活动的前提，法律应当予以保障。因而，精神自由权是自然人按照自己的意志和利益，在法律规定的范围内，自主思维的权利，是自然人自由支配自己内在思维活动的权利。

（二）我国公民的基本义务

基本义务是指宪法和法律规定的公民应该履行的对国家、社会和他人的某种责任。我国公民的基本义务，体现了国家利益、集体利益和个人利益的结合，体现了权利和义务的一致性。根据我国《宪法》的规定，我国公民的基本义务主要包括以下内容：

1.维护国家统一和各民族团结

作为公民宪法基本义务的第一项，《宪法》第 52 条规定："中华人民共和国公民有维护国家统一和全国各民族团结的义务。"维护国家统一是要求公民负有维护国家主权独立和领土完整的义务，是我国公民的最高法律义务。任何人都不得以任何方式分裂国家、接受外国势力支配、割让领土、服从外国势力或要求外国干涉中国内政，坚持台湾是中国领土不可分割的一部分的原则，反对外来侵略或危害国家政权统一管辖权的行为。维护民族团结的义务是指每个公民都有责任维护各民族间的平等、团结和互助关系，同一切破坏民族团结和制造民族分裂的言行作斗争，它与我国多民族的国家结构密切相关。全国各族人民都要把维护民族团结作为自己的崇高责任，任何人都不得以任何形式制造民族矛盾和民族冲突。

2.遵守宪法和法律

《宪法》第 53 条规定："中华人民共和国公民必须遵守宪法和法律，保守国家秘密，爱护公共财产，遵守劳动纪律，遵守公共秩序，尊重社会公德。"遵守宪法和法律是公民必须遵循的行为准则。我国是社会主义法治国家，任何公民都必须履行宪法和法律赋予的义务，维护法律尊严。社会主义法制的基本原则之一就是法律面前人人平等，在法律的同一尺度下，不同民族、种族、性别、职业、社会出身、教育程度、宗教信仰和财产收入的公民平等地享有权利和履行义务，"任何组织或者个人都不得有超越宪法和法律的特权"。而且，国家制定的法律体现了各民族的意志，集中代表了各民族的共同利益，具有至高无上的权威性，不允许任何人侵犯。因此，在法治社会，任何公民都必须遵法守法，如果没有法律的强制力和约束力，大家随心所欲，各行其是，社会稳定就无从谈起，经济发展和社会进步更无从谈起。

3.维护祖国的安全、荣誉和利益

《宪法》第 54 条规定："中华人民共和国公民有维护祖国的安全、荣誉和利益的义务，不得有危害祖国的安全、荣誉和利益的行为。"国家的安全是每一个以中国为祖国的公民生产生活、安居乐业的必要条件，每个公民也有义务维护祖国的安全。国家的荣誉也就是国家和民族的尊严，作为我国的公民，任何人都有义务维护国家的荣誉，任何崇洋媚外、丧失人格国格的行为都是不允许的。对于国家利益，每个公民都有维护的责任，任何公民都不能以牺牲国家利益来换取个人好处，否则就要受到法律的制裁。

4.保卫祖国、依法服兵役和参加民兵组织

《宪法》第 55 条规定："保卫祖国、抵抗侵略是中华人民共和国每一个公民的神圣职责。依照法律服兵役和参加民兵组织是中华人民共和国公民的光荣义务。"国家的主权独立、领土完整是我国现代化建设和其他事业能够顺利进行的关键，它不仅关系到祖国的前途和命运，而且关系到人民生活的安定和幸福。因此，保卫祖国、依法服兵役和参加民兵组织是每一个中华儿女的崇高职责。根据义务兵役法的规定，我国公民不分民族、种族、职业、家庭出身、宗教信仰和教育程度，都有服兵役的义务，但依法被剥夺政治权利的人除外。

5.依法纳税

《宪法》第 56 条规定："中华人民共和国公民有依照法律纳税的义务。"依法纳税是人们不应回避的法律义务，任何单位和个人都必须遵守，只有公民依法纳税了，国家才能筹集到资金，履行其政治职能、社会职能和经济职能；成为社会的管理者和经济的积极干预者；解决市场经济自动调节作用不完善及缺陷问题，从而提供免费或低价的公共物品，如国防、司法、治安、消防、公共设施等，并实施宏观上的调控。

除上述所列义务外，宪法规定公民的义务还有：①劳动的义务；②受教育的义务；③夫妻双方有义务实行计划生育的义务；④父母有义务抚养教育未成年子女的义务；⑤成年子女有义务赡养扶助父母的义务。

第二节　我国的实体法律制度

实体法律制度是规定人们在政治、经济、文化和社会生活等方面权利与义务关系的法律制度的总称。我国的实体法律制度，主要包括行政法律制度、民商法律制度、经济法律制度、刑事法律制度等。大学生学习和了解我国实体法律制度，有助于树立正确的权利和义务观念，提高自身的法律素质，加深依法办事的认识，增强法律意识和法制观念，提高遵纪守法的自觉性。

一、我国的民商法律制度

民商法是与我们的日常生活联系最为密切的法律制度。我们的人身、人格、财产等利益都受到民商法的保护。民商法包括民法和商法。民法主要包括物权法、债权法、人身权法、侵权行为法、知识产权法、婚姻家庭法、继承法等；商法主要包括公司法、企业法、保险法、票据法、破产法、海商法、商业银行法、证券法等。我们与他人之间发生的买卖、租借等日常活动都受到民商法的调整。民法是基本法，商法是特别法。民法注重交易安全，商法注重效率。认真学习、掌握民商法的知识和规定，不仅有助于依法办事，也有助于恰当地解决许多现实生活问题。

（一）民法的概念和基本原则

1.民法的概念

民法是调整平等主体的自然人、法人和其他组织之间的财产关系和人身关系的法律规范的总称。是国家法律体系中的一个独立的法律部门，与人们的生活密切相关。我国 1986 年公布并施行的《民法通则》，规定了民事法律的基本制度。

2.民法的基本原则

民法的基本原则是对民事立法、司法和民事活动具有普遍指导意义和约束功能的基本行为准则，其效力贯穿于整个民事法律制度。民法的基本原则主要有：

（1）平等原则。《民法通则》第 3 条规定："当事人在民事活动中地位平等。"任何自然人、法人在民事法律关系中平等地享有权利，其权利平等地受到保护。民事主体享有独立、平等的法律人格，在具体的民事法律关系中互不隶属，能自主地表达自己的意愿，其合法权益平等地受法律保护。

（2）自愿原则。在民事活动中体现当事人的意志，排除他人强迫、欺诈及其他不当影响和压力，即当事人可以根据自己的意愿决定是否参与民事活动，以及参与的内容、行为方式等。民事主体也要对自己参与民事活动所导致的结果负担责任。我国民法的自愿原则主要表现为合同自由、婚姻自由、遗嘱自由等。

（3）公平原则。民事主体本着公平的观念进行民事活动，正当地行使民事权利和履行民事义务；兼顾他人利益和社会公平利益；司法机关在审理民事案件时应依法同时做到公平合理。公平原则是一条法律适用的原则，即当民法规范缺乏规定时，可以根据公平原则来变动当事人之间的权利义务；公平原则又是一条司法原则，即法官的司法判决要做到公平合理，当法律缺乏规定时，应根据公平原则作出合理的判决。

（4）诚实信用原则。民事主体按照诚实不欺、信守诺言的道德准则平衡当事人之间及当事人与社会之间的利益的原则进行民事活动、行使民事权利和履行民事义务。

（5）禁止权利滥用原则。民事主体在进行民事活动中必须正确行使民事权利，如果行使权利损害同样受到保护的他人利益和社会公共利益时，即构成权利滥用。对于如何判断权利滥用，民法通则及相关民事法律规定，民事活动首先必须遵守法律，法律没有规定的，应当遵守国家政策及习惯，行使权利应当尊重社会公德，不得损害社会公共利益，扰乱社会经济秩序。

（6）等价有偿原则。民事主体在实施转移财产等民事活动中要实行等价交换，取得一项权利应当向对方履行相应的义务时，不得无偿占有、剥夺他方的财产，不得非法侵害他方的利益。在造成他方损害的时候，应当等价有偿。

（二）民事主体制度

民事法律关系主体是指民事法律关系中享受权利，承担义务的当事人和参与者，包括自然人、法人和其他组织。

1.自然人

自然人是指依自然规律出生而取得民事主体资格的人。

（1）自然人的民事权利能力是指法律确认的自然人享有民事权利、承担民事义务的资格。公民的民事权利能力一律平等。自然人从出生时起到死亡时止，具有民事权利能力。

（2）自然人的民事行为能力是民事主体独立实施民事法律行为的资格。按照《民法通则》的规定，民事行为能力分为完全民事行为能力、限制民事行为能力和无民事行为能力三种：

完全民事行为能力。"18 周岁以上的公民是成年人，具有完全民事行为能力，可以独立进行民事活动，是完全民事行为能力人。16 周岁以上不满 18 周岁的公民，以自己的劳动收入为主要生活来源的，视为完全民事行为能力人。"

限制民事行为能力。"10周岁以上的未成年人是限制民事行为能力人，可以进行与他的年龄、智力相适应的民事活动；其他民事活动由他的法定代理人代理，或者征得他的法定代理人的同意。""不能完全辨认自己行为的精神病人是限制民事行为能力人，可以进行与他的精神健康状况相适应的民事活动；其他民事活动由他的法定代理人代理，或者征得他的法定代理人的同意。"

无民事行为能力。"不满10周岁的未成年人是无民事行为能力人，由他的法定代理人代理民事活动。""不能辨认自己行为的精神病人是无民事行为能力人，由他的法定代理人代理民事活动。"

2.法人

法人是具有民事权利能力和民事行为能力，依法独立享有民事权利和承担民事义务的组织。《民法通则》第37条规定法人成立的法律要件有四项：①依法成立；②有必要的财产或者经费；③有自己的名称、组织机构和场所；④能够独立承担民事责任。按法人的功能、设立方法以及财产来源的不同，法人分为四类，即企业法人、机关法人、事业单位法人和社会团体法人。

3.其他组织

其他组织是指不具有法人资格，但可以以自己的名义进行民事活动的组织。包括合伙、个人独资企业、个体工商户、农村承包经营户等。

（三）民事行为制度

民事行为是指自然人、法人或者其他组织设立、变更、终止民事权利和民事义务的行为。合法的民事行为称为"民事法律行为"，即公民或法人以设立、变更、终止民事权利和民事义务为目的的具有法律约束力的合法民事行为。不具备民事法律行为所必需的条件的民事行为，是非法的、无效的。

民事法律行为应当具备的条件有：一是行为人具有相应的民事行为能力；二是意思表示真实；三是不违反法律或者社会公共利益。民事法律行为其实质为合法民事行为，但在实际中，民事行为不必然合法。当民法行为不合法时该民事行为为无效民事行为：①无民事行为能力人实施的民事行为；②限制民事行为能力人依法不能独立实施的民事行为；③一方以欺诈、胁迫的手段或者乘人之危，使对方在违背真实意思的情况下所为的；④恶意串通，损害国家、集体或者第三人利益的；⑤违反法律或者社会公共利益的；⑥经济合同违反国家指令性计划的；⑦以合法形式掩盖非法目的的。无效的民事行为，从行为开始起就没有法律约束力。

在民事主体不能亲自进行所有的民事行为时，可以通过签订合同等形式委托他人代理，因此也就产生了代理制度。根据《民法通则》第 63 条规定，代理是指代理人以被代理人（又称本人）的名义，在代理权限内与第三人（又称相对人）实施民事行为，其法律后果直接由被代理人承受的民事法律制度。代理具有下列基本特征：①代理行为是能够引起民事法律后果的民事法律行为；②代理人一般应以被代理人的名义从事代理行为；③代理人在代理权限范围内独立为意思表示；④代理行为的法律后果直接归属于被代理人。代理可分为委托代理、法定代理和指定代理。

（四）民事权利制度

民事权利是指自然人、法人或其他组织在民事法律关系中享有的具体权益。民事权利所包含的利益，可以分为财产利益和非财产利益。因此，民事权利可以分为财产权和非财产权两大类。我国民法所规定的民事权利，主要有物权、债权、知识产权、继承权、人格权、身份权等。

物权指权利人依法对特定的物享有直接支配和排他的权利，包括所有权、用益物权和担保物权。或者说，指自然人、法人直接支配不动产或者动产的权利，包括所有权、用益物权和担保物权。所有权是最典型、最完全的物权。抵押权、质权、留置权、土地使用权是不完全的物权。2007 年 3 月 16 日第十届全国人民代表大会第五次会议通过、自 2007 年 10 月 1 日起施行的《中华人民共和国物权法》规定"国家、集体、私人的物权和其他权利人的物权受法律保护，任何单位和个人不得侵犯。""物权的种类和内容，由法律规定。""不动产物权的设立、变更、转让和消灭，应当依照法律规定登记。动产物权的设立和转让，应当依照法律规定交付。""物权的取得和行使，应当遵守法律，尊重社会公德，不得损害公共利益和他人合法权益。"

债权指请求相对人为特定行为（给付）的权利，性质上属于请求权。合同关系上的权利，就是最典型的债权。和物权不同的是，债权是一种典型的相对权，只在债权人和债务人之间发生效力，原则上债权人和债务人之间的债权关系不能对抗第三人。债发生的原因主要可分为契约、无因管理、不当得利和侵权行为；债的消灭原因则有清偿、提存、抵销、免除等。债权包含给付请求权、给付受领权、保护请求权三项权能。

知识产权指民事主体对智力劳动成果依法享有的专有权利，一般只在有限时间期内有效。主要包括著作权、邻接权、专利权、商标权、商业秘密权、植物新品种权、集成电路布图设计权和商号权等。

继承权是指继承人依法取得被继承人遗产的权利。包括两种含义：一是客观意义上的继承权。它是指继承开始前，公民依照法律的规定或者遗嘱的指定而接受被继承人遗产的资格，即继承人所具有的继承遗产的权利能力。二是主观意义上的继承权。它是指当法定的条件具备时，继承人对被继承人留下的遗产已经拥有的事实上的财产权利，即已经属于继承人并给他带来实际财产利益的继承权。这种继承权同继承人的主观意志相联系，不仅可以接受、行使而且还可以放弃，是具有现实性财产权的继承权。继承权的实现以被继承人死亡或宣告死亡时开始。

人格权是法律赋予民事主体以人格利益为内容的，作为一个独立的法律人格所必须享有的且与其主体人身不可分离的权利。人格权是社会个体生存和发展的基础，是整个法律体系中的一种基础性权利。人格权又包括健康权、姓名权、肖像权、隐私权、婚姻自主权等具体权利。

身份权是指公民因特定身份而产生的民事权利，也是人身权的重要组成部分。身份权主要包括荣誉权、著作权、发明权、专利权、商标权等知识产权中的人身权以及监护权、亲属权等。

物权、债权、知识产权、继承权、人格权和身份权构成了完整的民事权利体系。民法分别就各种民事权利的产生、变更、移转、消灭设置了具体规则，分别构成各种民事权利制度。

（五）民事责任制度

民事责任，是指民事主体在民事活动中，因实施了民事违法行为，根据民法所承担的对其不利的民事法律后果或者基于法律特别规定而应承担的民事法律责任。民事责任属于法律责任的一种，是保障民事权利和民事义务实现的重要措施，是民事主体因违反民事义务所应承担的民事法律后果，它主要是一种民事救济手段，旨在使受害人，被侵犯的权益得以恢复。我国《民法通则》第106条规定："公民、法人违反合同或者不履行其他义务的，应当承担民事责任""公民、法人由于过错侵害国家的、集体的财产，侵害他人财产、人身的，应当承担民事责任。""没有过错，但法律规定应当承担民事责任的，应当承担民事责任。"

民事责任具有的主要特征有：一是民事责任以民事义务的存在为前提，是违反民事义务的法律后果；二是民事责任主要表现为财产责任；三是民事责任的范围与损失的范围相适应；四是民事责任是一种对违法行为的强制措施。

我国《民法通则》以民事责任发生的原因为标准，将其分为违约的民事责任和侵权的民事责任两类。一般民事责任的构成要件有：客观上存在损害事实；行为具有违法性；违法行为和损害事实之间存在因果关系；行为人主观上有过错。对各种侵害民事权利的行为进行制裁和对受害人予以救济的法律形式和规则，构成民事责任制度。

根据《民法通则》第134条规定，承担民事责任的方式主要有：停止侵害；排除妨害；消除危险；返还财产；恢复原状；修理、重作、更换；赔偿损失；支付违约金；消除影响、恢复名誉；赔礼道歉。

（六）民事诉讼时效制度

诉讼时效也称消灭时效，是指权利人在一定期间内不行使权利，即丧失请求人民法院强制义务人履行义务以保护权利人的民事权利的法律制度。我国《民法通则》第137条规定："诉讼时效是从权利人知道或应当知道权利被侵害时算起。从权利被侵害之日起超过二十年的，人民法院不予保护。"

1.诉讼时效的分类：一般诉讼时效、特殊诉讼时效

一般诉讼时效也叫普通诉讼时效，一般是由民法典统一规定、适用于没有法律特殊时效规定的各种民事法律关系的时效。《民法通则》第135条规定："向人民法院请求保护民事权利的诉讼时效期间为二年，法律另有规定的除外。"即除非法律另有规定，对各种民事权利的保护都适用于2年的诉讼时效期间。

特殊诉讼时效是由法律、法规特别规定的只适用于法律特殊规定的民事法律关系的诉讼时效。我国法律、法规规定的特殊诉讼时效有两种：

（1）《民法通则》第136条规定，下列的特殊诉讼时效期间为一年：身体受到伤害要求赔偿的；出售质量不合格的商品未声明的，受害人向出卖人、商品制造人要求赔偿的；延付或拒付租金的，出租人向延付或拒付租金的承租人要求给付租金及赔偿损失的；寄存财产被丢失或损坏的，寄存人向保管人请求赔偿的。

（2）单行法律或法规规定的特殊诉讼时效，例如《合同法》规定，国际货物买卖合同和技术进出口合同争议提起诉讼或申请仲裁的，诉讼时效为4年。

2.诉讼时效的中止

《民法通则》第139条规定，在诉讼时效期间的最后六个月内，因不可抗力或其他障碍不能行使请求权的，诉讼时效中止。从中止时效的原因消除之日起，诉讼时效期间继续计算。

3.诉讼时效的中断

《民法通则》第140条规定，诉讼时效因提起诉讼、当事人一方提出要求或者同意履行义务而中断。从中断时起，诉讼时效期间重新计算。

4.诉讼时效的延长

诉讼时效的延长是指人民法院在查明权利人在诉讼时效期间确有法律规定之外的正当理由而未行使请求权的，适当延长已经完成的诉讼时效的期限，继续对权利人的权利予以保护的制度。

（七）合同法律制度

合同是当事人或当事双方之间设立、变更、终止民事关系的协议。依法成立的合同，受法律保护。我国《合同法》对合同的订立、效力、履行、变更、转让、终止、违约责任以及 15 类主要合同都做出了明确规定。当事人订立合同，采用书面形式、口头形式和其他形式。合同的内容由当事人约定，一般包括以下条款：当事人的名称或者姓名和住所；标的；数量；质量；价款或者报酬；履行期限、地点和方式；违约责任；解决争议的方法。当事人必须按照合同的约定全面履行自己的义务。当事人一方不履行合同义务或者履行的合同义务不符合约定的，应当承担继续履行、采取补救措施或者赔偿损失等违约责任。

合同的有效要件有：当事人具有相应的民事行为能力；当事人意思表示真实；不违反法律或社会公共利益；合同标的须确定和可能。

（八）知识产权法律制度

知识产权法是实体法律制度的一种，它是调整在创造、使用和转让智力成果过程中发生的社会关系的法律规范的总称。现代社会中，知识产权作为一种私权在各国普遍获得确认和保护，知识产权制度作为划分知识产品公共属性与私人属性界限并调整知识创造、利用和传播中所形成的社会关系的工具在各国普遍确立，并随着科学技术和商品经济的发展而不断地拓展、丰富和完善。特别是在经济全球化背景下，知识产权制度发展迅速，不断变革和创新，当前世界经济已经处于知识经济时代，技术创新已是社会进步与经济发展的最主要动力，与之相对应的，知识产权逐渐成为提升市场核心竞争力和进行市场垄断的手段，知识产权制度因此成为基础性制度和社会政策的重要组成部分。

1.著作权法

著作权是著作权人对其文学、艺术、科学、技术作品依法享有的人身权和财产权。著作权人包括作者、其他依照著作权法享有著作权的公民、法人或者其他组织。著作权法是有关著作权以及相关权益的取得、行使和保护的法律规范的总称。它调整的是作者、作品传播者和公众之间因著作权而产生的人身关系和财产关系。

著作权法的保护对象，即著作权的客体是作品。我国著作权法保护下列形式的作品：文字作品；口述作品；音乐、戏剧、曲艺、舞蹈、杂技艺术作品；美术、建筑作品；摄影作品；电影作品和以类似摄制电影的方法创作的作品；工程设计图、产品设计图、地图、示意图等图形作品和模型作品；计算机软件；法律、行政法规规定的其他作品。但依法禁止出版、传播的作品，不受著作权法的保护。

著作权的内容包括人身权和财产权。著作人身权包括：发表权，即决定作品是否公之于众的权利；署名权，即表明作者身份，在作品上署名的权利；修改权，即修改或者授权他人修改作品的权利；保护作品完整权，即保护作品不受歪曲、篡改的权利。著作财产权包括复制权、发行权、出租权、展览权、表演权、放映权、广播权、信息网络传播权、摄制权、改编权、翻译权、汇编权等。

2.专利法

专利权是指国家专利机关依照专利法的规定，授予发明人、设计人或其所属单位，在一定期限内对某项发明创造所享有的专有权。专利法是确认发明人（或其权利继受人）对其发明享有专有权，规定专利权人的权利和义务的法律规范的总称。专利法是保护人们的技术发明创造的法律。我国《专利法》的保护对象是依照专利法可以授予专利的发明创造。我国《专利法》规定的发明创造包括发明、实用新型和外观设计。这三种发明创造依法获得专利权后，就分别称之为发明专利、实用新型专利和外观设计专利。

专利权的内容包括专利权人的权利和义务。专利权人的权利包括人身权利和财产权利两个方面。主要包括：专有实施权，指专利权人依法对其获得专利的发明创造享有独占制造、使用、销售的权利。转让权，指专利权人有权以出售或赠与的方式转让专利的所有权。许可权，指专利权人有权根据许可合同将专利的使用权转让给他人，允许其实施该专利。放弃权，指专利权人在其专利权有效期限届满前，有权以书面形式声明放弃其权利。标记权，指专利权人有权在其专利产品或其包装上标明专利标记和专利号。

专利权人主要有以下义务：缴纳专利年费。专利年费是专利人自专利权被授予的当年起，在专利保护期内依规定逐年向专利局缴纳的费用。依法行使专利权，表现为专利权人应自己实施或者许可他人实施其专利。专利权的所有单位应当对职务发明创造的发明人或设计人给予奖励。

3.商标法

商标是用以区别自己与他人生产、销售的商品或提供的服务等的特定标记。商标权是指商标的所有人依法对其所注册商标享有的专用权。我国商标权的取得采取注册原则，只有经商标局核准注册的商标，才享有商标的专用权，并受到法律的保护，非注册商标则不能享有专用权。商标法是调整商标在注册、使用、管理和保护过程中所发生的各种社会关系的法律规范的总称。

商标权人的权利包括：专有使用权，即商标权人有排他的、独占的使用该项商标的权利，有权禁止他人未经许可使用其注册商标；转让权，即商标权人有转让或出售该项商标的权利；继承权，即商标权人的商标可由他的继承人继承；使用许可权，即商标权人可以在保留商标所有权的同时，通过许可合同允许合同另一方在一定条件下使用其商标；续展权，即注册商标有效期满，需要继续使用的，商标权人可申请续展商标；请求保护权。

商标权人的义务主要有：商标权人有依法缴纳各项商标费用的义务；商标权人有保证注册商标商品的质量，不粗制滥造、以次充好、欺骗消费者的义务；商标权人应依法使用注册商标，不得自行改变注册商标的文字、图形、字母、数字、三维标志和颜色组合以及上述要素的组合；不得自行改变注册人的名义、地址或其他注册事项；不得自行转让注册商标。

（九）商事法律制度

商法是调整平等主体之间通过市场经营活动而形成的社会关系，即商事关系或商事行为的法律制度，我国的商法主要包括公司法、证券法、保险法、票据法等。

1.公司法

公司是一种企业组织形式。从严格意义上讲，公司是指依照法律规定，由股东出资设立的以营利为目的社团法人。公司是按照一定组织形式形成的经济实体，一般以赢利为目的，从事商业经营活动，以实现投资人利益最大化为使命，通过提供产品或服务换取收入。它是社会发展的产物，因社会分工的发展而发展。根据现行《公司法》，其主要形式为有限责任公司和股份有限公司。两类公司均为企业法人，投资者可受到有限责任保护。

《公司法》是规定公司法律地位、调整公司组织关系、规范公司在设立、变更与终止过程中的组织行为的法律规范的总称。我国《公司法》中所称公司有其特定适用范围：第一，依据属地主义原则，为依照《公司法》在中国境内设立的公司；第二，组织形式仅限于有限责任公司和股份有限公司，立法未对其他公司组织形式作规定，在实践中则不允许设立。我国的《公司法》由第八届全国人大常委会第五次会议于1993年12月29日通过，自1994年7月1日起施行。2005年10月27日第十届全国人民代表大会常务委员会第十八次会议修订，2005年10月27日中华人民共和国主席令第四十二号公布，自2006年1月1日起施行。新《公司法》的立法理念更为适应市场经济之需要，体现了鼓励投资，简化程序，提高效率的精神，取消了诸多不必要的国家干预的条款，废除了股份公司设立的审批制，减少了强制性规范，强化当事人意思自治，突出了公司章程的制度构建作用，为进一步完善公司治理结构，加强对股东权益的保护提供了制度保障。

2.证券法

证券是多种经济权益凭证的统称，是证明证券持有人有权按其券面所载内容取得应有权益的书面证明。按其性质不同，证券分为证据证券，凭证证券和有价证券等。有些证券可以在市场上流通，证券的存在活跃了金融、经济和投资。但是对证券的不恰当投机，也可导致金融市场的动荡。证券交易是指证券持有人依照交易规则，将证券转让给其他投资者的行为，具有流动性、收益性和风险性。证券交易有股票交易和债券交易等。

《证券法》是指证券市场监督管理关系以及与此相关的其他证券关系的

法律规范的总称，即以证券关系为其调整对象的法律规范的总称。证券法具有强行性、技术性、国际性等特征。1998年亚洲"金融危机"的爆发成为促成《证券法》出台的重要原因之一，《证券法》是中华人民共和国成立以来第一部按国际惯例，由国家最高立法机构组织而非由政府某个部门组织起草的经济法，于1998年12月29日第九届全国人民代表大会常务委员会第六次会议中通过，并于2005年10月27日第十届全国人民代表大会常务委员会第十八次会议修订。

3.保险法

保险是指投保人根据合同约定，向保险人支付保险费，保险人对于合同约定的可能发生的事故，因其发生所造成的财产损失承担赔偿保险金责任，或者当被保险人死亡、伤残、疾病或者达到合同约定的年龄、期限时承担给付保险金责任的商业保险行为。保险是一种合同行为，即通过签订保险合同，明确双方当事人的权利与义务，被保险人以缴纳保费获取保险合同规定范围内的赔偿，保险人则有收受保费的权利和提供赔偿的义务。因此，保险是经济关系与法律关系的统一。投保人和保险人订阅保险合同，应当遵循公平互利、协商一致、自愿订立的原则，不得损害社会公共利益。

保险法指保险法典或在民法、商法中专门的保险立法，包括保险企业法、保险合同法和保险特别法等。它一方面通过保险企业法调整政府与保险人、保险中介人之间的关系；另一方面通过保险合同法调整各保险主体之间的关系。1995年6月30日，第八届全国人民代表大会常务委员会第十四次会议通过了《保险法》，这是中华人民共和国成立以来中国的第一次保险基本法。采用了国际上一些国家和地区集保险业法和保险合同法为一体的立法体例，是一部较为完整、系统的保险法律。最新的《保险法》是中华人民共和国第十一届全国人民代表大会常务委员会第七次会议于2009年2月28日修订通过的。

4.票据法

票据是按照一定形式制成、写明有付出一定货币金额义务的证件，是出纳或运送货物的凭证。在我国，票据即汇票、支票及本票的统称。票据一般是指商业上由出票人签发，无条件约定自己或要求他人支付一定金额，可流通转让的有价证券，持有人具有一定权力的凭证。属于票据的有：汇票、本票、支票、提单、存单、股票、债券等。票据法是规定票据的种类、形式和内容，明确票据当事人之间的权利义务，调整因票据而发生的各种社会关系的法律规范，是调整票据关系的法律规范的总称。进入 20 世纪 80 年代，随着改革开放深入到各个方面，票据在我国逐渐开始大规模使用，目前我国使用的 1996 年颁布的《票据法》和 1997 年颁布《支付结算办法》规定的票据基本上与国际通行的票据一致，我国的票据使用和发展进入了一个崭新的时期。

二、我国的行政法律制度

在现实生活中，我们经常要与政府机关打交道，由于不了解行政法的知识，有些人既不知道如何依法主张和维护自己的合法权益，也不知道如何依法接受和服从行政机关的管理。大学生只有认真学习，掌握我国行政法的原理、知识和规定，才能做到依法接受行政机关的管理与维护自己的正当权益。

（一）行政法的概念和原则

行政法，是指行政主体在行使行政职权和接受行政法制监督过程中而与行政相对人、行政法制监督主体之间发生的各种关系，以及行政主体内部发生的各种关系的法律规范的总称。它由规范行政主体和行政权设定的行政组织法、规范行政权行使的行政行为法、规范行政权运行程序的行政程序法、规范行政权监督的行政监督法和行政救济法等部分组成。行政法律关系十分广泛且复杂多样，在形式上很难制定出一个如同宪法、刑法和民法那样的统一法典，它的法律规范分散于众多法律文件之中。

行政法的基本原则贯穿于行政立法、行政执法、行政司法和行政法制监督之中，是指导行政法的制定、修改、废除并指导行政法实施的基本准则，包括依法行政原则和合理行政原则。

依法行政原则即行政机关必须依法行使行政权。该原则具体又可分为：

（1）法律优先原则。指法律位阶高于行政法规、行政规章和行政命令，一切行政法规、行政规章和行政命令皆不得与法律相抵触。

（2）法律保留原则。又分为绝对保留和相对保留。前者指有关犯罪和刑罚、对公民政治权利的剥夺和限制公民人身自由的强制措施和处罚、司法制度等事项，必须由法律规定，不得授权行政机关做出规定；后者指全国人民代表大会及其常务委员会可以授权国务院先制定行政法规。

（3）职权法定原则。指行政机关的任何职权的取得和行使，都必须依据法律规定，否则不得行使。

（4）责任政府原则。指行政机关和国家公务员违法行政必须承担法律责任：既包括行政机关的行政行为被撤销、变更的责任和行政赔偿责任等，也包括国家公务员因违法失职而应承担的行政处分责任和引咎辞职责任等。

（二）国家行政机关与公务员

行政机关是按照国家宪法和有关组织法的规定而设立的，代表国家依法行使行政权，组织和管理国家行政事务的国家机关，是国家权力机关的执行机关，也是国家机构的重要组成部分。它执行代议机关制定的法律和决定，管理国家内政、外交、军事等方面的行政事务。我国的国家行政机关体系由中央行政机关和地方行政机关组成。

行政机关公务员是指依法履行公职、纳入国家行政编制、由国家财政负担工资福利的工作人员。公务员职位按职位的性质、特点和管理需要，划分为综合管理类、专业技术类和行政执法类等类别。国务院根据中华人民共和国公务员法，对于其职位特殊性，需单独管理的，可增设其他职位类别。国家根据公务员职位类别设置公务员职务序列。公务员职务分为领导职务和非领导职务。其中，领导职务层次分为：国家级正职、国家级副职、省部级正职、省部级副职、厅局级正职、厅局级副职、县处级正职、县处级副职、乡科级正职、乡科级副职。非领导职务层次在厅局级以下设置。综合管理类公务员的非领导职务分为：巡视员、副巡视员、调研员、副调研员、主任科员、副主任科员、科员、办事员。我国公务员制度的基本内容在《国家公务员暂行条例》有 18 章 88 条，规定了 10 种制度：职位分类制度、录用制度、考核制度、任免制度、职务升降制度、奖惩制度、培训制度、交流制度、回避制度、申述控告制度。公务员应当具备下列条件：具有中华人民共和国国籍，年满 18 周岁，拥护中华人民共和国宪法，具有良好的品行，具有正常履行职责的身体条件，具有符合职位要求的文化程度和工作能力，法律规定的其他条件。

（三）行政行为

行政行为是指行政主体行使行政职权，做出的能够产生行政法律效果的行为。根据行政行为所针对的行政相对人是否特定这一标准，可以将行政行为分为抽象行政行为和具体行政行为。

抽象行政行为，是指国家行政机关针对不特定管理对象实施的制定法规、规章和有普遍约束力的决定、命令等行政规则的行为，其行为形式体现为行政法律文件，其中包括规范文件和非规范文件。抽象行政行为的主要特点是：一是它不同于国家权力机关、司法机关、军事机关制定的法律、司法解释和军事法规，也不同于非政府组织制定的内部规则，是国家行政机关实施的行为。二是它不同于处理具体行政事务的具体行政行为，是一种制定规则的行为。行政机关的主要职能是执行法律，将人民代表机关制定的法律规定具体应用到对行政事务的管理活动中去。由于社会的发展和行政职能的变化，行政机关需要拥有制定行为规则的权力，以便实现其管理职能。但是，由于行政机关对人民代表机关的从属关系，行政机关制定的普遍性规则在本质上仍然是对法律的执行，抽象行政行为的合法性，主要取决于它与法律的一致性。

具体行政行为，是指国家行政机关和行政机关工作人员、法律法规授权的组织、行政机关委托的组织、或者个人在行政管理活动中行使行政职权，针对特定的公民、法人或者其他组织，就特定的具体事项，做出的有关该公民、法人或者其他组织权利义务的单方行为。主要包括行政许可、行政强制、行政征收、行政奖励、行政惩戒、行政裁决、行政合同等。具体行政行为有四个要素：一是行政机关实施的行为，这是主体要素；二是行使行政权力所为的单方行为，这是成立要素；三是对特定的公民、法人或者其他组织做出的，这是对象要素；四是作出有关特定公民、法人或者其他组织的权利义务的行为，这是内容要素。

行政行为的特征是：一是行政行为是执行法律的行为，任何行政行为均须有法律根据，具有从属法律性，没有法律的明确规定或授权，行政主体不得作出任何行政行为。二是行政行为具有一定的裁量性，这是由立法技术本身的局限性和行政管理的广泛性、变动性、应变性所决定的。三是行政主体在实施行政行为时具有单方意志性，不必与行政相对方协商或征得其同意，即可依法自主作出。四是行政行为是以国家强制力保障实施的，带有强制性，行政相对方必须服从并配合行政行为。五是行政行为以无偿为原则，以有偿为例外。

（四）行政责任

行政责任是指经济法主体违反经济法律法规，依法应承担的行政法律后果，包括行政处罚和行政处分。行政责任的特点是：首先，它是一种法律责任，不是基于道义或约定的道德责任；其次，它是在行政活动中由行政机关及其公务人员的违反行政义务引起的，与违宪责任、民事责任、刑事责任有程度上的不同；最后，它是一种不能以其他法律责任或纪律责任替代的独立的责任。

行政违法或不当主要有以下情况：①实施行政行为的主要证据不足或事实不清；②缺乏法律法规依据或依据错误；③违反法定程序；④超越法定权限；⑤滥用职权；⑥不履行法定职责；⑦行为内容显失公正等。行政责任追究必须遵循的原则有二：一是责任法定原则；二是责任与违法程度相一致原则。根据有关法律、法规的规定，行政主体承担的行政责任方式主要有：通报批评，赔礼道歉，恢复名誉，消除影响，返还权益，撤销违法行政行为，纠正不当行政行为，履行法定职责，行政赔偿等。

三、我国的经济法律制度

经济法是国民经济和社会发展同法律有机联系、整合统一的纽带。无论是经营者还是消费者，其权利和义务关系大都是由经济法调整而形成的。学习经济法更有助于我们运用法律武器规避经济发展过程中的风险，从而确保国家经济健康稳步快速发展。同时也为我们以后的经济行为提供可行的模本。

（一）经济法的概念和原则

经济法是国家从整体经济发展的角度，对具有社会公共性的经济活动进行干预，管理和调控的法律规范的总称。经济法就是以社会为本位，通过国家、社会团体和市场将有限经济利益和稀缺经济资源合理地分配，以营造一个平衡和谐的社会经济环境，最终实现社会整体经济可持续发展的独立部门法律体系。经济法律关系是经济法律规范在调整国家干预经济的过程中所形成的经济职权和经济职责、经济权利和经济义务。经济法的三大基本原则是：营造平衡和谐的社会经济环境原则，合理分配经济资源原则，保障社会总体经济可持续发展原则。

我国经济法的基本原则有：

（1）协调经济原则。国家对经济的调整管理，目的在于协调本国经济，完善产业结构。因而在调整过程中应该遵循客观的经济规律，注意客观经济条件和国际经济形势的变化，主动灵活地发挥经济法的调节作用。

（2）效率公平原则。经济法的作用就在于用法律的形式保护整个国民经济的效率和公平。公平原则包括主体地位平等、交易机会均等、权利义务对等。作为经济法基本原则的公平效率，既有相互促进的一面，又有相互矛盾的一面。只要效率而不要公平，最终会降低效率；只要公平而不要效率，这种公平也很难维持长久。

（3）利益兼顾原则。必须正确处理国家与企业之间的利益关系，正确处理国家与劳动者个人之间的利益关系，正确处理企业与劳动者个人之间的利益关系，正确处理中央与地方之间的利益关系。

（4）可持续发展原则。可持续发展，反映了当代人对人类社会经济活动、生存环境和发展的反思，表达了当代人的一种发展观，也反映了当代人的超前意识和忧患意识，以及当代人的社会责任感。

我国经济法主要包括市场规制法和宏观调控法两部分。市场规制法，是指调整在市场规制过程中发生的经济关系的法律规范的总称。市场规制，是国家依照法律和相关规则对市场主体的自由竞争和交易行为进行的管理和干预。宏观调控法，是指调整在宏观调控过程中发生的经济关系的法律规范的总称。

（二）消费者权益保护法律制度

消费者权益保护法是调整在保护公民消费权益过程中所产生的社会关系的法律规范的总称。《消费者权益保护法》的基本原则主要有：①国家对消费者的特别保护原则；②国家保护与社会监督相结合原则；③充分、及时、有效保护原则；④平等自愿、诚实信用原则；⑤经营者应当承担质量责任原则。根据《消费者权益保护法》的规定，消费者主要享有下列权利：①人身、财产安全不受损害的权利；②知悉商品或者服务、纳税地点、纳税时间和税法责任等。

按照税法的功能作用的不同，将税法分为税收征纳实体法和税收征纳程序法两大类。我国税收征纳实体法主要包括：

（1）商品税法。商品税是以商品为征税对象，以依法确定的商品的流转额为计税依据而征收的一类税。商品税主要包括增值税、消费税、营业税和关税。

（2）所得税法。所得税是以主体所得为征税对象，向获取所得的主体征收的一类税。所得税主要分为企业所得税和个人所得税两类。

（3）财产税法。财产税是以财产为征税对象，并由对财产进行占有、使用或收益的主体缴纳的一类税，例如资源税、房产税、土地使用税等。

第三节　我国的程序法律制度

程序法，是规定以保证权利和职权得以实现或行使，义务和责任得以履行的有关程序为主要内容的法律，如行政诉讼法、行政程序法、民事诉讼法、刑事诉讼法、立法程序法等，是为保证实体法所规定的法律关系主体的权利和义务的实现而制定的法律。程序法的主要功能，在于及时、恰当地为实现权利、行使职权和履行义务提供必要的规则、方式和秩序。大学生可以通过学习程序法，明确实现权利、行使职权和履行义务所应有的规则、方式和秩序，才能知道如何遵循正确的程序实施法律行为，诉诸适当的程序解决法律纠纷。

一、我国的民事诉讼法律制度

民事诉讼是解决我们日常生活中经常会面临的各种民事纠纷最权威的方式。如财产纠纷、人身伤害纠纷、商品质量纠纷、婚姻家庭纷等。近些年来，人们越来越多地借助于民事诉讼的途径解决民事纠纷。学习民事诉讼法，依法解决民事纠纷，可以及时化解矛盾，维护社会稳定，促进社会和谐。

（一）民事诉讼的概念、管辖与当事人

民事诉讼，是指法院在当事人和其他诉讼参与人的参加下，依法审理和解决民事纠纷的活动，以及由这些活动所产生的各种关系的总称。民事诉讼法，指由国家制定或者认可的，关于调整民事诉讼活动，确定民事诉讼法律关系的法律规范。

民事诉讼管辖是指各级人民法院或同级人民法院受理第一审民事纠纷案件的权限分工。主要包括：

（1）级别管辖。是指上下级人民法院之间受理第一审民事案件的分工权限。它主要解决人民法院内部的纵向分工。我国实行"四级两审终审"制，各级人民法院按照案件性质、繁简程度以及影响范围的不同，管辖不同的第一审民事案件。

（2）地域管辖。是指同级人民法院之间受理第一审民事案件的权限分工，它主要解决法院内部的横向分工问题。

（3）专属管辖。是指法律规定某些特殊类型的案件专门由特定法院管辖。我国除设立地方法院外，还设有军事法院、海事法院、铁路运输法院等专门法院。

（4）裁定管辖。是指法院以裁定方式确定诉讼的管辖。《民事诉讼法》规定的裁定管辖有三种，即移送管辖、指定管辖和管辖权的转移。

民事诉讼当事人是指由于民事实体权利义务关系发生纠纷，以自己的名义进行诉讼，并受法院裁判约束的利害关系人。民事诉讼当事人包括原告、被告和第三人。原告，指以自己的名义提起诉讼，请求法院保护其权益，因而使诉讼成立的人。被告，指与原告相对的一方，被控侵犯原告权益，需要追究民事责任，并经法院通知其应诉的人。第三人，指对他人之间的诉讼标的有独立的请求权或虽无独立的请求权，但是与案件的处理结果有法律上的利害关系，而参加他人之间正在进行的诉讼的人。共同诉讼是指当事人一方或双方为两人（含两人）以上的诉讼。在某些纠纷中，当事人一方或双方均为两人以上，形成诉讼时，原告或被告一方或双方均是多数，这就形成了一种特殊的诉讼形态——共同诉讼。诉讼代理人，是指根据法律规定或当事人的委托，代理当事人进行民事诉讼活动的人。民事诉讼代理人包括法定诉讼代理人和委托诉讼代理人。

（二）民事诉讼程序

民事诉讼是依照法定程序进行的诉讼活动，无论是法院还是当事人和其他诉讼参与人，都需要按照民事诉讼法设定的程序实施诉讼行为，违反诉讼程序常常会引起一定的法律后果。

1.审判程序

人民法院审理民事纠纷案件，除简单的民事纠纷案件外，都适用第一审普通程序。主要包括：起诉与受理、审理前的准备、开庭审理、宣判等环节。

简易程序，是简化了的普通程序，是基层人民法院及其派出法庭审理简单民事案件所运用的一种独立的简便易行的诉讼程序。在审判实践中，简单的民事案件一般是指那些事实清楚、情节简单、争议不大、影响较小的案件。

第二审程序，是指当事人不服第一审裁判，在上诉期内提出上诉，由上一级人民法院对案件进行审理的程序。上诉必须在法定的上诉期限内提出。审判监督程序，是指人民法院发现已经发生法律效力的判决或裁定确有错误，对案件依法重新审理并做出裁判的程序。

特别程序是指人民法院对非民事权益冲突案件的审理程序。特别程序的适用范围包括：选民资格案件；宣告公民失踪、死亡案件；认定公民无民事行为能力、限制民事行为能力案件；认定财产无主案件。督促程序是指人民法院根据债权人要求债务人给付金钱或者有价证券的申请，向债务人发出有条件的支付命令，若债务人逾期不履行，人民法院可强制执行的程序。公示催告程序是指人民法院根据当事人的申请，以告示的方法，催告利害关系人，在法定期间内申报权利，逾期不申报权利，就做出除权判决的程序。企业法人破产还债程序是指人民法院根据债权人或债务人的申请，对因严重亏损，无力清偿到期债务的企业法人，宣告破产，进行清产还债的法律程序。

2.执行程序

执行程序是指人民法院根据一方当事人的申请或依职权采取法定措施，强制不履行义务的一方当事人履行已经发生法律效力的民事判决、裁定、调解书及其他法律文书的程序。

二、我国的行政诉讼法律制度

当我们的正当权益受到行政机关侵犯时，可以向人民法院提起行政诉讼，要求人民法院审查行政机关的行政行为，做出公正合法的判决。我国的《行政诉讼法》规定了行政诉讼的受案范围、管辖、诉讼参加人、证据、起诉、受理、审理、判决、执行等问题。要提起或参加行政诉讼，应当了解行政诉讼法的基本知识和有关规定。

（一）行政诉讼的概念、受案范围和参加人

行政诉讼是个人、法人或其他组织认为国家机关做出的行政行为侵犯其合法权益而向法院提起的诉讼。行政诉讼法是法院审理行政案件和行政诉讼参加人（原告、被告、代理人等）进行诉讼活动必须遵守的准则。它规定法院审理行政案件程序方面的法律规范和行政诉讼参加人行使权利、承担义务的各种法律规范，是现代国家据以建立行政诉讼制度的法律依据。

行政诉讼的受案范围，也称法院的主管范围，是指法律所规定的人民法院所受理的行政案件的范围，或者说是人民法院解决行政争议的范围和权限。我国《行政诉讼法》规定的行政案件的受案范围有：①对拘留、罚款、吊销许可证和执照、责令停产停业、没收财物等行政处罚不服的；②对限制人身自由或者对财产的查封、扣押、冻结等行政强制措施不服的；③认为行政机关侵犯法律规定的经营自主权的；④认为符合法定条件申请行政机关颁发许可证和执照，行政机关拒绝颁发或者不予答复的；⑤申请行政机关履行保护人身权、财产权的法定职责，行政机关拒绝履行或者不予答复的；⑥认为行政机关没有依法发给抚恤金的；⑦认为行政机关违法要求履行义务的；⑧认为行政机关侵犯其人身权、财产权的；⑨法律、法规明文规定可以提起诉讼的其他行政案件。

行政诉讼参加人，是指依法参加行政诉讼活动，享有诉讼权利、承担诉讼义务的当事人和与当事人诉讼地位相似的诉讼代理人，包括原告、被告、共同诉讼人、第三人和诉讼代理人。行政诉讼当事人，是指因具体行政行为发生争议，以自己的名义进行诉讼，并受人民法院裁判约束的主体。行政诉讼的原告是指认为具体行政行为侵犯其合法权益，而依法向人民法院提起诉讼的公民、法人或者其他组织。行政诉讼的被告是指由原告指控其具体行政行为违法，经人民法院通知应诉的行政机关或法律法规授权的组织。行政诉讼的第三人是指因与被提起行政诉讼的具体行政行为有利害关系，通过申请或法院通知形式，参加到诉讼中来的当事人。诉讼代理人，是指以当事人名义，在代理权限内，代理当事人进行诉讼活动的人。

（二）行政诉讼程序

1.起诉与受理

起诉是指公民、法人或者其他组织认为行政机关的具体行政行为侵犯其合法权益，依法请求人民法院行使国家审判权给予救济的诉讼行为。提起行政诉讼应符合以下条件：原告是认为具体行政行为侵犯其合法权益的公民、法人或者其他组织；有明确的被告；有具体的诉讼请求和事实根据；属于人民法院的受案范围和受诉人民法院管辖。受理是指人民法院对公民、法人或者其他组织的起诉进行审查，对符合法定条件的起诉决定立案审理，从而引起诉讼程序开始的职权行为。

2.行政诉讼的第一审程序

行政诉讼第一审程序是指人民法院自立案起至做出第一审判决的诉讼程序，是行政审判的基础程序，具体包括审理前的准备和庭审。根据《行政诉讼法》的规定，行政诉讼第一审程序必须进行开庭审理。一般的庭审程序分为六个阶段：开庭准备、开庭审理、法庭调查、法庭辩论、合议庭评议、宣读判决。人民法院审理第一审行政案件，应当自立案之日起3个月内做出判决。

3.行政诉讼的第二审程序

行政诉讼第二审程序是指当事人不服地方各级人民法院尚未生效的第一审判决或裁定，依法向上一级人民法院提起上诉，上一级人民法院据此对案件进行再次审理所适用的程序。当事人不服人民法院第一审判决的，有权在判决书送达之日起15日内向上一级人民法院提起上诉。当事人不服人民法院第一审裁定的，有权在裁定书送达之日起10日内向上一级人民法院提起上诉。第二审人民法院审理上诉案件，除特别规定外，均适用第一审程序。人民法院审理第二审行政案件，应当自收到上诉状之日起2个月内做出终审判决。我国实行两审终审制度。

4.行政诉讼的审判监督程序

审判监督程序是指人民法院发现已经发生法律效力的判决、裁定违反法律、法规规定，依法对案件再次进行审理的程序。人民法院院长对本院已经发生法律效力的判决、裁定，发现违反法律、法规规定认为需要再审的，应当提交审判委员会决定是否再审。上级人民法院对下级人民法院已经发生法律效力的判决、裁定，发现违反法律、法规规定的，有权提审或者指令下级人民法院再审。人民检察院对人民法院已经发生法律效力的判决、裁定，发现违反法律、法规规定的，有权按照审判监督程序提出抗诉。对人民检察院按照审判监督程序提出抗诉的案件，人民法院应当再审。人民法院开庭审理抗诉案件时，应当通知人民检察院派员出庭。当事人对已经发生法律效力的判决、裁定，认为确有错误的，可以向原审人民法院或者上一级人民法院提出申诉，但判决、裁定不停止执行。

三、我国的刑事诉讼法律制度

刑事诉讼是国家司法机关认定和追究犯罪分子刑事责任的活动。刑事诉讼直接决定犯罪嫌疑人、被告人是否有罪和承担刑事责任以及构成何种犯罪、承担何种刑事责任的问题。作为公民，即使我们远离犯罪，但是学习刑事诉讼法，也有助于我们增强依照程序同犯罪行为作斗争的意识和能力。

（一）刑事诉讼法概述

我国刑事诉讼是指人民法院、人民检察院和公安机关在当事人及其他诉讼参与人的参加下，依照法定程序，追究犯罪，确定被追诉者刑事责任的活动。刑事诉讼法是指国家制定或认可的调整刑事诉讼活动的法律规范的总称。它调整的对象是公、检、法机关在当事人和其他诉讼参与人的参加下，揭露、证实、惩罚犯罪的活动。它的内容主要包括刑事诉讼的任务、基本原则与制度，公、检、法机关在刑事诉讼中的职权和相互关系，当事人及其他诉讼参与人的权利、义务，以及如何进行刑事诉讼的具体程序等。

1.刑事诉讼参与人

刑事诉讼参与人，是指在刑事诉讼活动中除侦查、检察、审判机关工作人员以外参加刑事诉讼活动，依法享有一定的诉讼权利，承担一定的诉讼义务的人员。根据刑事诉讼法的规定，刑事诉讼参与人主要包括：当事人、法定代理人、诉讼代理人、辩护人、证人、鉴定人和翻译人员。依据诉讼参与人同案件的利害关系不同，可以将诉讼参与人分为当事人和其他诉讼参与人两类。

当事人是指与案件事实和诉讼结果有切身利害关系，在诉讼中分别处于控诉或辩护地位的主要诉讼参与人，是主要诉讼主体，具体包括：被害人、自诉人、犯罪嫌疑人、被告人、附带民事诉讼当事人。

其他诉讼参与人，指除当事人以外的诉讼参与人，包括法定代理人、诉讼代理人、辩护人、证人、鉴定人和翻译人员。他们在诉讼中是一般的诉讼主体，具有与其诉讼地位相应的诉讼权利和义务。

2.刑事诉讼的管辖、回避、辩护和代理

刑事诉讼的管辖是指公安机关、检察机关和审判机关等在直接受理刑事案件上的权限划分以及审判机关系统内部在审理第一审刑事案件上的权限划分。刑事诉讼的管辖分立案管辖和审判管辖两大类。

刑事诉讼中的回避是指侦查人员、检察人员、审判人员等与案件有某种利害关系或者其他特殊关系，可能影响案件的公正处理的，不得参与办理本案的一项诉讼制度。刑事诉讼中的回避可以分为自行回避、申请回避、指定回避三种。

刑事诉讼中的辩护是指犯罪嫌疑人、被告人及其辩护人针对控诉方的指控为犯罪嫌疑人或被告人进行无罪、罪轻、减轻或免除罪责的反驳和辩解，以维护其合法权益的诉讼行为。辩护可以分为自行辩护、委托辩护、指定辩护。

刑事诉讼中的代理是指代理人接受公诉案件的被害人及其法定代理人或者近亲属、自诉案件的自诉人及其法定代理人、附带民事诉讼的当事人及其法定代理人的委托，以被代理人名义参加诉讼活动，由被代理人承担代理行为法律后果的一项法律制度。

3.刑事诉讼证据、强制措施和附带民事诉讼

刑事证据的种类包括：物证，书证，证人证言，被害人陈述，犯罪嫌疑

人、被告人供述和辩解，鉴定结论，勘验、检查笔录，视听资料。

刑事诉讼中的强制措施是指公安机关、人民检察院和人民法院为保证刑事诉讼的顺利进行，依法对犯罪嫌疑人、被告人的人身自由进行暂时限制或依法剥夺的各种强制性方法。根据我国《刑事诉讼法》的规定，强制措施有拘传、取保候审、监视居住、拘留和逮捕。

刑事附带民事诉讼是指司法机关在刑事诉讼过程中，在解决被告人刑事责任的同时，附带解决因被告人的犯罪行为所造成的物质损失的赔偿问题而进行的诉讼活动。《刑事诉讼法》第77条规定，被害人由于被告人的犯罪行为而遭受物质损失的，在刑事诉讼过程中，有权提起附带民事诉讼。如果是国家、集体财产遭受损失的，人民检察院在提起公诉的时候，可以提起附带民事诉讼。人民法院在必要的时候，可以查封或者扣押被告人的财产。

（二）刑事诉讼程序

1.立案和侦查

立案是指公安机关、人民检察院、人民法院对报案、控告、举报和犯罪人的自首等方面的材料进行审查，以判明其是否有犯罪事实并需要追究刑事责任，依法决定是否作为刑事案件交付侦查或审判的诉讼活动。侦查是指侦察机关在办理刑事案件过程中，依照法律进行的专门调查工作和有关强制性措施。侦查行为包括：讯问犯罪嫌疑人，询问证人、被害人，勘验、检查，搜查，扣押物证、书证，鉴定，辨认，通缉。

2.刑事起诉

刑事起诉是指享有控诉权的国家机关和公民依法向人民法院提起诉讼，要求人民法院对指控的犯罪行为进行审判，以追究被告人刑事责任的诉讼活动。我国实行的是以公诉为主、自诉为辅的起诉模式。

3.刑事审判程序

刑事审判程序，是指人民法院审理刑事案件的步骤和方式、方法的总称。我国《刑事诉讼法》规定了以下几种基本的审判程序：第一审程序，是指人民法院根据审判管辖的规定，对人民检察院提起公诉和自诉人自诉的案件进行初次审判的程序；第二审程序，是指人民法院对上诉、抗诉案件进行审判的程序；特殊案件的复核程序，包括死刑复核程序以及人民法院根据《刑法》第63条第2款规定的"犯罪分子虽然不具有本法裁委会可以在直辖市和省、自治区人民政府所在地的市设立，也可以根据需要在其他设区的市设立，不按行政区划层层设立。仲裁委员会由前款规定的市的人民政府组织有关部门和商会统一组建。设立仲裁委员会，应当经省、自治区、直辖市的司法行政部门登记。仲裁委员会独立于行政机关，与行政机关没有隶属关系。仲裁委员会之间也没有隶属关系。

仲裁协议是指双方当事人自愿将他们之间已经发生或将来有可能发生的争议提交仲裁解决的协议。仲裁协议在仲裁制度中具有极为重要的作用，是整个仲裁制度的基石。仲裁协议包括合同中订立的仲裁条款和以其他书面方式在纠纷发生前或者纠纷发生后达成的请求仲裁的协议。有效的仲裁协议一般应具备以下内容：请求仲裁的意思表示、仲裁事项和选定的仲裁委员会。仲裁协议独立存在，合同的变更、解除、终止或者无效不影响仲裁协议的效力。

《仲裁法》的第2条规定："平等主体的公民，法人和其他组织之间发生的合同纠纷和其他财产权益纠纷，可以仲裁。"这里明确了仲裁适用范围的三条原则：一是发生纠纷的双方当事人必须是民事主体，包括国内外法人、自然人和其他合法的具有独立主体资格的组织；二是仲裁的争议事项应当是当事人有权处分的；三是仲裁范围必须是合同纠纷和其他财产权益纠纷。

根据仲裁法的规定，有两类纠纷不能仲裁：一是婚姻，收养，监护，扶养，继承纠纷不能仲裁，这类纠纷虽然属于民事纠纷，也不同程度涉及财产权益争议，但这类纠纷往往涉及当事人本人不能自由处分的身份关系，需要法院做出判决或由政府机关做出决定，不属仲裁机构的管辖范围。二是行政争议不能裁决。行政争议，亦称行政纠纷，行政纠纷是指国家行政机关之间，或者国家行政机关与企事业单位，社会团体以及公民之间，由于行政管理而引起的争议。外国法律规定这类纠纷应当依法通过行政复议或行政诉讼解决。

（二）仲裁程序

1.申请与受理

当事人申请仲裁应当符合下列条件：有仲裁协议；有具体的仲裁请求和事实、理由；属于仲裁委员会的受理范围。仲裁委员会收到仲裁申请书之日起5日内，认为符合受理条件的，应当受理，并通知当事人；认为不符合受理条件的，应当书面通知当事人不予受理，并说明理由。仲裁委员会受理仲裁申请后，应当在仲裁规则规定的期限内，将仲裁规则和仲裁员名册送达申请人，并将仲裁申请书副本和仲裁规则、仲裁员名册送达被申请人。

2.仲裁庭的组成

仲裁庭由三名仲裁员或者一名仲裁员组成。由三名仲裁员组成的，设首席仲裁员。当事人约定由三名仲裁员组成仲裁庭的，应当各自选定或者各自委托仲裁委员会主任指定一名仲裁员，第三名仲裁员由当事人共同选定或者共同委托仲裁委员会主任指定。第三名仲裁员是首席仲裁员。当事人约定由一名仲裁员成立仲裁庭的，应当由当事人共同选定或者共同委托仲裁委员会主任指定仲裁员。仲裁庭组成后，仲裁委员会应当将仲裁庭的组成情况书面通知当事人。

3.仲裁审理

仲裁审理是仲裁庭按照法律规定的程序和方式，对当事人交付仲裁的争议事项做出裁决的活动。仲裁审理是仲裁程序的中心环节。仲裁应当开庭进行。当事人协议不开庭的，仲裁庭可以根据仲裁申请书、答辩书以及其他材料做出裁决，仲裁不公开进行。当事人协议公开的，可以公开进行，但涉及国家秘密的除外。当事人应当对自己的主张提供证据。仲裁庭认为有必要收集的证据，可以自行收集。在证据可能灭失或者以后难以取得的情况下，当事人可以申请证据保全。当事人在仲裁过程中有权进行辩论。辩论终结时，首席仲裁员或者独任仲裁员应当征询当事人的最后意见，并将开庭情况记入笔录。

4.仲裁中的和解、调解和裁决

当事人申请仲裁后，可以自行和解。达成和解协议的，可以请求仲裁庭根据和解协议做出裁决书，也可以撤回仲裁申请。当事人达成和解协议，撤回仲裁申请后反悔的，可以根据仲裁协议申请仲裁。仲裁庭在做出裁决前，可以先行调解。当事人自愿调解的，仲裁庭应当调解。调解不成的，应当及时做出裁决。调解达成协议的，仲裁庭应当制作调解书或者根据协议的结果制作裁决书。调解书与裁决书具有同等法律效力。裁决应当按照多数仲裁员的意见做出，少数仲裁员的不同意见可以记入笔录。仲裁庭不能形成多数意见时，裁决应当按照首席仲裁员的意见做出。裁决书自做出之日起发生法律效力。

（三）调解制度

调解是指双方或多方当事人就争议的实体权利、义务，在人民法院、人民调解委员会及有关组织主持下，自愿进行协商，通过教育疏导，促成各方达成协议、解决纠纷的办法。在我国，调解的种类很多。因调解的主体不同，调解有人民调解、法院调解、行政调解、仲裁调解以及调解律师调解等。人民调解是人民调解委员会主持下进行的调解；法院调解是人民法院主持下进行的调解；行政调解是基层人民政府或者国家行政机关主持下进行的调解；仲裁调解是在仲裁机构主持下进行的调解。在这几种调解中，法院调解属于诉内调解，其他都属于诉外调解。2002年11月1日，最高人民法院公布的《关于审理涉及人民调解协议的民事案件的若干规定》正式生效，确定人民调解协议具有民事合同性质，人民调解协议首次被赋予明确的法律效力，公民将不得随意撕毁、拒不履行双方自愿协商达成的调解协议。

1.人民调解

人民调解又称诉讼外调解或群众调解。是指在人民调解委员会主持下进行的调解活动。人民调解委员会是村民委员会和居民委员会下设的调解民间纠纷的群众性自治组织，在基层人民政府和基层人民法院指导下进行工作。人民调解工作应遵循的原则有：一是必须严格遵守国家的法律、政策进行调解。二是必须在双方当事人自愿平等的前提下进行调解。三是必须在查明事实、分清是非的基础上进行调解。四是不得因未经调解或者调解不成而阻止当事人向人民法院起诉。经调解达成的、有民事权利义务内容，并由双方当事人签字或者盖章的调解协议，具有民事合同性质。当事人应当按照约定履行自己的义务，不得擅自变更或者解除调解协议。由于人民调解委员会是群众性组织，其成员扎根于群众之中，对群众之间的民事纠纷和轻微刑事案件，知根知底，所以调解委员的能动作用很大，方式灵活，方便易行。它突出的特点是能把纠纷解决在基层组织，还能起到宣传法制、预防纠纷、防止矛盾扩大的作用，因而受到人民群众的欢迎。

2.行政调解

行政调解是国家行政机关处理民事纠纷的一种方法。国家行政机关根据法律规定，对属于国家行政机关职权管辖范围内的行政纠纷，通过耐心的说服教育，使纠纷的双方当事人互相谅解，在平等协商的基础上达成一致协议，从而合理地、彻底地解决纠纷矛盾。行政调解与人民调解一样，属于诉讼外调解，是在自愿的基础上所进行的调解活动，必须遵循合法、自愿和保护当事人诉讼权利的原则。行政调解有这样几类：一是基层人民政府的调解。调解民事纠纷和轻微刑事案件，主要由乡镇人民政府和街道办事处的司法助理员负责进行。二是国家合同管理机关对合同纠纷进行调解。三是公安机关的调解。对于因民间纠纷引起的打架斗殴或者损毁他人财物等违反治安管理的行为，情节轻微的，公安机关可以调解处理。四是婚姻登记机关的调解。婚姻登记机关也可以对婚姻双方当事人进行调解，这样有利于婚姻家庭的正常发展。

3.法院调解

法院调解又称诉讼内调解。包括调解活动、调解的原则、调解的程序、调解书和调解协议的效力等。是当事人用于协商解决纠纷、结束诉讼、维护自己的合法权益，审结民事案件、经济纠纷案件的制度。诉讼中的调解是人民法院和当事人进行的诉讼行为，其调解协议经法院确认，即具有法律上的效力。《中华人民共和国民事诉讼法》规定，人民法院审理民事案件，应遵循查明事实，分清是非、自愿与合法的原则，调解不成，应及时判决。法院调解，可以由当事人的申请开始，也可以由人民法院依职权主动开始。调解案件时，当事人应当出庭；如果当事人不出庭，可以由经过特别授权的委托代理人到场协商。调解可以由审判员一人主持，也可以由合议庭主持，并尽可能就地进行。除法律规定的特殊原因外，一般应当公开调解。在法院调解中，被邀请的单位和个人，应当协助人民法院进行调解。在审判人员的主持下，双方当事人自愿、协商达成调解协议，协议内容符合法律规定的，应予批准。调解达成协议，人民法院应当制作调解书。调解书应当写明诉讼请求、案件的事实和调解结果，由审判人员、书记员署名，加盖人民法院印章，送达双方当事人签收后，即具有法律效力。

4.仲裁调解

仲裁调解，即仲裁机构对受理的仲裁案件进行的调解，调解不成即行裁决，这也是诉讼外调解。1982年3月通过并颁布的《中华人民共和国民事诉讼法（试行）》，总结了发展40多年的仲裁调解经验，并把调解列为基本原则之一。中国仲裁调解的重要特点在于调解范围广泛，不受诉讼案件或诉讼金额的限制，只要双方当事人同意或有调解的希望与可能，都可以按照调解程序进行调解。同时，调解程序贯穿于民事诉讼的各个阶段，不仅在仲裁前可以调解，在仲裁中的各个阶段均可以进行调解。仲裁调解并不意味着都在仲裁机构进行。仲裁人员调解一个民事案件，要对双方当事人做许多艰巨细致的思想工作，有时候还需要离开仲裁机构到当事人所在的住所，依靠群众，依靠当事人信赖的亲朋好友共同说服、疏导，使双方当事人心悦诚服，达成调解协议。因此，着重调解和就地办案就自然地联系起来，成为中国仲裁调解的又一特点。

随着我国社会主义法律体系的不断健全，法律在社会生活中的作用日益突出。大学生在人生的各个阶段和生活的各个方面会面临越来越多的法律问题，只有通过认真学习法律知识，培养良好的法律素质，才能从容面对和正确处理各种法律问题，遵纪守法，充分运用法律武器维护自己的合法权益，为构建法治社会贡献自己的力量。

第五章 行使法律权利和履行法律义务

第一节 法律权利和法律义务

一、法律权利

（一）法律权利及其特征

1.权利的起源及发展："权利"一词在欧洲文艺复兴时就已出现。

西方学者关于权利的观点：

（1）自然权利观：认为权利是天赋的，是人与生俱来的。代表人物有洛克、卢梭等。

（2）神授权利观：认为人的权利是神赋予的。代表人物有阿奎那、斯宾诺莎、韦伯等。

（3）法律权利观：认为国家创制法律，权利的内容和保障均由法律规定。代表人物有奥斯丁、哈根等。

（4）社会权利观：认为权利是由人与人之间的社会关系而产生的，个人权利要在社会利益得到保障的前提下才能存在和实现。代表人物有涂尔干。

马克思主义权利观：权利就是一定的社会物质生活条件所制约的行为自由，是法律允许权利人为满足自己的利益而采取的由义务人所保证实现的法律手段。

法律权利：权利主体依法要求义务主体做出某种行为或不做出某种行为的资格。

马克思主义认为，权利的产生、发展和实现，都必须以一定的社会经济条件为基础。马克思主义权利观与其他权利观的根本区别在于强调社会的物质生活条件对权利的制约和决定作用。

2.法律权利的四个特征：

（1）法律权利的内容、种类和实现程度受社会物质生活条件的制约。法律权利会随着社会发展、社会财富增加而变化。

举例：中华人民共和国劳动者的休息权。休假权是法律赋予的权利，它随着社会生活的发展而变化。中华人民共和国成立后到 20 世纪 90 年代初期，每周休息一天；1995 年 5 月 1 日起，每周休息两天；2015 年，周末两天半短假制度在部分省市试行。

（2）法律权利的内容、分配和实现方式因社会制度和国家法律的不同而存在差异。

举例：关于财产权，资本主义法律规定私有财产神圣不可侵犯，而社会主义法律首先规定公共财产神圣不可侵犯，同时规定公民合法的私有财产不受侵犯。关于婚姻权利，绝大多数国家的法律规定实行男女平等和一夫一妻制，但也有某些国家的法律并未规定男女平等且不实行一夫一妻制。关于持枪权，西方很多国家公民拥有持枪权，但中国、韩国、日本等国家都是禁止的。所以，我们不能离开社会制度和国家法律理解法律权利。

（3）法律权利不仅由法律规定或认可，而且受法律维护或保障，具有不可侵犯性。

（4）法律权利必须依法行使，不能不择手段地行使法律权利。

生活中常见的小偷被抓后被打和当街暴打与配偶同居的第三者的行为等，均属于违法行为，切不可效仿。原本受法律保护的一方因滥用权利，最终将会受到法律的惩罚。

（二）法律权利的分类

1.基本权利和普通权利。基本权利是指宪法以及宪法性法律规定的权利，如选举权和被选举权、宗教信仰自由、人身自由、受教育权等；普通权利是指宪法以及宪法性法律以外的其他法律所规定的权利，如民法规定的物权、债权，婚姻法规定的婚姻自由权等。

2.政治权利、人身权利、财产权利、社会经济权利、文化权利。政治权利包括选举权与被选举权等。人身权利包括人身自由权、生命权和人格尊严权等。财产权利包括财产所有权、继承权等。社会经济权利包括劳动权、休息权等。文化权利包括从事教育、科学研究、文学艺术创作和其他文化活动的权利。

3.一般主体享有的权利和特定主体享有的权利。一般主体享有的权利是指全体公民普遍享有的权利；特定主体享有的权利是指妇女、儿童、老人、残疾人等特定人群专门享有的权利。

4.实体性权利和程序性权利。实体性权利是指实体法所确认的权利，如经济法中的经营权，商事法中的股权等；程序性权利是指程序法所确认的权利，如诉讼法规定的起诉权、上诉权和辩护权、代理权等。

（三）法律权利与人权

1.什么是人权？

人权是指人按其本质和尊严享有或应当享有的基本权利。这个概念包含两个层面：一是所有人在人格上的普遍平等；二是所有人在人格上享有绝对的尊严。

人权是个体人权和集体人权的统一，前者是指个人依法享有的生命、人身和政治、经济、社会、文化等各方面的自由平等权利，后者是指一个共同体（如群体、民族、国家）的全体成员共同享有的权利，如种族平等权、民族自决权、发展权、环境权、和平权等。二者同等重要，缺一不可。

2.人权的特征：

（1）人权是一个历史范畴，是社会发展的产物，不是与生俱来的，不是"天赋人权"。

（2）人权是平等的和不受歧视的，并且是普遍存在的。《世界人权宣言》第一条："人人生而自由，在尊严和权利上一律平等。"

（3）人权是最基础性的权利。

（4）人权是综合性的权利。人权是"一系列"权利。比如从类别来看，包括政治、经济、社会和文化权利等，这些权利密不可分、相互依赖，相互关联。

（5）人权的权利义务对等性。国家层面：国家承担国际法下的责任和义务，尊重、保护和兑现人权。个人层面：每个人在享受自身人权的同时，也要尊重他人的人权。

3.人权与法律权利的关系：人权与法律权利关系密切，二者相互作用，相互影响。

（1）人权是法律权利的内容和来源。人类通过制定法律调整社会关系，维护社会秩序，保护人的合法权益，最根本的是为了人类的生存、进步和发展。人的各项权利只有上升为法律权利，才能受到尊重并得到保障。大部分人权都反映在法律上（注意：并非人权的所有内容都由法律规定）。因此人权可以作为判断法律善恶的标准。

（2）法律是对人权的确认和保障。无法律则无人权，人权只有以法律权利的形式存在才有其实际意义，否则它或者仅仅停留在道德权利的应有状态，或者经常面临受侵害的危险而无法救济。人权的法律保护是它实现的最直接也是最有效的手段。一个国家的法律状况如何将直接影响它的人权状况。

图片资料展示：中华人民共和国人权发展的历程。

①1978 年 6 月 19 日，徐炳撰写的文章《论"人权"与"公民权"》在《人民日报》刊发，这是我国理论界首次公开讨论人权问题。

②1991 年 11 月 1 日，国务院新闻办公室发表了《中国的人权状况》白皮书，首次以政府文件的形式肯定了人权概念在我国社会主义政治发展中的地位，向世界展示了我国人权事业取得的伟大成就。

③1997 年，党的十五大报告首次将"尊重和保障人权"明确为全党工作目标。

④2004 年我国修改宪法，将"国家尊重和保障人权"写入宪法，标志着我国民主政治建设迎来了一个新的发展时期。

学生讨论并回答：美国等西方国家持续性地对我国人权问题进行攻击和

指责，请你谈谈自己对此事的看法和观点。

教师总结：人权的评价标准是多元的，不同社会制度和文化背景下的人权内容及其实现方式是不同的，不能用一种标准评价各国的人权状况。人权的保障水平和实现程度取决于各国的经济社会发展水平。比如说堕胎、同性恋婚姻、"安乐死"这三个比较热点的问题。从全世界范围看，这三个问题不属于公认的人权，因此某些国家或地区对此争论不一。另外，我们必须清醒地认识到发展中国家不能追捧发达国家的人权，发达国家也不能按照自己的评判标准看待发展中国家的人权保障。在人权问题上，大学生要树立正确的人权观念，澄清模糊认识。

二、法律义务

1.义务与法律义务：义务与权利相对应，是指政治上、法律上、道义上应当承担的责任；法律义务与法律权利相对应，是指法律规定的、以作为或者不作为的方式履行的对他人的责任。

2.法律义务的履行形式：一是指义务人实施积极的行为，如子女通过经常看望和提供财物等行为履行赡养父母的义务等；二是指义务人不得实施某种行为，如未经许可不得公开他人的隐私等。

3.违反法律义务承担的责任：包括民事责任、行政责任和刑事责任等。

4.法律义务的特点：

（1）法律义务是历史的。

举例：随着我国经济社会的发展，国家免除了农民缴纳土地税的义务；随着国民收入的提高，国家逐步调整个人所得税的起征标准；随着信息社会和汽车时代的到来，人们维护信息安全和遵守交通规则的义务相应增多。

（2）法律义务源于现实需要。

举例：有些国家出于安全的考虑，法律规定每个身体健康的成年男子必须服兵役若干年；有些信仰宗教的国家，规定宗教义务也是法律义务，违反宗教义务的要受到法律惩罚。

（3）法律义务必须依法设定。

举例：我国立法法明文规定，限制公民人身和财产权利的法律必须由国家立法机关制定，行政机关即政府不得制定限制公民人身或财产权利的法规。党的十八届四中全会决定指出，行政机关要"坚持法无授权不得为"，不得通过行政法规减损公民的权利。

（4）法律义务可能发生变化。

举例：债务人欠债权人的钱财，由于债权人在法定的期限（2年）内没有行使索要的权利，债务人原来承担的强制归还义务就转化为自愿归还义务；交通肇事后逃逸，不仅要承担民事责任，还要承担刑事责任，这个刑事责任就是派生的；某人犯了罪，依法应当判处5年以下有期徒刑，由于在犯罪后司法机关因法定原因没有追究，那5年后他所承担的刑事责任依法就不应追究。

三、法律权利与法律义务的关系

关于权利与义务之间的关系，马克思有一个著名论断是"没有无义务的权利，也没有无权利的义务"。这说明，法律权利与法律义务是密不可分的，没有权利，义务的设定就失去了目的和根据；没有义务，权利的实现也就成为空话。

如果被遗弃的子女被收养，根据我国婚姻法第二十六条规定：国家保护合法的收养关系。养父母和养子女间的权利和义务，适用本法对父母子女关系的有关规定。养子女和生父母间的权利和义务，因收养关系的成立而消除。在法律上，被遗弃的孩子长大后可以不承担对生父母的赡养义务。当然，法律不禁止被遗弃子女自愿对生父母尽义务。

如果被遗弃子女的收养家庭没有办理相关收养手续或被遗弃子女没有被收养，则被遗弃子女与生父母之间的权利义务关系没有消除。因此从法律角度说，被遗弃的孩子长大后应当承担对亲生父母的赡养义务。但与此同时，我国婚姻法第四十四条明确规定：对遗弃家庭成员，受害人提出请求的，人民法院应当依法做出支付扶养费、抚养费、赡养费的判决。因此，被遗弃的孩子也可以依法向所属人民法院提出诉讼，以"遗弃罪"要求法院追究亲生父母的刑事责任和民事责任。

1.每个人既是享受各种法律权利的主体，又是承担各种法律义务的主体。

（1）法律权利的实现必须以相应法律义务的履行为条件。如，只有开发商履行交房义务，购房人才能行使房主的权利。同样，法律义务的设定和履行也必须以法律权利的行使为根据，法治社会中不存在没有权利根据的法律义务。如，债务人的还款义务来自于其先前取得权利人财物的行为。

（2）法律权利与法律义务是目的与手段的关系。离开了法律权利，法律义务就失去了履行的价值和动力。同样，离开了法律义务，法律权利也形同虚设。

（3）法律权利和法律义务还具有二重性的关系，即一个行为可以同时是权利行为和义务行为。如，教师为学生上课，既是行使教学权利，也是履行教学义务。

2.法律权利与法律义务平等。

（1）法律权利与法律义务平等表现为法律面前人人平等被确立为基本原则，这里的平等讲的就是权利和义务平等。

（2）在法律权利和法律义务的具体设定上要平等。

（3）权利与义务的实现要体现平等。

举例：近几年国内"空闹"事故屡屡发生，有的飞机延误是由于天气原因造成的，航空公司本身也是受害者，此时航空公司不承担费用，也是符合国际惯例的。这个时候权利人（乘客）不应"得理不饶人"，向义务人（航空公司）提出过分要求。

3.法律权利与法律义务不是孤立静止的。

（1）在实行法律权利与法律义务人人平等的制度中，一个人无论是行使权利还是履行义务，都是对自己有利的。

举例：公民应征入伍，履行了保卫祖国义务，表现为一种付出，既维护了国家安全，同时也实现了自己的安全利益。

（2）由于现代社会的分工越来越细，行业越来越多，权利和义务的不对应性和不同时性成为一般形态。

举例：一个电脑工程师履行软件开发义务，一个农民履行种地义务，他们都在履行义务的同时实现了各自的利益。因此，不能简单机械静止地理解法律权利与法律义务的关系。

第二节 我国宪法法律规定的权利与义务

一、基本权利和义务概念释义

1.公民的基本权利也称宪法权利或基本人权，泛指由宪法规定的公民享有的主要的、在权利体系中最为重要的一项权利。其中包含两个方面的含义：客观上，基本权利必须由一个国家的宪法法律所规定，即由宪法法律所肯定并给予保障；主观上，公民的基本权利必须能够切实可行。

2.公民的基本义务是指由宪法规定的公民必须遵守和应尽的根本责任。

3.公民的基本权利与义务是辩证统一的。正如马克思主义所认为的：没有无义务的权利，也没有无权利的义务。基本权利与义务是宪法的核心，二者同等重要，不可或缺。

4.基本权利和义务的特点：广泛性、平等性、现实性、一致性。

二、公民的基本权利体系

（一）平等权

1.总体平等、保护平等、责任平等。

平等权，指公民平等地享有权利，不受任何差别对待，要求国家同等保护的权利和原则。

2.禁止差别对待，允许合理差别。

（1）国家保障妇女的权利，婚姻、家庭中母亲和儿童受国家的保护。

（2）退休人员的生活受国家和社会保障。

（3）年老、疾病、丧失劳动能力的人享有物质帮助权。

（4）国家和社会保障残疾军人的生活，抚恤烈士家属，优待军人家属。

（5）国家保护华侨的正当权利和利益，保护归侨侨眷的合法权利和利益。

（二）政治权利和自由

1.选举权和被选举权条件：中国国籍、年满 18 周岁、未被剥夺政治权利。

2.政治自由：

（1）言论自由。既包括口头形式，又包括书面形式，必要时还可根据法律规定利用电视广播等传播媒介。

（2）出版自由。它是言论自由的自然延伸，包括：其一，著作自由，即公民有权自由地在出版刊物上发表作品；其二，出版单位的设立与管理必须遵循国家宪法和法律的规定。我国实行预防制和追惩制相结合的制度。

（3）结社自由。我国社会团体的成立实行核准登记制度，登记管理机关是民政部和县级以上的地方各级人民政府部门。

（4）集会游行示威自由。它是言论自由的延伸和具体化。

（三）宗教信仰自由

公民信教的界限：不得破坏社会秩序、损害公民身体健康、妨碍国家教育制度，不受外国势力支配。

（四）人身自由

1.生命权：包括防御权、享受权、保护请求权。生命权首先是人的权利，其次是公民权利，具有不可处分性。

2.狭义的人身自由权：指公民的身体自由不受侵犯，即公民享有不受非法限制、监禁、逮捕或羁押的权利。

学生自学问题回答：人身自由可以抵抗所有拘禁行为吗？

3.人格尊严权：包括姓名权、肖像权、名誉权、荣誉权、隐私权。我国宪法第三十八条规定："中华人民共和国公民的人格尊严不受侵犯。禁止用任何方法对公民进行侮辱、诽谤和诬告陷害。"

4.住宅权：人身自由的延伸，禁止非法闯入。公安机关和检察院为刑事侦查可依法搜查公民住宅。

5.通信自由：包括通信秘密，因国家安全或追查刑事犯罪的需要，公安或检察院可依法检查公民通信。

（五）社会经济权利

1.财产权：公民的合法的私有财产不受侵犯。但是，国家为公共利益，可以依照法律规定对公民的私有财产权实行征收或征用并给予补偿。财产权利包括财产所有权、继承权等。

2.劳动权：劳动既是权利又是义务。国家通过各种途径，创造劳动就业条件，加强劳动保护，改善劳动条件，并在发展生产的基础上，提高劳动报酬和福利待遇。

3.休息权：是劳动者在履行劳动义务的同时依法享有的权利。

休息权的延伸：国家依照法律规定实行企业事业组织的职工和国家机关工作人员的退休制度。退休人员的生活受到国家和社会的保障。

4.物质帮助权：针对年老、疾病、丧失劳动能力的人。

（六）文化教育权利

1.受教育权：既是权利又是义务。

公民有在国家和社会提供的各类学校和机构中学习文化科学知识的权利，有在一定条件下依法接受各种形式的教育的义务。就业前的公民有接受必要的劳动就业训练的权利和义务。

2.进行科学研究、文学艺术创作和其他文化活动的自由。国家对于从事教育、科学、技术、文学、艺术和其他文化事业的公民的有益于人民的创造性工作，给予鼓励和帮助。

（七）监督权和获得赔偿权

1.监督权：批评、建议（国家机关及其工作人员的行为）、控告、检举、申诉（国家机关及其工作人员的违法失职行为）。对于公民的申诉、控告或者检举，有关国家机关必须查清事实，负责处理。任何人不得压制和打击报复行使监督权的公民。

2.获得赔偿权：国家机关和国家机关工作人员行使职权对公民、法人和其他组织合法权益造成损害的情形，受害人有取得国家赔偿的权利。致人精神损害、造成严重后果的，赔偿义务机关应当支付"精神损害抚恤金"。

第三节　依法行使权利与履行义务

一、依法行使权利

依法行使权利是体现权利正当性和保障权利实现的充分必要条件。法治社会，人们行使任何权利、做任何事情都不能超越法律的界限。

1.权利行使的目的：既符合相关法律规定，又符合立法意图和精神。

2.权利行使的限度：必须按照法律规定的限度来行使。如行使自由权，不能损害他人自由权；行使物权不能损害公共利益和他人利益。

3.权利行使的方式：口头方式、书面方式、行为方式。

4.权利行使的程序：由法律规定，坚持程序正当原则。

二、依法救济权利

救济方式主要包括以下四种：

1.司法救济。一般由人民法院主导。如申请国家赔偿。

2.行政救济。通过行使听证、复议等权利，由国家行政机关以行政裁决的形式实现。

3.政治救济与社会救济。政治救济主要以游行、示威、结社、请愿等方式实现。社会救济主要是通过调解、仲裁等渠道来实现。

4.自力救济。如刑法中的正当防卫和紧急避险。

三、尊重他人权利

1.尊重他人权利是公民权利意识的重要内容。

2.尊重他人权利既是一项法律义务，也是一项道德义务。

3.不尊重他人权利，就会丧失自己的权利。

最近这些年，大学生杀人事件屡有发生。马加爵事件、药家鑫事件、复旦投毒事件，都折射出部分大学生尊重他人意识淡薄的现状，其后果就是他们也将失去自己的权利。大学生特别要重视增强权利平等意识和尊重他人意识。

四、依法履行义务

宪法规定了公民的基本义务，主要包括以下两点：

1.维护国家统一和全国各民族团结的义务。维护国家统一是整个社会共同体存在和发展的基础，也是以宪法为基础的整个法律制度存在的基础。同时，国家统一也是公民实现法律权利与自由的前提。宪法和相关法律规定，禁止对任何民族的歧视和压迫，禁止破坏民族团结和制造民族分裂的行为；一切破坏民族团结和制造民族分裂的行为都将受到法律的追究。

2.遵守宪法和法律的义务。我国宪法第五十三条规定了公民遵守宪法和法律的义务，具体包括：保守国家秘密；爱护公共财产；遵守劳动纪律；遵守公共秩序；尊重社会公德。

3.维护祖国安全、荣誉和利益的义务。祖国安全是指国家的领土完整和主权不受侵犯，国家政权不受威胁。维护祖国荣誉是指国家的声誉和尊严不受损害。祖国利益对外指民族的政治、经济、文化等方面的权利和利益，对内指公共利益。公民应自觉维护祖国利益，正确处理国家、集体与个人利益之间的相互关系，不得有危害祖国安全、荣誉和利益的行为，并同损害祖国利益的行为做斗争。

4.依法服兵役的义务。我国实行义务兵与志愿兵相结合、民兵与预备役相结合的兵役制度。

5.依法纳税的义务。根据我国个人所得税法规定，在中国境内有住所，或者无住所而在境内居住满一年的个人，从中国境内和境外取得的所得，依法缴纳个人所得税。

6.其他义务。如劳动、受教育、父母有抚养教育未成年子女、成年子女赡养扶助父母的义务等。

公民未能依法履行义务，根据情节轻重，应当承担相应民事责任、行政责任和刑事责任。

第六章　大学生与法治社会

第一节　求学与法律

一、用法律维护自身权益

【案例】2009 年 3 月，罗彩霞在申办开通网上银行业务时被拒，随后确认为高中同班同学王佳俊盗用自己身份证信息。再往后发现 2004 年 9 月，在时任湖南省隆回县公安局政委王峥嵘的操作下，他当年高考成绩为 335 分的女儿王佳俊，冒用湖南省邵东县一中高中毕业生罗彩霞之名，被贵州师范大学思想政治教育专业录取。当罗彩霞知道这一切后，就以姓名权、受教育权受到侵害为由，将王佳俊、王峥嵘、杨荣华、邵东一中、县教育局、贵州师大、贵阳市教育局、唐昆雄 8 个被告告上法庭。经过一年多的工作，2010 年 8 月 13 日，罗彩霞被冒名上大学案终于在湖南省长沙市中级人民法院开庭，案件由天津市西青区人民法院合议庭人员异地在长沙审理。4 个多小时后，罗彩霞与各方达成和解协议，被告王峥嵘一次性给付罗彩霞赔偿金 4.5 万元，原告放弃对各被告的其他诉讼请求。

这个案件虽然结束了，但是给我们留下了很多值得思考的问题和启示。在日常学习生活中，大学生的合法权益也会受到各种威胁和损害，但大学生的维权意识却还很淡薄，维权的能力还有待提高。罗彩霞为大学生们自觉维权做出了榜样。目前中国正在向着法治社会迈进，大学生作为社会重要的和先进的群体，要走在社会前列，要自觉地增强权益保护意识，学会拿起法律的武器维护自己的合法权益。

二、法律也会惩罚违法的大学生

【案例】一天，一家提供服务器服务的公司向公安机关报案，说他们服务的十几家公司政府网站被侵入，政府信息的发布受到影响。警方接到报案后立刻进行侦查和调查，经过仔细的调查，发现某高校大三的学生王某有重大嫌疑。于是，警方就对王某进行审讯，开始王某还故作镇定，但在强大的攻势面前，王某最终说出了真相。原来王某谈了一个女朋友，但是相处了一段时间后女孩提出与他分手，失恋后的他就产生报复社会来泄私愤。他平时就比较懦弱和胆小，不敢用暴力方式就选择了做"黑客"。他平时就喜欢琢磨电脑，于是他利用在大学学习的计算机方面的知识和自己掌握的一些技术，专门找到挂靠政府网站较多的服务器，通过拨号上网的方式，非法侵入服务器，迫害政府网站。

中国犯罪学研究会会长北京大学法学教授康树华所作的一项调查表明，当今社会中，大学生犯罪在青少年犯罪中已到占17％，其中盗窃约占到了七成。而1965年青少年犯罪在整个社会刑事犯罪中约占33％，其中大学生犯罪约占1％；"文革"期间，青少年犯罪开始增多，占到了整个刑事犯罪的60％，其中大学生犯罪占2.5％；而近几年，青少年犯罪占到了社会刑事犯罪的70％～80％，其中大学生犯罪约为17％。这不得不引起社会的重视。应该说和普通人群相比，大学生属于素质较高的群体，前途光明，但因其年轻、不成熟、意志薄弱，加之家庭、学校管理的不足，一时糊涂就很容易走向犯罪。因此，社会和学校应加强对大学生生活环境的管理。分析这些大学生，他们平日里往往感到很空虚、寂寞，完全不知道自己在大学里到底要学什么？得过且过，虚度光阴，这样他们不仅很容易在心理上走极端，而且还会由于爱慕虚荣而铤而走险，走上犯罪的道路。所以，大学生们要树立正确的人生观，树立远大的理想，积极生活，勇敢面对现实社会，增强法制观念，靠自己的能力做一个自食其力的人。

三、大学生的法律意识

（一）法律心理

法律心理是对现代法律的直接反映，是对法律的认知、感受和体验的综合表现。大学生必须克服对法律的偏见，认为我不犯法，自己与法律没关系，不关心、不过问法律。其实不然，在很多情况下，大学生的权益被侵犯了，受到伤害，都需要法律的保护。大学生不仅要了解现有的法律，还要不断地关注法律的发展和变化，关心每一部新的法律，学习新法律，自觉地维护自己的合法权益。

（二）法律观念

即权利与义务观念。一方面，大学生通过学习和了解法律，明确自身的权利有哪些，享有什么权利；另一方面，大学生更要清楚自己应尽的义务和责任。大学生大多数已满 18 岁，从法律上是完全能够独立承担法律责任的人，所以，就要知道自己不同角色的不同责任。

（三）法律信仰

即大学生在现代生活中形成的法律理想和信念。表现为对法律价值的追求、对法律的期望和法治社会实现的坚定和坚信。

第二节　生活与法制

一、权利

（一）在校大学生依法享有的基本权利

依据《教育法》和《高等教育法》的规定，在校大学生享有与其特殊身份相对应的权利：

（1）使用权：使用权是指大学生充分合理地使用学校的教育教学设施、实验室设备、图书馆书刊资料等的权利。我国《教育法》明确规定，受教育者享有"参加教育教学计划安排的各种活动，使用教育教学设施、设备、图书资料"的权利。使用权是保障大学生享有良好教育权利的前提和基础。

（2）参与权：参与权是指大学生参加学校围绕培养学生成才而设立和开展的各类学生组织和活动的权利。我国《教育法》规定，学生有权参加教育教学计划安排的各种活动；《高等教育法》第57条规定："高等学校的学生，可以在校内组织学生团体。"《普通高等学校学生管理规定》第41条规定："学校应当建立和完善学生参与民主管理的组织形式，支持和保障学生依法参与学校民主管理。"

（3）奖贷权：奖贷权是指大学生按国家有关规定获得奖学金、贷学金、助学金及申请贷款的权利。我国《教育法》规定，学生按照国家有关规定获得奖学金、贷学金、助学金；《高等教育法》规定，对"家庭经济困难的学生，可以申请补助或者减免学费"；《中国人民银行助学贷款管理办法》规定，对家庭经济确有困难，学习努力，遵守国家法律和学校纪律的学生，有权提出贷款申请，以解决在校学习期间的学费和生活费用。

（4）公正评价权：我国《教育法》规定，大学生在学业成绩和品行上获得公正评价，完成规定的学业后获得相应的毕业证书、学位证书。公正评价权是指大学生在学业成绩和品行上获得公正评价的权利。

（5）申诉权：我国《教育法》规定，大学生在校期间对学校给予的处分不服，可向有关部门提出申诉，对学校、教师侵犯其人身权、财产权等合法权益，可提出申诉或者依法提起诉讼。申诉权是指大学生合法权益受到侵害时向有关机构和组织申请救助的权利。

（二）其他权利

《普通高等学校学生管理规定》第十五条规定："学生可以根据学校有关规定，申请辅修其他专业或者选修其他专业课程。学生可以根据校际间协议跨校修读课程。在他校修读的课程成绩（学分）由本校审核后予以承认。"

第十八条规定："学生可以按学校的规定申请转专业。"第十九条规定："学生一般应当在被录取学校完成学业。如患病或者确有特殊困难，无法继续在本校学习的，可以申请转学。"第二十二条规定："学生可以分阶段完成学业。学生在校最长年限（含修学）由学校规定。"第二十三条规定："学生申请修学或者学校认为应当修学者，由学校批准，可以修学。修学次数和期限由学校规定。"第三十七条规定："对完成本专业学业同时辅修其他专业并达到该专业辅修要求者，由学校发给辅修专业证书。"

（三）大学生的医疗保险

根据国务院办公厅下发的《关于将大学生纳人城镇居民基本医疗保险试点范围的指导意见》2008 年大学生加入到城镇居民医疗保险制度中，其中涉及大学生的主要有 7 个方面的医疗保障：即门诊统筹；住院统筹；意外伤害统筹；急诊抢救费用报销特殊病种费用报销；生育保险费用报销；普通慢性病费用报销。

门诊大病主要包括以下四种：恶性肿瘤（含白血病）门诊放（化）疗；慢性肾功能不全门诊透析；器官移植后门诊使用抗排异药物；白内障门诊超声乳化人工晶体置入术；门诊大病应向医保中心提出申请，并填写相应的申请表，经批准后其医疗费可按规定标准报销。

意外伤害包括以下内容：中毒、锐（钝）器伤、灼烫、冻伤、雷击、触电、酸碱等液体伤害、野兽或家禽袭击（注射疫苗除外）碰撞伤、撞击伤、跌倒、坠落伤、坍塌、淹溺、火灾、辐射、爆炸等情形。

二、职责

（1）学校对学生的处分，应当做到程序正当、证据充分、依据明确、定性准确、处分适当。（第五十五条）

（2）学校在对学生做出处分决定之前，应当听取学生或者其代理人的陈述和申辩。（第五十六条）

（3）学校对学生做出开除学籍处分决定，应当由校长会议研究决定。（第五十七条）

（4）学校对学生做出处分，应当出具处分决定书，送交本人。开除学籍的处分决定书报学校所在地省级教育行政部门备案。（第五十八条）

（5）学校对学生做出的处分决定书应当包括处分和处分事实、理由及依据，并告知学生可以提出申诉及申诉的期限。（第五十九条）

（6）学校应当成立学生申诉处理委员会，受理学生对取消入学资格、退学处理或者违规、违纪处分的申诉。学生申诉处理委员会应当由学校负责人、职能部门负责人、教师代表、学生代表组成。（第六十条）

（7）学生对处分决定有异议的，在接到学校处分决定书之日起 5 个工作日内，可以向学校学生申诉处理委员会提出书面申诉。（第六十一条）

（8）学生申诉处理委员会对学生提出的申诉进行复查，并在接到书面申诉之日起 15 个工作日内，做出复查结论并告知申诉人。需要改变原处分决定的，由学生申诉处理委员会提交学校重新研究决定。（第六十二条）

三、处罚

依据《普通高等学校学生管理规定》学生有下列情形之一，学校可以给予开除学籍处分（第五十四条）：

（1）违反宪法，反对四项基本原则、破坏安定团结、扰乱社会秩序的；

（2）触犯国家法律，构成刑事犯罪的；

（3）违反治安管理规定受到处罚，性质恶劣的；

（4）由他人代替考试、替他人参加考试、组织作弊、使用通讯设备作弊及其他作弊行为严重的；

（5）剽窃、抄袭他人研究成果，情节严重的；

（6）违反学校规定，严重影响学校教育教学秩序、生活秩序以及公共场所管理秩序，侵害其他个人、组织合法权益，造成严重后果的；

（7）屡次违反学校规定受到纪律处分，经教育不改的。

【法律常识1】

（1）如果你在街头看到有人兜售小国旗，你一定要知道这种小国旗是违反法律规定的，是不允许使用的。如果你仅仅是想装饰你的案头或房间，那么请你使用鲜花，而不要使用国旗。

（2）如果你现在还很年轻，却很关心年老后的退休金问题，那么你首先应该关心的是你的单位是否已依法参加了社会保险。社会保险将使劳动者在年老、患病、工伤、失业、生育等情况下获得帮助和补偿。

（3）如果因为某种原因你的家庭在充分协商的基础上采取了人工授精的方法生育了孩子，那么这个孩子当然就是合法的婚生子。你必须充分保证他的一切权利得以实现，不能以任何借口剥夺之。

（4）如果你遇到了一个司法人员，他张口就自吹自擂有通天的本领，并且步步紧逼向你要钱要物非要帮你办什么事不可，那么这个人可能就是冒牌货，你要当心了。

（5）如果你下班回家发现被盗，你的第一个任务是马上报案，然后等待公安人员勘查现场。你千万不要急着去看家里丢了什么东西而贸然闯入，有时候破案的线索就在那些很容易被破坏的蛛丝马迹中。

（6）如果你接受了父母的大笔馈赠，最符合法律的做法是让你的父母给你写下字据。因为将来一旦有纠分，法律可只认证据。

【法律常识2】

（1）如果公安人员在执法活动中违反法定程序或者滥用职权、刑讯逼供、徇私舞弊，你可以提出控告，受理控告的是公安机关的信访部门。

（2）如果你要打官司，至少该了解以下几种案件的收费情况。离婚案件，每件10～50元，涉及财产分割超过万元的，超过部分按1%缴纳。侵害姓名权、肖像权、名誉权案，每件缴纳50～100元。财产案件，以争议金额的百分比缴纳。千元以下，每件50元；千元至5万元，按4%缴纳；5万～10万元，按3%缴纳；百万元以上，按0.5%缴纳。劳动争议案，每件30～50元。

（3）如果你面临着一场因你缺席而判决的对你不利的官司，那么你可以提出证据证明法院传唤方式不合法，即没有用传票，或者传票没有依法定方式送达给你，法院送达传票必须有回证。你以此为理由提出申诉，就可能赢得法院重审此案。

（4）如果你是女性，当你在公共场所受到骚扰时，你要义正词严地大声抗议。胆怯和忍气吞声只能引来更肆无忌惮的骚扰。

第三节　就业与法律

一、《劳动合同》与《劳务合同》的区别

对于每一位大学生，在校期间都会或多或少参与实习工作，而且很多同学把实习看作是大学生学习工作能力和适应社会环境的重要环节和机会。但是就在这个重要的时期内，很多大学生都受到过不同程度的"侵权"，有不少企业非常看好大学生的这个实习期，把大学生当做廉价劳工，充分的使用，但即将结束时他们又以种种理由把一些大学生辞退。而对于这些大学生来说，由于自身的法律意识不强，法律知识又缺乏，而经常不能主动地维护自己的合法权利，而被实习单位钻了空子。下面就是一则生动的案例。

【案例】2009 年 5 月，河南某大学与某市某企业签订了实习协议，双方约定：该大学向这家企业提供实习学生 58 名，企业对实习学生进行实习教学，实习期限为 2009 年 5 月 8 日至 11 月 7 日。2009 年 5 月一到，赵某等 3 人被学校委派到该企业实习，从事技术员工作。7 月 1 日，3 位学生在学校正常领取了大学毕业证书。随后 3 人提出，他们已经属于毕业生，而不再是学校委派的实习生，企业应当给予他们正常劳动者的待遇，但此要求遭到企业拒绝。学校和企业都认为只有实习期满才能获得正式员工的待遇。9 月 24 日，3 位毕业生决定离开该企业，但该企业坚持不向 3 人发放 9 月份工资，双方为工资给付等问题产生了劳动争议。此后，3 位毕业生向该市劳动争议仲裁委员会申请仲裁，该委员会认为此案不属于其受理范围，于 10 月 23 日发出不予受理通知书。10 月 26 日，3 人向该市人民法院提起诉讼。受理案件后，办案

法官最终使双方达成调解协议。12 月 27 日，郑海等 3 位毕业生拿到了应得的工资。

启示 1："实习协议" ≠ "劳动合同"

案例中某大学跟某企业签订了实习协议，为企业提供 58 名大学生进行实习。在这案例中，他们所签订的是实习协议，这是有别于劳动者与企业所签订的劳动合同，是属于劳务合同。

劳务合同是一种以劳务为目标的合同类型。而《劳动法》第十六条规定，劳动合同是劳动者与用人单位建立劳动关系、明确双方权利和义务的协议。

劳动合同与劳务合同经常被人所混淆，但其实它们之间是有所区别的。其中劳动合同与劳务合同在确定报酬的原则上有不同。在劳动合同中，用人单位按照劳动的数量和质量及国家的有关规定给付劳动报酬，体现按劳分配的原则。而劳务合同中的劳务价格是按等价有偿的市场原则支付，完全由双方当事人协商确定。

企业不愿支付大学生的工资就是凭着他们之间签订的不是劳动合同，雇主不需按照国家规定的《劳动法》为大学生提供报酬，和按照正式员工的待遇对待大学生。

但如果按照案例中的"实习协议"约定，学生只有等实习期满后才能获得正式员工待遇。双方约定的所谓"实习期"，既包含了毕业前的时间，又包含了毕业后的时间，这显然违反了《劳动合同法》的规定。实习学生毕业后若继续在企业工作，应当签订劳动合同，按照相关规定享受正常劳动者待遇。《合同法》规定，合同如若违反法律、行政法规的强制性规定，应属无效。

启示 2：诉求有法可依

1995 年原劳动部颁发的《关于贯彻执行＜中华人民共和国劳动法＞若干问题的意见》第 12 条规定："在校生利用业余时间勤工助学，不视为就业，未建立劳动关系，可以不签订劳动合同。"这一条文实际上明确否认了实习生的劳动者地位，因此在我国，实习生不享受正式劳动者地位，一般没有工资也就成了大家默认的一条"潜规则"。本案中，3 名大学生从 2009 年 5 月到 2009 年 6 月 30 日属于实习生,企业不按正式员工为其发放工资并不违法。但自 2009 年 7 月 1 日 3 名大学生拿到毕业证之日起,他们就属于毕业生,不再是学校委派的实习生, 如果他们继续为其企业工作, 那企业就必须给予他们正常劳动者的待遇。

《劳动合同法》第 7 条规定: "用人单位自用工之日起即与劳动者建立劳动关系。"《劳动合同法》第 10 条规定: "建立劳动关系, 应当签订书面劳动合同,已建立劳动关系,未同时签订劳动合同的,应当自用工之日起一个月内订立书面劳动合同。"这一规定改变了以往以签订劳动合同作为建立劳动关系的标志,而以用工事实发生作为劳动关系的起始时间。因此,只要企业用工开始, 即认为劳动者与企业已经确定了劳动关系, 不管双方是否签订书面劳动合同, 劳动者都应享受正式员工的待遇。

二、签订劳动合同的几种技巧

所谓劳动合同,是契约的一种,既是当事人双方的一种合意,也是对劳动法律法规进一步明确和细化。劳动合同是约束劳资双方如实、全面履行劳动权利义务的武器,也是解决劳动争议的主要依据之一。因此,签订一份明确完整的合同必须注意以下几点:

(1)审查限制性条款。用人单位由于处在劳动关系的优势地位,通常会利用这种优势订立一些不合理的格式条款,强迫应聘者接受,如服务年限或劳动纪律等。如果我们不认真看,事后就会使利益受损或吃哑巴亏。

(2)审查试用期条款。法律对试用期是有明确规定的。如试用期内应当参加社会保险、试用期的最长期限不得超过半年,如果合同期是 1 年以上 2 年以下的,最长不得超过 60 天。合同期在 6 个月至 1 年的,试用期不得超过 30 天。合同期在 6 个月以下的,试用期不得超过 15 天。

(3)审查工作岗位、地点条款。很多劳动争议案件是由于劳动合同中对工作岗位和地点约定不明确引起的,严格说它是劳动条件的组成部分,用人单位提供什么样的工作岗位和工作地点影响到劳动合同的履行。用人单位不写清楚日后容易被钻空子，查无对证。还会无限扩大它的管理权，自己的利益受到损害。

（4）审查违约条款。除了《劳动法》规定的法律责任外，对违约行为通常是在劳动合同中约定违约条款。因此，劳动合同中的责任条款就显得十分重要，直接决定当事人承担责任的后果。因此，在签订合同时必须明确，应本着责权对等、权益一致的原则。

（5）审查薪酬等条款。这条款涉及当事人的经济权利。它不仅包括基本工资，还应包括加班费、经济补偿金、生活补贴等，约定薪酬数额一定要明确，以免仲裁或诉讼时无法举证而导致利益受损。

（6）审查培训条款。近几年因跳槽而赔偿培训费的案例越来越多，用人单位的很多培训都不是免费的，必须了解在提前解除劳动合同时如何处理或赔偿培训费的有关事宜。查看培训合同主要看培训内容、服务期限、培训金额和赔偿计算方法等。

第四节　创业与权益

一、国家有关大学生创业的法律和政策

（一）规定企业如何设立、组织和解散的法律

《中华人民共和国公司法》于 2005 年 10 月 27 日修订通过，自 2006 年 1 月 1 日起施行。

《中华人民共和国合伙企业法》2006 年 8 月 27 日修订通过，2007 年 6 月 1 日起实施。

《中华人民共和国个人独资企业法》1999 年 8 月 30 日通过，2000 年 1 月 1 日起实施。《中华人民共和国公司登记管理条例》2005 年 12 月 18 日国务院发布第 451 号令，公布《国务院关于修改＜中华人民共和国公司登记管理条例＞的决定》，自 2006 年 1 月 1 日起施行。

《中华人民共和国企业破产法》2006 年 8 月 27 日通过，2007 年 7 月 1 日起实施。

大学生在创业之前，必须了解这些法律法规的有关规定，包括设立企业要符合哪些条件；企业的组织机构应如何设置；企业的规章制度应如何制定等。

（二）规定企业劳动关系的法律

《劳动法》《劳动合同法》《就业促进法》《社会保险费征缴暂行条例》《社会保险登记管理暂行办法》《工伤保险条例》《最低工资规定》。大学生最终要到企业等部门就业，都要面对和处理用人方和大学生之间的劳动关系。所以大学生必须了解其相关的法律规定，积极主动地协调好关系和保护好自身的合法权益。

（三）与知识产权相关的法律

《专利法》《商标法》《信息网络传播权保护条例》《计算机软件保护条例》。大学生不仅应保护自己的知识产权，而且还应严格遵守知识产权法。

（四）国家出台的关于大学生创业的扶持政策

从 2002 年开始，国家相继出台了关于大学生创业的扶持政策，鼓励和支持大学生进行创业，主要的政策有：

（1）2007 年 4 月 22 日国务院办公厅发出指示《关于切实做好 2007 年普通高等学校毕业生就业工作的通知》，指出如果大学生从事个体经营，国家将对大学生进行行政事业性收费减免。具体如下："对从事个体经营的高校毕业生除国家限制的行业外，自工商行政管理部门登记注册之日起 3 年内，免交登记类、管理类、证照类的各项行政事业性收费。"

（2）提供政策性贷款支持。支持创业大学生申请小额担保贷款，贷款利息可获财政贴息。

二、被禁止的行为

（1）提供虚假招聘信息；

（2）招用童工和无合法证件的人员；

（3）向求职者收取招聘费用；

（4）向被录用人员收取保证金或抵押金；

（5）扣押被录用人员的身份证等证件；

（6）以招用人员为名牟取不正当利益或进行其他违法活动；

（7）以性别、民族、种族、宗教信仰为由，拒绝录用或提高录用标准（国家规定不适合从事的工种和岗位除外）。

第七章　德育概述

第一节　德育的概念、地位与功能

一、德育的概念

什么是德育？这是首先必须回答的问题。对它的认识和界定，既是一个重要的理论问题，也是一个重要的实践问题。对德育概念的认识，不仅决定着德育理论体系的构建，也支配着德育实践活动的开展。但是在理论界，人们对"德育是什么"这个问题有着各种不同的理解。有人认为德育就是道德教育，或称道德品质教育；有人认为德育是思想政治教育，或称政治思想教育等，各种说法不一而足。直到现在，这个问题仍没有得到彻底解决。

（一）德育的语义理解

在中国历史上，"德"字最早见于甲骨文，殷商卜辞作"徝、值"。有人认为此字与"伐"相通，是就征伐的结果而言的，所以又与"得"相通，指得到或占有奴隶、财富之义。于是"有德"即"有得"，"德"即"得"，是对奴隶主贵族的一种"美称"，"德"从而获得了道德意义。由此可知，"德"字的本意是获得、占有。"德"字的道德含义在《说文解字》中被解释为"外得于人，内得于已"，即一方面从他人那里获得，另一方面从自己内心的体验上获得。实际上是指客观的道德准则在个人身上的体现，是人对客观道德准则掌握遵循的程度。怎样才能有所"得"呢？那就需要"育"。"育"字又是什么意思呢？据考释，"育"的本义是分娩。古代的"育"字除了具有生育的含义之外，还有"养"与"长"两种解释。在《尔雅》中，"养"字与饮食有关。和《说文》的"养，供养也，从食，羊声"是一致的。"长"字是指位尊者和年高者。朱熹解释养字："谓涵养熏陶，侯其自化也。"与《说文》释"育"为"养子使作善也"同为熏陶涵育子弟使其为善。所以，"育"字也应包含两层意思：一是熏陶涵养；二是人"自化"。实际上，熏陶涵养是外部施加的影响，即"外得于人"。而"自化"就是"内得于己"。将"德"字与"育"字连起来，就是指通过熏陶涵养和自化而使人有所得的意思。（张家生，1998）在先秦思想史上，"道"则指普通的最高原则或指事物运动变化的规律，如老子的《道德经》中，一方面认为"道"是自然界存在的客观规律，另一方面认为人类社会"德"的内容是由"道"来决定的，所谓"孔德之容，惟道是从"。老子还认为，现实社会中，人道有违天道："天之道，损有馀而补不足。人之道，则不然，损不足以奉有馀"。并自问自答地说："孰能有馀以奉天下？唯有道者。"老子的道德观深含哲学意蕴，至今仍有其独特价值。"道"与"德"合用而成为合成词，则始于春秋战国时的诸子之说，如荀子言："道德纯备，智惠甚明"（《正论》）、"故学至乎礼而止矣，夫是之谓道德之极"（《劝学》）。荀况不仅将"道"和"德"连用，而且赋予了它明确的意义，即指人们在各种伦常关系中表现出的道德境界和道德品质，以及调节这些关系的原则和规范。"德"作为一个单纯词，后被合成词"道德"取而代之，两者的含义是相同的。古代汉语中的许多单纯词在现代汉语中演化成合成词是非常普遍的一种语言现象。

到近代，我国多用"道德教育"或"训育"等词语指称德育。普遍而明确地使用"德育"一词是在20世纪初期。先是严复翻译了斯宾塞的《德育、智育、体育》一书，译名为《劝学论》，以此传播西方德、智、体三育并重的教育思想。后不断有相关的概念被翻译进入中国。当时留美归来的陶行知先生受杜威等西方教育家的思想的影响，写成了《中国教育改造》，在谈及学生应成为学习主人时说："近世所倡的自动主义有三部分：一智育注重自学，二体育注重自强，三德育注重自治。"对"德育"概念的广泛流传有重要影响。

（二）德育的概念界定

在现实中的中国，"德育"是什么？尚无统一定论。其中代表性的观点有如下几种：一是把德育看成是政治、思想和道德品质的教育。其典型表述是：德育是将一定社会或阶级的思想观点、政治准则、道德规范转化为个体思想品德的教育活动。二是在上述概念的内涵中加入了法纪教育，把德育的概念表述为是教育者根据一定社会和受教育者的需要，遵循品德形成的规律，采用言教、身教等有效手段，在受教育者的自觉积极的参与和互动中，通过内化和外化，发展受教育者的思想、政治、法制和道德几方面素质的系统活动过程。三是随着近年来社会心理问题的凸显，德育概念的外延再次被扩张，心理教育也被纳入了其中。另外，还有学者坚称，德育就应该是道德教育。理论界把前三种概念的界定称为"大德育"，后一种称为"小德育"。

我国对德育概念的这些理解，究其原因，一方面与文化传统的影响是分不开的。中国传统文化的核心是伦理道德文化，在这种文化中，政治与道德是不分开的。从先秦诸子到近现代以来的思想家的政治是人伦政治，道德学说就是政治主张，政治主张也是道德学说。政治和道德的边际是不清晰的。另一方面，也与我国社会性质有关。中华人民共和国成立后，我国社会一贯认为，德育是社会意识形态的内容，理应为一定社会的政治服务。

二、德育的地位

关于德育地位的研究是德育学研究中一个备受关注的领域，因为它关系到人们如何对待德育并进而在实践中落实德育的问题。然而，对这一问题的研究却颇有歧义。一方面，有些研究者常常把地位和意义相混淆，在讨论地位时往往是在说它的意义；另一方面，即便是讨论地位，也是表述含糊或错误，致使教育实践难有依据。

我们知道，"意义"一般有指事物所包含的思想和道理或指事物的作用、价值两种含义。"地位"也有两种含义，一是与群集中其他个体相比较它所处的相对位置，与之关联的词似可用英语表示为 position、standing、rank；

二是指人或物所占的地方，或用英语表达为 place。显然，意义与地位是有区别的。我国社会实施的是德、智、体、美、劳全面发展的教育，因此，我们研究和讨论德育的地位必须是围绕德育在全面发展教育中的相对位置而展开。

（一）对德育地位的不同认识

关于德育在全面发展教育中处于一个什么样的位置，有许多说法，总结和归纳一下大致有三种："首要"说、"非常重要"说、"不可缺少"说。

"首要"说是理论界对德育地位认识最多见的一种提法。"首"者有第一、最高、最先的含义。与此相近的表达还有"领先地位"和"第一位的"等。因此，这种观点认为德育应该放在各育之首或之先。照此逻辑，有"首"即有中，即有尾，那么，何者为中，何者为尾呢？显然，无智力何以有德？其实，就一般意义上来讲，德、智、体、美、劳是人的发展都必须具备的素养，不能简单进行这样的排列。同时，智体美劳又是德的载体，德育通过智体美劳等形式才发挥其育人功能。因此，这种观点一方面在逻辑上经不起推敲，另一方面从现实教育的实践层面来看也是不符合实际的。

"非常重要"说、"不可缺少"说其实是"首要"说的衍生观点，它们都是应社会对德育重要性的认识而提出的观点，是社会政治化术语在教育理论界的反映。

在现代汉语中，"非常"一词通常是作为程度副词来使用的，意指"不同寻常的"或可通俗地表述为不同于"常"而高于"常"。近似于英语的 extraordinary、special、unusual。如果把德育的地位定位在"非常重要"的观点之上，那么，此观点就陷入下列的困境：首先，要回答"常"是什么的问题，只有它确定了我们才能够去探讨"非"。显然，"常"是什么不得而知。这样"非"即"不同"又要达到一个什么样的程度，也无从把握。有如比较两个物体的重量，设一个为"常"，另一个重于这个物体，不同人对两个物体掂量后的反应会不一样，也许有人认为两者重量差不多，也许有人会说第二个非常重。同时，"重要"又是一个形容词，也是一个形容人的主观感受的词，用两者合一来表达德育的地位，只会使实际的教育工作者莫衷一是。"不可缺少"说从一开始就犯下了严重的逻辑错误。"不可缺少"意思是"必不可少"，那么，当然可以理解为"不能没有"。但现在要回答的问题不是"有没有"的问题，而是在都"有"的前提下来说明其相对价值的问题。这两种表述，或可给德育以动力，却不能给德育以方法。

（二）不同观点的历史背景

"首要"说是针对并反对"智力中心论"提出的。20 世纪 50 年代西方发达国家进行的教育改革深受科学主义思潮的影响，并在科学主义思潮统治下形成了主智派教育理论，重视智力发展是那一时期教育思想与改革实践的突出特征。在 20 世纪 80、90 年代国际教育改革中，一些国家开始对崇尚智力发展、能力培养的理论主张提出尖锐批评。西方一些教育家把片面培养智能型人才看成是造成青少年精神危机的罪恶渊薮。德国有教育家认为，当代所谓教育科学理论是离开了道德因素的科学抽象，科学的思维和实验研究导致了学生在社会与精神领域的消极现象，而人不仅需要知识，还需要内在的道德支点，不仅需要创造性思维，还需要对文化财富的渴求、对传统的尊重。自此，人们开始明确教育的目的是培养全面的人，开始重视对学生进行道德教育。（朱小闽，2006）

三、德育的功能

德育的功能也是德育学的一个重要的基本理论问题。对德育功能的理解不仅直接影响着人们对德育存在价值和意义的认识，而且直接影响着德育目标的确定和实际效能的发挥。

（一）德育功能的概念

在理论界，对德育功能的认识主要有如下一些不同的观点：有的人认为，德育的功能应该是人们对德育的期望，即指它想要干什么的问题；有的人认为德育的功能就是指德育在实际的活动中发生的效用，即指实际干了什么的问题；有人认为是指德育的本分效能，即指它本来能干什么的问题。

显然，把德育的功能定位于人们对德育活动的一种主观期待和设定，定位在"想要德育干什么"的问题之上是与德育本来的功能有区别的。好比生活中想要一个人干什么和他实际能干什么是两回事。把德育的功能定位于德育的实际效果，虽然揭示了功能的客观性而具有一定的合理性，但是实际的效果和能力往往也是不相等的。实际效果并不必然反映既有的能力。因此，德育的功能定位于德育本来能够干些什么上。但是德育本来能够干什么在不同社会背景下，不同历史阶段内是不一样的，所以定位德育的功能还必须考虑社会历史背景。

（二）德育功能观的历史发展

德育功能的认识对德育实际的影响（或意义）不仅是一种理论分析，而且已经成为中国德育理论与实践的历史发展线索之一。檀传宝教授对我国德育功能研究的历史脉络进行了梳理，提出了其发展"昨天""今天"和"明天"的三个阶段：（檀传宝，2008）"昨天"主要是指中华人民共和国成立以后到改革开放前这一阶段。这一阶段主导我国德育领域的德育功能观是单一的功能观。这种功能观在"文革"时期达到极端，把德育等同于政治宣传，认为德育只有一个单一的政治或专政的功能，把德育仅仅看成是阶级斗争的工具。显然，"文革"中这种政治功利主义的德育观导致的结果必然是"非德育"，甚至是一种"非教育"或"反教育"，其后果人所共知。"今天"指改革开放以来一段时期。这是一个德育功能观多元化的时期。在这一时期里，人们为了克服单一（政治）功能观的片面性，对德育的经济、文化、个体发展功能等进行了全面的阐释和深入的论证。一时间，这一问题成为德育学研究的热点之一。多元化德育功能观打开了人们认识德育功能的视域，对推进德育研究和指导德育实践无疑起到了积极的作用，但是新的片面性也随之产生。理论界有人做过统计，就研究的各种类型来看，德育的功能总数达二十多项。除德育的政治功能、经济功能、文化功能外，还有民族性格功能、性格优化功能、认知发展功能等，不一而足。这又使德育功能观进入了无度和无序的境遇，研究者无限罗列德育功能并且功能的划分缺乏统一的逻辑依据。其结果要么使德育实践"事必躬亲"，要么使德育实践"无所适从"，使其陷于"盲动"或"枉动"的状态之中。"明天"即理想的认识阶段，也是相对科学和全面的功能观的实现之日。它应当使德育工作者了解德育功能的本来面目，从事扎实有效的德育实践。这一功能观的特征应当是：首先体现适度性原则，即不能无限罗列德育的观念；其次，要注意德育功能划分的逻辑分层，不能无序排列；同时研究必须关注中介，即必须认识功能实现的条件和中间环节。

第二节　德育的历史

一、原始社会的德育

（一）历史分期及发展的特点

对于社会发展历史阶段的划分，不同学科依据不同，这里我们主要根据马克思主义历史科学和人类学两种分类方式来说明这个阶段人类发展的情况。

1.马克思主义历史科学的阶段划分与特点分析

有学者研究认为，马克思主义历史科学把原始社会划分为原始群时期、血缘家族公社时期和氏族公社时期。（林耀华，1978）原始群时期，"生活实行杂乱的性交；没有任何家族；在这里只有母权能够起某种作用"。（马克思，1965）恩格斯称这个时期的人为"这些正在形成中的人"，"已经到了彼此间有些什么非说不可的地步了"。（恩格斯，1971）他们手足分工，手脑合作，在凶猛野兽众多的情况下，要生存下去，就得依靠群体力量来抵抗。他们成群而居，共同生活。他们不能制造工具，没有人工石器，也不知用火。所以，这个阶段人类发展的总体特点是：能够劳动，使用天然工具，不能制造石器，没有文化，有合群能力，但还没有真正的社会组织，没有婚姻规例，没有形成家族，实行杂乱的性关系。这是一个从猿到人的过渡时期。原始社会的第一个时期是原始群时期，相当于摩尔根分期的蒙昧时代低级阶段，其终点标志是人类把鱼类用作食物和获得用火的本领。

氏族公社时期是原始社会的最后一个社会组织形式。它开始于蒙昧时期后期，经过野蛮时期直到文明时期政治社会的建立为止。氏族是一个有共同祖先传下来的血亲所组成的团体，但氏族不同于家族。氏族以共同祖先中的一半，即以女性为世袭的一半传袭的，所以，这个时期，氏族是社会的基本单位，婚姻脱离了氏族，隔开兄弟姊妹近亲的婚姻关系。从文化发展来看，出现了原始艺术，有壁画雕刻，有立体女人像，也产生了宗教观念。氏族社会是一个腾图社会，他们把动物或植物等作为氏族的始祖母的形象的标志，以表明氏族成员间有其血缘纽带的密切关系。因此，在意识形态上也产生了完整的集体观念。他们认为大自然是一体的，自然界万物都有灵，图腾当然也有灵，形成了一整套有关的习俗、礼仪和观念。

2.摩尔根的人类学阶段划分与特点分析

人类学家摩尔根把原始社会分为蒙昧时期和野蛮时期，每一个阶段又分为低级、中级和高级三个阶段。（摩尔根，1977）蒙昧时期是人类的形成时期。在这个时期之初，人类没有丝毫的知识，没有火，没有音节分明的语言，没有任何的技术。蒙昧时期始于人类的幼稚时期，终于陶器的使用。低级阶段终于食用鱼类和用火，人类以采集野生植物为生，分节语出现；中级阶段终于弓箭的发明；高级阶段终于陶器的发明和使用。摩尔根认为蒙昧时代的主要成就是分节语的形成、家族和氏族组织的建立。

（二）原始社会德育的特点

原始社会人类发展的特点决定了其德育的独特性，这个时期德育的内容主要是传递一些基本的原始禁忌和原始宗教，因此，从德育的目的来看，为了生存；从德育的途径来看，寓于生活；从施教的方法来看，口耳相传。

1.原始社会德育目的

原始社会的德育目的不能从现代德育学意义上的德育目的来看待,因为,对于原始人类来说，他们根本不知道他们对儿童或整个社会成员的某些行为的培养或教化就是德育。这时人类的教育在不知而为的过程中进行。在这个意义上，我们认为，原始社会的德育目的主要是原始人类的生存与发展。原始社会原始人类面临的第一大问题就是生存问题，因此，这个时期的德育也主要围绕这个目的而展开。在原始社会，禁忌作为"从外部强加于集体及成员的一种行为规范"（谢苗诺夫，1983），是对人的本能的社会控制，它体现了社会共同体对自身进行规范调节的自觉能力，是实现共生存的基础，它在原始社会是具有强制性的道德约束力的。原始群时期因为杂乱性关系会引起雄性之间争斗冲突从而严重影响原始社会群体的生存和发展，因而，人类不得不对性关系作出规范，因此，在婚姻关系中排除异辈性关系，以避免异辈之间的纵向争斗和残杀，然后发展到较为稳定的对偶婚姻，以进一步避免同辈之间的斗争；还有，原始人在狩猎前禁止男女之间的两性关系，在狩猎出发前要禁食几天，因为，在他们看来如果不这样就会遭受自然的厄运，招致超自然力的惩罚（蒋立山，1996）。可见，原始社会的道德规范根植于原始人征服自然的渴望和生产实践活动，也根植于规避危险、保存生命的生存愿望。原始社会成员崇拜腾图，除了寻求一种保护，以免生存受到威胁以外，同时也是为了增加成员之间的认同感和提高集体凝聚力。因此，原始社会德育主要是以维持氏族乃至整体成员生存和发展为目的而展开的。

2.原始社会德育的途径

在原始社会德育主要是通过宗教和仪式两种途径来进行的。由于原始社会没有学校，所以，德育是和实际的生活与劳动融合在一起的。有研究表明，"至少在旧石器时代，宗教观念就已经出现"（童恩正，1989）。宗教的产生源于人类知识的贫乏和对大自然的无能为力，人们相信有一种超自然的力量存在，并且试图通过自己的努力去联系甚至控制这种力量。这个时期的宗教，在满足人的心理需求，巩固氏族团结，维护传统道德，甚至保护生态环境等方面发挥过极其重要的作用。因此，宗教一开始就有了德育的意味。人类学家普遍认为，宗教有两个重要的组成部分：一是宗教信仰系统，二是宗教仪式系统。宗教信仰是原始人类对事实上并不存在而又相信其存在的一套有关超自然力量或生命体的固定的信念。这种信念的传播是原始人类在日常的生活和劳动中完成的。图腾是泛灵信仰中最常见的一种形式，他们相信他们与图腾之间有着血缘关系，因此，在日常生活中禁止子女伤害甚至是碰触他们所信奉为图腾的动物或植物。原始成员为了显示他们对某种神灵的信仰，会通过组织或动员成员参与集体性的、程式化的仪式活动来表达他们对神灵的虔敬，他们或祈祷、或歌唱、或舞蹈，甚至会自残身体和奉献生命，以此强化人们的信仰，达到对成员的教化。除了宗教仪式外，原始人类还有一些非宗教仪式，如成年礼仪式，他们为儿童建立一个完全隐蔽的、需要与部落营地隔开，并且附近还要有一定食物的茅屋让他们独立生活，并禁食一些食品，就是为了培养他们独立、坚毅和负责任的品格的（郭法奇，2007）。

二、古代学校德育

古代学校德育主要是指奴隶社会、封建社会的学校德育。我国学者檀传宝认为，古代学校德育的特点是阶级性、神秘性和经验性。

（一）古代学校德育的阶级性

古代学校教育的阶级性就是指在古代社会，道德教育从教育者、受教育者到整个教育目的、教育过程都是受制于上流社会或统治阶级利益需要的。由于生产力的低下等原因，这一时期的学校教育的主体、目的和内容都属于统治阶级。只有上流社会的子弟才有受教育的权利；只有属于统治阶级的僧侣、官员或从属于统治者的知识分子才有施教的权力；教育目的就是培养神职人员和官员等"治才"，教育内容也是围绕这一目的去组织。由于等级性的统治秩序维护的需要，也由于个人德性在统治效率上的作用（号令天下与表率天下正相关），这一情况导致的一个结果是对道德教育的高度重视。可以这样说，古代的教育几乎等同于道德教育。在基督教世界，教育的目的是皈依上帝和人性的救赎，读、写、算等只是修养以及与上帝沟通的工具；在中国，德性始终是学校教育的首要主题，极端的时期还出现过"举孝廉"的例子；在印度，一个儿童能否被古儒接受取决于孩子的德性——因为只有品德优良的人才有条件学习《吠陀经》。

（二）古代学校德育的神秘性

古代学校德育的神秘性是指学校德育或多或少具有宗教或类宗教的性质。所谓宗教或类宗教性，首先是指包括德育在内的全部学校教育在世界的许多地区完全从属于宗教组织。在欧洲，随着基督教成为官方宗教，最终它拥有了这样的权力，要么使异教学校关闭，要么被纳入到教会系统中来。古代中国人将孔孟之道神圣化，将儒学变为儒教，儒家的礼法和规训成为了必须接受的内容。宗教或类宗教性还指道德教育内容和方式上的宗教性。由于学校教育受制于教会等宗教势力，将信仰与道德联系起来，在信仰的目标下谈道德学习成为这一时期学校道德教育的特征。在欧洲道德教育的目的是要使人完善，为进入天堂作好准备。在中国，人们将道德规范的合理性归结于"天理"，道德教育最终成为一种"存天理，灭人欲"的事业。所以在道德教育的方式上古代的道德教育具有某种神秘性质。

三、近代学校德育

近代学校德育主要是指 18 世纪西方世界资产阶级革命完成以后直到 19 世纪末 20 世纪初的欧美学校德育。因为在中国和其他发展中国家，近代阶段和现代化进程一样时间非常短，而且与现当代教育的影响交织在一起，因而不具有发展阶段上的典型性。我国学者檀传宝认为，近代学校德育主要有四方面的特点：一是学校德育的世俗化，二是学校德育的民主化，三是学校德育的组织化，四是学校德育的科学化（檀传宝，2000）。

（一）近代学校德育的世俗化

学校德育的世俗化就是宗教教育与学校道德教育的分离。在中世纪或古代教育中，学校德育往往受制于宗教势力。道德教育的目标、内容、方法等都带有宗教性质。在近代社会，一方面由于资产阶级政治革命导致政教分离的产生，国家夺回了对于教育的控制权；另一方面是宗教本身的原因。在欧洲和美国都存在着基督教的不同流派，因此，宗教与学校教育的分离部分原因起源于不同教派的冲突。就像政治上公民教育不允许偏向某一个政治团体一样，为了避免教派冲突对学校教育的干扰，欧美各国的公立学校在不同程度上实行了宗教与教育的分离，其实质性的内容之一就是宗教教育与道德教育的分离。学校德育无须再到上帝那里去寻找根据；原罪说等宗教意识对德育的消极影响也有了被削弱的可能性。这为学校德育的民主化与科学化奠定了重要的基础。

（二）近代学校德育的民主化

学校德育的民主化与整个政治的民主化、教育体制的民主化是联系在一起的。近代教育的重要特征之一是学校教育的普及，教育的培养目标不再是上层阶级——神职人员、管理人才等，而是民主社会的公民。参与教育活动的主体——教、学双方都已经"平民化"。教育的依据不再是天命或者上帝，而是社会发展、个体成长的现实需要。人们最终认识到，民主社会应当比任何一种社会更热心道德教育。因为，首先，一个民主的政府，除非选举人和被统治者都接受过良好的教育，否则民主政治将无从实现；其次，民主不仅是一种政府的组织形式，更是一种联合生活的，一种共同交流经验的生活方式。当然，民主化从世俗的方面提出了对于学校道德教育的要求，但不可能立即达到今天这样的高度。

（三）近代学校德育的组织化

学校德育的组织化主要是指以班级授课制为代表的近代教育体制的出现。随着西方资本主义社会的诞生，资本主义社会对大量劳动力的需求成为了必然，因此，大规模培养人才的班级授课制随之出现，这也为组织化的学校德育提供了可能。正是由于班级授课制的出现，学校德育不仅在效率上比过去的教育有了较大的提高，而且使学校成为一个与家庭和社会都不相同的学习集体生活的特殊场所。这为道德教育带来了积极意义。但是组织化教育也带来了忽视个性，道德教育理性化加强而情感性下降的危险。

四、现当代学校德育

（一）理论与探索的时代

所谓"理论与探索"首先是指 20 世纪出现了与资本主义学校德育性质完全不同的社会主义德育。社会主义作为对资本主义理论与实践的批判极大地推动了人类社会发展的历史进程。同样社会主义的学校德育也在德育的目标、内容、方式上为整个人类的德育实践提供了宝贵的经验与贡献。其次，20 世纪也是德育理论不断涌现、德育的实验探索不断进行的一个历史阶段。原因之一是德育面临的诸如社会变动剧烈、迅速等客观要求使然，德育必须在理论与实践上提供解释、解决的方案；二是德育自身的发展，德育研究的科学化进程是以加速度发展的，加上相关学科的迅速发展，德育理论与实践上的百花齐放、流派纷呈局面的形成就是自然而然的结果。在这一阶段具有特别影响的学校德育理论有：苏联的社会主义集体教育思想、美国的进步主义德育理论，以及认知与发展学派、社会学习理论、价值澄清理论、关怀理论等。

（二）寻求平衡的时代

学校德育在 20 世纪作出种种尝试的同时也不断地探求矛盾的平衡。首先是道德相对主义与绝对主义的平衡。现当代德育的民主化表现之一是对德育灌输的批判。最初对德育灌输的批判只是要让学生有价值判断上的自由。但是当儿童中心主义、道德认知理论等发展到一定程度之后，许多学校德育的理论都倾向于德育内容上的相对主义。而相对主义运动的结果实际上会让教师无所事事，甚至取消德育本身。所以经历了价值混乱、道德滑坡之后，西方世界例如美国从 20 世纪 80 年代开始已经走向道德教育传统的复归（所谓"重建品德教育"阶段），重新讨论在学校德育中倡导主流社会认可的价值观念，20 世纪 90 年代初美国大部分公立学校都已实施了所谓的"品德教育"（character education）。其次是宗教教育与道德教育的平衡。道德教育的世俗化当然是历史的进步，但是纯粹的规范授受往往解决不了个体存在的深层次的价值问题。所以在宗教教育道德化的同时，在西方以及巨变之后的俄罗斯和东欧诸国，宗教教育都有同道德教育携手的趋向存在。前者反映了西方社会对宗教问题的再认识，后者则是政治体制、社会体制变化的产物。但不管如何，人们在寻找道德教育与宗教教育的某种平衡。当然，这两点在中国这样保持社会主义体制的发展中国家的情况有所不同。再次是社会主义与资本主义德育体系的平衡。在 20 世纪 80 年代以后，社会主义国家锐减，社会主义运动受到了一定的挫折。但是社会主义仍然是人类进步追求的一个重要组成部分。社会主义建设包括社会主义的道德教育并非如西方所言的那样一无是处。社会主义与资本主义是"对峙的双峰"。（陆有铨，1997）我们认为，社会主义学校德育体系中的集体主义教育经验、对正确价值观的旗帜鲜明的倡导等有值得资本主义世界的学校德育借鉴的东西；同样社会主义的中国等也应当努力学习发达资本主义国家在道德教育上的许多有益经验。最后一个平衡是学校德育与家庭、社会德育的平衡。这一点在中国与西方也有较大的差异。中国的学校德育被普遍认为是德育的最重要的方式；西方社会则更多地将德育的责任定位在家庭、教堂。但是在 20 世纪的后半叶，西方的教育界开始重新认可学校德育及其使命的重要性，中国则不断强调家庭、社会与学校德育的配合。应该说整个世界都在寻找学校德育与家庭、社会德育的合作与平衡的关系。

第八章 学校德育的人性论基础

第一节 西方人性思想的发展

一、古希腊时期哲学家的人性思想

人在古希腊文化中占有重要的地位，由此，形成了古希腊丰富的人学思想。在人学思想中，人性是一个基础性的重要范畴。了解古希腊时期人性思想，当从苏格拉底、柏拉图和亚里士多德的人性思想谈起。

（一）苏格拉底的人性论

要说关于人性研究的真正起点，当属苏格拉底。诚如德国哲学家卡西尔所说，"划分苏格拉底和前苏格拉底思想的标志恰恰在人的问题上……他所知道以及他的全部探究所指向的唯一世界，就是人的世界。"（卡西尔，1985）是的，苏格拉底"对于天文学和物理学等自然科学知识没有什么兴趣，很少去思考万物本原和宇宙生成等问题"（欧阳谦，2002）。首先，他认为，人是理性的存在物。人和动物最大的区别在于，人的行为不是受欲望支配的，而是受理智控制的。理智是人的基本属性。因为人有理智，所以人可以辨别好坏，从而作出正确的选择。其次，他认为善、公正、节制、勇敢是人的品质。由于人是理智的存在物，所以，它就如同每一个人心中的守护神一样在不断地提醒人们趋善逐恶，保持节制、正义和勇敢，从这个意义上说，人的本性是向善的。再次，他认为，尽管人的本性是理智，但在现实生活中，有许多的感官欲求不断袭扰着人，有可能使人作出错误的选择，因此，人要不断追求知识，拨雾云而见明日，来发现善。在他看来，如果一个人自称知道一件事是善的但又不去实现这件事，就说明他没有真正知道这件事是善的，所以他说："知识即美德。"因此，他倡导"助产术"，通过追问和对话的方式剔除错觉，获得善的真理。由此我们可以看出，苏格拉底"把人的形象定位在求知和求善相结合的德性之上"（欧阳谦，2002）。

（二）柏拉图的人性论

柏拉图是苏格拉底的学生和思想传人，他的人性理论可以概括为两个方面：一是理念论，二是回忆说。首先，他把世界分为理念世界和现象世界。他认为，理念是事物的本质，现象是事物的表象。在他看来，理念世界永恒不变和绝对真实，现象世界变幻无常而不真实。所以，对应于对人的研究，理念犹如灵魂，现象有如肉体。灵魂是不死的和恒常的，肉体是短暂的和虚幻的。所以，灵魂才规定了人的本质。其次，他认为，理念虽然不死，但它在投胎于肉体的时候会被遗忘，因此，必须通过现象世界的刺激才能捡回来。柏拉图认为，人性由三个等级不同部分构成：情欲、意志和理性。三个部分的功能和作用不同。情欲是最低等的成分，属于人性中的本能成分，它支配肉体趋乐避苦；意志居于中间部分，它控制着合乎情理的情感；理性处于最高层次，控制着人的全部思想活动。柏拉图认为，人的本质规定是理性，这是人区别于动物的根本所在。所以，人完全可以运用理性通过意志来统辖情欲。"在一个人的身上，理智的品德代表着理性的主宰作用，勇敢的品德代表着意志的维护作用，节制的品德代表着受制约的情欲，当理性能够主宰意志和情欲的时候，当智慧、勇敢和节制达到和谐一致的时候，作为第四种品德的正义就会出现在这个人身上。显然，这是最完美的人，同时是最理想化的人。"（欧阳谦，2002）

（三）亚里士多德的人性论

在古希腊时期，亚里士多德提出了更为成熟、更加实际的人性观。亚里士多德的人性论由四个部分组成，一是理性论。他认为，人是理性的动物，按理性原则行事。人能够用理智来支配自己的欲望，因理性而使人能够辨别善恶，分清正邪。所以，在亚里士多德的眼里，理性比任何其他东西更加属于人的本性。二是群性论。亚里士多德把灵魂区分为理性与非理性。他认为，理性是人独有的品性，而非理性表现为人和动物都有的嗜欲。正是人受理性支配，人才能克服非理性的各种欲求建立共同的社会生活，所以，他说，人是天生的政治动物，具有合群性。三是中道论。他认为，人类要实现过共同的社会生活，就意味着人要遵守"中道"，"中道"就是适度或适中，表现为"无过无不及"。就如同体力会因为锻炼过度或不足而出现问题，健康会因为暴饮暴食或缺乏食物而遭到伤害一样。"中道"不是线段的二分之一上的那个点，不是圆的中心，不是处理人际关系中的"墙头草"原则或和稀泥以及追求一团和气，它是适合，是实际，是一种实事求是。四是完人论。他的"完人"思想与他的"中道"思想是一致的，就是指人人要恪守其"中道"的有等级、有差异的理想的人。在他看来，统治者有统治者的道，平民有平民的道。只有各守其道，无过无不及，才是"完人"。对平民百姓来说，道意味着理智和冷静、节制和成熟；对统治者和上层阶级来说意味着神圣和权威、高贵和地位。

二、中世纪哲学家的人性思想

中世纪（Middle Ages）（约476—1453），是欧洲历史上的一个时代（主要是西欧）由西罗马帝国灭亡（476）数百年后，在世界范围内，封建制度占统治地位的时期，直到文艺复兴时期（1453）之后，资本主义兴起的时期为止。中世纪是一种宗教人学的时期，从其发展的历史来看，这种人学经历了"教父哲学时期"和"经院哲学时期"。（欧阳谦，2002）前一时期的代表人物是奥古斯丁，后一时期的代表人物是托马斯·阿奎那。这个阶段人学的主要特点是从人与上帝的关系来审视人性，强调上帝对人的绝对支配，强调人要服从上帝意志，强调人要用灵魂统辖肉体，灵魂被看成是人性的本质规定和行为规范。

（一）奥古斯丁的救赎人性论

奥古斯丁结合西方传统柏拉图主义和基督教教义思想提出了自己的救赎人性论。（斯普罗，2006）柏拉图主义认为，灵魂对肉体具有绝对的统领权，灵魂是永恒的和绝对的，肉体只是灵魂利用的工具。基督教教义强调灵魂和肉体不可分，灵魂以肉体为依托。基督教教义认为，人生是一个赎罪的过程，人只有净化灵魂才能接近上帝，获得永生。由此，奥古斯丁提出了自己的人性观点。他认为，灵魂是形式，肉体是质料，两者结合才构成了人这样一个生命体。这就是说，作为人的这个生命体，首先它是由两个实体构成，一是灵魂，二是肉体，两者不可分离；其次，这两个实体存在着主从关系，即灵魂对肉体的统治。由此，他认为，人的本质还是由理性的灵魂来决定的。他认为，上帝是善的，上帝创造的万物是善的，因此，作为上帝的创造物其本性自然也是善的。既然人的本性是善的，那么，人为什么有恶呢？他认为，恶源于人的一种欲求关系。"当意志抛弃了比自己优越的事物而转向到低下的事物时，才变成恶。"（周辅成，1964）因为，人是上帝造物中的最优秀者，人若追求其他造物，沉沦就变成必然。因此，人要摆脱罪恶，道路只有一条，那就是救赎灵魂。而救赎灵魂的途径一是皈依上帝，二是自我忏悔。皈依上帝就是要笃信上帝，热爱上帝以获得宽恕。自我忏悔就是要摆脱物欲和享乐，听从上帝的要求广行善事。由此，我们可以看出，奥古斯丁的人性观是：人是由灵魂和肉体两个实体构成的存在，人的灵魂对肉体具有决定性的统治权，人的本质是由人的理性灵魂决定的；人的自然本性是善的，因为人追求物欲使人变得沉沦与作恶；救赎灵魂的途径是皈依上帝和自我忏悔，依上帝旨意施爱行善。

（二）阿奎那的双重人性论

托马斯·阿奎那结合亚里士多德主义与基督教神学，提出了他的双重人性论。（斯普罗，2006）首先，他同意亚里士多德关于万事万物都是由质料和形式构成的观点。他认为，就人而言，人也是由质料和形式所构成。肉体是质料，灵魂是形式。但他认为，在构成人的两个实体的肉体和灵魂中，作为实体存在的人的灵魂，与其他构成物的灵魂不同，那就是人的灵魂具有神性。他认为，人的本质是人性与神性的结合。其次，在此基础上，他认为，既然人具有人性，那么，他可以过世俗的生活，追求现世的快乐与幸福。但这跟动物又有什么区别呢？他认可亚里士多德关于"人是理性的动物"的观点，认为，人按理性原则行事，用理智来支配自己的欲望，因理性而使人能够辨别善恶，分清正邪。但他又没有放弃上帝，认为人还有神性，所谓神性，就是人类绝不只追求身体上的快乐，这种快乐是感性的，它阻碍人接近上帝，使人脱离理性，人类的真正幸福在于遵从上帝的旨意，或以服从上帝为目的。由此，他来世才可以进入天国，得到上帝的赐福与厚爱。由此我们可以看出，他反对柏拉图的"唯灵论"，把人的感官欲求看成是人性的一种基本需要，也就是说，他的双重人性论强调人在以上帝为依归的前提下，可以最大限度地追求现世的感性生活和尘世幸福。

第二节　中国人性思想的发展

一、中国先秦时期的人性观

我国的远古时期，我们的先祖就开始考虑人性问题，那时的人们认为人性是善的，这种善性是上天赋予的。这种人性观可以称为天降善性论。在古籍《尚书·汤语》记载："惟皇上帝，降衷于下民，若有恒性。"（见《十三经注疏》）恒即常，恒性就是常性。常性可以有两种理解，常作普遍的意思，那么常性就可以理解为人有共同的本性。常如果作不变的意思，那就可以把常性理解为不变的人性。《孔氏传》："衷，善也。"孔颖达疏："天降善于下民……与善于民。"古人把"衷"解释为"善"。这就是说，上天把"善"赋予人民，使他们有了善的本性。这大概就是最早的人性论。

（一）孔子的人性论

孔子从共同性与差别性、自然性与社会性、应然性和实然性以及智与愚的角度来说明人性。首先，他认为，作为人"性相近也，习相远也"（《论语·阳货》）。对此，有学者这样理解："第一，从人之性对犬之性、牛之性来看，人与人为同类，所以说'相近'。'相近'表明人有共性。第二，从人类自身来看，人与人虽属同类，但智愚壮嬴万有不同。所以应当说'相近'，不应当说相同。这表明人又有个性。总之，二者都是指人的自然性而言。'习'则不然。'习'是指人的社会性。"（金景芳，吕绍纲，吕文郁，2006）其次，在孔子看来，人和动物的区别就在于人的道德性，这就是"仁"。"仁者，人也。"这里，"仁"被孔子规定为人之为人的本质，仁是一种具有"善"质的道德规范或境界。但孔子并没有说人性天然就是"仁"或者"善"，而是站在理想主义的立场上认为人的本质应当是仁，人性应该朝着"仁"的方向去培养，换言之，孔子"人性论的关键不在于对某种"实然'状态的描述，而在于对人性'应然'存在的讨论"。（赵明，2004）再次，孔子强调"上智与下愚不移"，这种观点似有否定"性相近"之疑，对此，有学者这样解释："孔子以为人之生也，大体不远，而等差亦见，故必济之以学，然后归于一路。孔子认为尽人皆须有此外工夫，否则虽有良才，无以成器。"（刘梦溪，1996）这就是说，人都有性，而圣人的境界不是勉强能达到的。

（二）世硕的有善有恶论

世硕作为战国时期的思想家，他认为人性有善有恶。据研究，世硕是战国时陈国人，是孔子弟子的弟子，但史书无传。著有《世子》二十一篇。《汉书·艺文志》录之于儒家书，今已佚。他主张性有善有恶。他著有《养（性）书》，认为人性有善恶，培养人的善性，使善发展起来，就成为性善的好人。相反，如果培养人的恶性，使恶发展起来，那么，他就会成为性恶的坏人。也就是说，人性都有善恶两个方面，至于人会变成好人或坏人，全在于培养。王充在《论衡·本性篇》中说："周人世硕以为人性有善有恶，举人之善性养而致之则善长；性恶，养而致之则恶长。如此，则性各有阴阳，善恶在所养焉。故世子作《养书》一篇。密子贱、漆雕开、公孙尼子之徒，亦论情性，与世子相出入，皆言性有善有恶。"

（三）告子的无善无恶论

告子作为战国时的思想家，他没有著作传世，其思想保存在《孟子·告子》中。他主张人性无善无恶论。首先，他把人性看成是人的先天本性，先天本性是自然的，没有善，也没有不善。"告子曰：'性无善无不善也'。"（《孟子·告子》）其次，他认为现实中人的善恶表现全是后天影响和引导的结果，所以他说："性犹湍水也，决诸东方则东流，决诸西方则西流。人性之无分于善与不善也，犹水之无分于东西也。"（《孟子·告子》）这就是说，人性就像流水一样，你向东引，水就向东流，你向西引，水就向西流。水不分东西，人性没有善恶，道理是一样的。文王、周武王领导得好，人民就好善。周幽王、周厉王胡作非为，上梁不正下梁歪，引导人民乱来。告子又说："性犹杞柳也，义犹杯棬也。以人性为仁义，犹以杞柳为杯棬。"（《孟子·告子》）这里是说，所谓仁义，人性中本来没有这种东西，都是后天教育以后才有的。人性就像自然生成的柳条，柳条经过加工可以编成筐，人性经过教育可以变善。如果说人性是善伪，那就是把柳枝当作柳筐了，把自然物与人为加工的物相混淆了。

二、中国汉、唐时期的人性观

汉、唐时期是我国历史发展中两个文化发展的昌盛时期，这个时期有许多思想家都对人性问题作过论述，尤其以西汉董仲舒、扬雄，东汉的王充以及唐代的韩愈的论述最具代表性。

（一）董仲舒是神学人性论

西汉思想家、儒学家董仲舒是神学人性论者。他认为人受命于天，人性是从天那里得来的，即人性神授。以此为基础，他糅合先秦时代孟子性善论与荀子性恶论两大思想体系，提出了性三品学说。他认为人性从总体上分为

仁（善）和贪（恶）两大特性，是天意造成了仁和贪按照不同的比例附加到
不同的人身上，由此形成了三种人或三种品性的人。一种是先天性善、不教
而成的上品之性，他称其为"圣人之性"；一种是先天性恶、教也不善的下
品之性，他谓之"斗之性"；还有一种是先天有善有恶、教而后能善的中品
"中民之性"。他认为上等人就是圣人，他们的性不仅生来就是善的，并且
是超过"善"的，人类社会"善"的标准和具体内容就是由他们制定出来的。
上等人是不多的，只包括帝王和制礼乐、定法度的当权人物。下等的斗筲之
人是指社会中最贫苦最"低贱"的劳动人民，他们的性生来就是恶的，根本
上不算是人性，简直把他们排挤在人性之外了。圣人生而知之，不必受教育；
斗宵之人则是愚昧的，不能受教育的。除了上下两种人以外，其余的都是中
民。中民具有善质，但必须受了教育之后才能成为善性。董仲舒把中民之性
当作一般的人性，他所说的性就是指中民之性而言的。他认为性只是质材，
它的本身还不能说就是善，必须"待教而为善"。这就是说性只具有教育的
可能性，受了教育之后，这种善的可能性才能变为现实性。他在《春秋繁露•实
性》中说："性比于禾，善比于米，米出禾中而禾未可全为米也；善出性中，
而性未可全为善也。……天生民性，有善质而未能善，于是为之立王以善之，
此天意也。民受未能善之性于天，而退受成性之教于王，王承天意，以成民
之性为任者也。……今万民之性待外教然后能善，善当与教，不当与性。"

（二）扬雄善恶混论

西汉扬雄在调和孟子性善论和荀子性恶论的基础上，提出了人性有善有
恶论，或称善恶混论。对于他的人性观有记载的文字不多，仅见的扬氏直接
谈人性的论述多以其《法言•修身》中的论述为依据，其中说："人之性也
善恶混，修其善则为善人，修其恶则为恶人。"这就是说，他认为人性中既
有善也有恶，而人为善为恶的关键在于人是修善还是修恶，修善则变得善，
修恶则就变得恶。因此，在他看来，后天的学习倾向是使人是善是恶的关键。
这似乎也在告诉人们，人生而有成为善恶的潜基，学善而善长，习恶而恶成。
所以，他在《法言•学行》中说："学者，所以修性也。视听言貌思，性所

有也。学则正，否则邪。"

（三）王充的善恶三群等论

东汉王充在人性论上的观点是人性善恶三群等论。即王充把人性根据其所代表的对象分成三个群体，而这三个群体又是三个层次。他认为，一些人生来就善，是中人以上的人；一些人生来就恶，是中人以下的人；而中人，无善无恶，或善恶相混。他认为决定人是善是恶或善恶相混的因素是人生之初所禀受的"元气"，"元气"的多寡与厚薄，造就人的善恶与贤愚。他在《论衡·率性篇》中说："气有多少，故性有贤愚。""人性有善有恶，犹人才有高有下。"尽管王充承认人生而有善恶，但他也承认学习与环境对人性的作用，尤其对中人犹为如此。在《论衡·本性篇》中，他说："夫中人之性，在所习焉。习善而为善，习恶而为恶也。"

三、中国宋元明清时期的人性观

从北宋建国到清代中期鸦片战争以前，是中国封建社会的后期。这个时期的每个社会历史阶段虽然都经历了从辉煌到衰落的起伏变化，总体社会矛盾十分尖锐，最终使封建社会走向灭亡，但也产生了一些不乏影响力的思想家，对人性问题有过深入的思考。

（一）王安石的性无善恶论

北宋王安石的人性论是一种"性无善恶论"。他反对性善论和性恶论，也不赞成善恶二元论。他认为，孟子的性善、荀子的性恶、扬雄的性善恶混以及韩愈的性三品中的"性"实则讲的是情，而非真正意义上的性。他认为，人性是人的自然本性，它是生而就有的。作为生来就有的人性，是无善恶可言的。以上诸子的观点的错误之处就在于他们把人的"情"当成了人的"性"，性是天然的，"情"是后天习染的。他认为，"情"为"性"所生，而"情"生善恶，有"性"才有"情"，有情才有善恶。他说："性生情，有情然后有善恶焉，而性不可以善恶言也。"（《原性》）王安石认为，作为"喜怒爱恶欲"的情感，人生而具有，当人与外界接交时，表于外时是"情"，存于内，则是"性"。他认为，人同外界打交道，外界引起人的情感欲望，当这些情感欲望发作正当，即"当于理"时，就是善，就是仁和义，就是"圣人"和"贤人"；情感欲望发作不正当，即"不当于理"时，就是恶，就是不仁不义，也就是"小人"。（见《原性》和《性情》）他认为，人为善为恶，"非生而不可移"。他批评韩愈曲解孔子关于"上智与下愚不移"的说法。（北京大学哲学系，中国哲学史，2003）他指出：所谓"上智"就是"习于善"；"下愚"就是"习于恶"；"中人"就是"一习于善，一习于恶"。一个人当初"未始为不善"，可以称之为"上智"，后来"去而为不善"，就可以称作"中人"。一个人原来"未始为善"，可以称"下愚"，后来"去而为善"，也可以称作"中人"。只有始终为善的人，才叫"上智"。只有始终为恶的人，才能叫"下愚"。而这些都是"习"的结果。

（二）"二程"二元人性论

程颢、程颐作为我国北宋时期著名的思想家，对人性问题有他们独特的看法，他们在其"理"的基础上提出了二元人性论。（北京大学哲学系，中国哲学史，2003）二程的学说在某些方面有所不同，但基本内容并无二致。皆以"理"或"道"作为全部学说的基础，认为"理"是先于万物的"天理"，"万物皆只是一个天理"，"万事皆出于理"，"有理则有气"。社会秩序为天理所定，遵循它便合天理，否则是逆天理。人欲蒙蔽了本心，便会损害天理。"无人欲即皆天理。"因此教人"存天理、灭人欲"。要"存天理"，必须先"明天理"。而要"明天理"，便要即物穷理，逐日认识事物之理，积累多了，就能豁然贯通。二程认为，人性有二：一是"天命之谓性"的性，一是"生之谓性"的性。"天命之谓性"的性，是在人未出生以前就已经存在的性，程颢又称之为"人生而静以上"之性，程颐称之为"极本穷源之性"。此为最基本的，也就是作为宇宙根源的理在人心中的体现。这种性是绝对的善。"生之谓性"的性，程颢又称之为"气禀"之性，程颐又称之为"才"，这种性有善有恶，是从"气"来的。程颢认为"性即理也"，这个"理"就是"五常"，即"仁义礼智信"。他说，"自性而行皆善也，圣人因其善也，则为仁义礼智信名之"（《遗书》二十五）。所以他认为"五常"是人固有的先天的本性。既然人有"五常"之天性，那么人为什么还会有很多不符合道德标准的行为呢？程颐认为这是"气"影响的结果，"气"的清浊决定性的善恶。人禀"气"为清，则人性持善贤，人禀"气"为浊，则人性持恶愚。

三、中国近代的人性观

（一）龚自珍后天形成论

近代早期的龚自珍在对人性问题的思考上，仍然沿袭中国传统的思维方法，从善恶、先天后天、情欲维度来解释人性。他明确表示赞同告子的人性观点，主张人的道德是后天形成而非先天赋予。他说："龚氏之言性也，则宗无善无不善而已矣。善恶皆后起者。"又说："善非固有，恶非固有，仁义、廉耻、诈贼、狠忌非固有。"（《阐告子》）他反对情欲万恶说，反对对"人欲"的抑制，提倡"宥情""尊情"。即宽容和尊重人的情感。他说："情之为物也，亦尚有意锄之矣；锄之不能，而反宥之，宥之不已，而反尊之。龚子之为长短言者何为者耶？其殆尊情者耶！"（龚自珍，1959）他认为，"情"是属于人的"自然"本性中的东西，是与生俱来的，是一种自然而真实的感情，"民饮食则生其情，情则生其文矣"（龚自珍，1959），因而"无善无不善"。他认为情是客观世界在人心中的反映，人是无法抗拒的，他说："外境迭至，如风吹水，万态皆有，皆成文章，水何拒之哉？"（龚自珍，1959）由此，他进一步扩展，把"宥情"拓展到对整个人性的宽容上，反对把人的情感和才能纳入一个模式的观点。他认为，如果用各种要求限制人性，即使是最优秀的人才也无法得到充分的发展。所以，他要求"不拘一格降人才"，显示了龚自珍人性解放的思想。

（二）康有为善质出善论

我国晚清时期的思想家康有为认为人性由构成人自身的阴阳之气所决

定，人的本性源自人的自然属性。他认为，人的这种自然人性并没有善恶之分，这就否定了我国传统人性观关于人性论中如孟子的人性天性"善"和荀子天生"恶"。他说："性者，生之质也，未有善恶。"（《万木草堂口说》）他认为，人生而有的只是可生长善恶的基质。所以他说："性只有质，无善恶。"（《万木草堂口说》）正是由于人有了这种基质，才使人可以为善。在他看来，人的基质与禽兽草木的不同之处在于人的基质决定了它能够生长出人所具有的德性，即人的这种自然属性在于它"好懿德"，即仁义礼智。所以他说："人之贵于万物，其秉彝之性，独能好懿德。"（康有为，1987）由此可见，自然属性是他的人性论的起点，是人作为高级动物必不可少的一个重要部分。这样他就扬弃了传统哲学人性善恶的二元区分。他认为，人之向善是一个发展过程，人先有善质进而发展出善，再由善变为圣人。在康有为这里，性、善、圣人三者的关系呈现出不断超越逻辑上升的趋势。他在解释他的观点时，把自己的观点与孟子的观点进行了对照，认为自己对人性善恶的判断标准和孟子是不一样的，"孟子下质于禽兽之所为，故曰性已善；吾上质于圣人之所为善，故性未善。善过性，圣人过善。"（康有为，1987）也就是说，他与孟子对于善的评判标准不同，因而得出了性善与否的不同结论。孟子把人性和禽兽之性作比较，那么可以称得上人性已善，而他用圣人的标准来和人性相比照，那么人性还不能称得上已善，性本身无所谓善恶可言。在他看来，善是靠后天的努力得来的，所以从时间的维度来看，有了性以后，才有善可言。

第三节 人性论与德育

一、人性认识的复杂性解析

从前两节古今中外哲学家关于人性的讨论和说明中我们发现，他们关于人性的说明中存在诸多二律背反，即有一种人说人性是善的，就有另一种观点说人性是恶的；有一种人认为人性是理性的，就有另一种观点认为人性是非理性的。这种对立的认识还表现在从自然性和社会性、个体性和社会性、精神性和物质性、理论性和实践性、能动性和被动性、主体性和客体性等维度解说人性。为什么会出现如此对立的观点呢？对这种现象的存在，我国有学者作了这样的回答，在他们看来，这源于人的现实存在的变动性和人类的认识的差异性。

（一）人的现实存在的变动性

哲学家对人性的认识和理解之所以有如此大的差别，甚至相互矛盾，究其原因，首先表现在人始终处于变化中。这种变化可以从两个方面来看，一方面，就个体的成长而言，人始终处在"完成中"。人生之初，除了简单的本能行为以外几乎可以说一无所有，随着自然的生长和环境的影响，人才有了简单的感觉和知觉，再后来身体与各种心理因素慢慢发展起来。综观一个人一生的发展，其实是在不断变化中，没有片刻的停息。正因为如此，人们才感慨：人心难测。人的变化犹如一条奔流不息的河流，一株永远生长着的生命之树，一座永远处于建造中的永不封顶的大厦。对于人的"变"，人类也早就意识到了。斯芬克斯之谜的寓言所蕴含的就是人之"变"的朦胧意识；大舜之"道心惟微"的"真传"中所指的那个"微"字实质也是"变"字。因为人心总是变动不居，所以才难以把握。（杨金海，1995）另一方面，从人与社会实践的关系来看，人也始终处于变化中。关于这一点，马克思给了很好的回答。在马克思看来，人的变化与社会实践的变化始终处在一种辩证发展中。之所以始终处于变化之中，并非什么神秘的力量在推动，乃是由于人们的社会实践的不断变化。人的变化与社会实践的变化是互为因果的关系。这种变化表现为人改造了自然和社会，同时也提升了自己的社会性。由此我们说，人永远在历史中，永远在发展中，永远在变化中。因此，任何对人的认识的观点，都是历史的观点。人性论是人的历史论。

（二）人类的认识的差异性

作为现实存在的人（包括自己）被人类认识，其结果为什么出现如此大的差异的另外一个原因就是人类认识的差异性。这种认识的差异来源于三个方面：一是认识背景差异，二是认识方法的差异，三是认识结果表征的差异。首先每个人作为认识主体，在认识对象时都不能摆脱他所认识对象时的主体主观背景，也不能摆脱对象的客观背景。并且由于认识方法的路径差异，切入认识对象的角度不同，人们的认识结论也不同。比如，有人从实然的角度认识人性，有人从应然角度期盼人性；有人从分析的角度解剖人性，有人从综合的角度把握人性；有人从实存的角度来考察人性，有人从功能的角度考察人性。也正因为如此，他们所表征出来的认识结果就相异。关于这一点，现象学给了我们很好的说明。在海德格尔看来，解释从来不是无前提地把握事先给定的事物，而是具有他所谓的前结构，这就是所谓的前理解。前理解包括三种要素："前有"（Vor habe）、"前见"（Vor sicht）和"前把握"（Vor griff），任何解释都是在"前见"基础上的解释。海德格尔说："把某物作为某物加以解释，这在本质上是通过前有、前见和前把握来进行的。"这就是说，理解和解释具有"因缘整体性"，即解释是不能脱离解释者的主体背景的。伽达默尔认为，任何理解都处于历史的形势之中。根本不存在纯"客观的"、无任何特殊视角的理解。历史限制了我们的知识，但也通过决定我们能理解什么而帮助了我们的理解的开展。意识因拥有一个前历史（pre-history）而被历史影响，并通过具有一个后历史（post-history）而反过来影响历史；这样一种意识就被称作"效果历史"（Effective history）。（洪汉鼎，2001）

二、人性论与德育

从前面的论述中我们知道，人性是复杂的，这种复杂性表现在人的现实存在的变动性和人类的认识的差异性。它回答了我们为什么有如此不同的人性论观点，但这似乎还没有解答我们的根本问题，即人性论与德育实践的对接问题，也就是说人性论对德育实践到底有没有意义？对这个问题的回答又把我们牵扯到了理论与实践的关系问题上来了。

（一）理论之于实践

古希腊语中"理论"的词根是"旁观"的意思，在那时，理论和理性是同一的，理论或理性只是指对某些领域的沉思和关注。随着近代理性的科学主义化，理论也被处方化，把它看成了行动纲领或工作计划，企求它提供实践者精确的机械操作过程，使理论背负上了它的难为之重。理论不能凭空产生，理论必然来源于实践，但是它是以损失实践的丰富性、多样性、动态性和复杂性为代价而生成的简化了的经验。也正因为如此，有西方学者甚至极端地认为理论不是建设性的，而是批判性的。纵使理论具有建设性，理论也有不同的层次，我们也不能一概而论地指望所有理论都具有规范实践的作用。英国哲学家欧克肖特（Michael Oakeshott）认为，"有真正哲学的地方就不能有指导；如果我们寻求指导，我们必须'挂起哲学'"。（欧克肖特，2009）这并非是在倡导理论虚无主义，相反，作为实践科学的德育学，它的理论的价值就在于实践，但它对实践的意义只在于启示而不在于指示，理论不能为实践提供可供直接操作的技术路线，所以，实践和理论的关系是对话关系，不是指导和被指导关系。（段鸿，2011）在德育现实中甚至整个教育领域内，常有一种不正确、不合理的诉求，那就是，许多实践一线的教育者，一味地埋怨理论无用，或者批评理论不切合现实。这里当然有理论自身的问题，我们也确实不能回避我国德育理论水平和研究层次还有不尽如人意的地方，但是一个不能忽视的现状是把理论看成程序设计或指导文本，而这是极其错误的，尤其是在人文社会科学领域。任何伟大的理论家都不敢说他的理论在任何时候、任何地方都能有效指导实践。放之四海而皆准的理论是不存在的。

（二）人性论之于德育

关于理论和实践的关系，我们不能走技术主义的道路，把理论看成是技术路线图；也不能持理论无用主义，把理论看成是无关于实践的东西。由于我们被驱逐出了伊甸园，我们就被剥夺了用上帝之眼看问题的能力，因此，确定性、全面性和适当性就拒绝了我们，我们也就不具备知道关于"真理""全部真理""只有真理"的基础。那么，人性理论的意义何在呢？它的意义首先就在于它可以激励我们为了完美理想而奋斗。因为，理论是对现实的理想化美好的构想。"理想的价值，不在于受益于达到，而在于受益于其追求过程。"（尼古拉斯·雷舍耳，2007）其次是它的对照功能。对照的意义在于理解。我们对对象和现象的理解都是在对照中完成的，理论不可能完美，它不是一个可以实现的状态，而是一个有用的对照概念，使得实际的科学处于适当的位置上，并帮助我们感受科学的不完美之处。因此，它的正当性，不在于它未来的可实现性，而在于它正在发生的效用，理论作为理想，它提供了一个对照，看什么是我们实际上能达到的，以至于凸显其显著的极限。"'完美科学'的想法是一种力图聚焦在虚构上改造我们和构成我们的探究追求，它表达了探究的终极目标，是我们仍在行走和永远忙碌其中的旅途之理想的目的地，是我们追求但永远不能拥有的圣杯。它只具有调节作用，它类似于官员去提醒罗马皇帝必死的角色，提醒我们人类总是脆弱的。"（尼古拉斯·雷舍耳，2007）

第九章　德育与大学生成才

第一节　德育与人格的完善

一、品德与人格

德育是培养人的品德的活动，也是塑造人格的活动。品德与人格是人的素质中两个密切相连的要素。

（一）关于品德

品德作为个体的道德素质，它是人格（个性）的一个侧面，一个组成部分，是人格中具有道德评价意义和处于核心地位的部分。正因为这样，人们在日常用语中，常常把人格等同于品德，例如说某某人人格低下，实际上是说某某人品德低下。这是对人格的狭义理解。

（二）品德结构

任何一种品德都包含一定的品德认识、品德情感、品德意志、品德习惯这四种基本要素。品德认识是人对社会品德现象与品德行为规范的理解。品德情感是人在社会生活中，对别人或自己的行为是否符合自己已掌握的思想道德标准和思想道德需要而产生的内心体验。品德意志是指人在道德行为过程中所表现出的意志水平。品德习惯是一个人无需外在监督，以自己意志努力即可自动实现的思想道德行为。这四种要素，构成一个人的品德结构系统。品德结构这四种要素是互相联系、互相渗透，互相影响的。品德认识是品德情感、品德意志、品德行为及习惯的基础；品德情感影响品德认识的形成发展，并且与品德认识结合，构成品德行为的动机，调节品德行动。品德意志行为是品德认识与品德情感的具体表现，同时品德认识和品德情感又是在品德行为实践中形成和发展的。品德习惯则是在品德认识与品德情感、品德意志的支配和影响下，通过品德实践练习而成。品德习惯一经形成，便会引起相应的品德情感，而成为品德行为的动力。

品德结构是四种要素共同发生作用，互相结合，协调发展的过程。一个人的思想道德品质水平，重要的取决于这四种要素能否协调、和谐地发展。当然，四者各自的发展水平，总是有差距的，不平衡的；但是，如果差距太大，比例失调，就会造成品德结构上的缺陷，阻碍学生品德的健康发展，甚至形成不良品德。

（三）关于人格

人格，从心理学科的意义上讲，就是人的个性（Personality）。它是"一个人的整个精神面貌，即具有一定倾向性的心理特征的总和"。个性（人格）的结构是多层次，多侧面的，由复杂的心理特征的独特结合构成的整体。这些层次有：

（1）完成某种活动的潜在可能性的特征，即能力；

（2）心理活动的动力特征，即气质；

（3）完成活动任务的态度和行为方面的特征，即性格；

（4）活动倾向方面的特征，即动机、兴趣、理想、信念。

这些特征不是孤立存在的，是错综复杂交互联系，有机结合成一个整体，对人的行为进行调节与控制的。

个性不是天赋的，是在先天生理结构基础上，在后天环境教育影响下形成的。个性受一定社会历史条件和所处社会地位的制约，它具有民族的、阶级的、团体的共性。即使在同一社会历史条件下，人们所经历的具体生活道路也各不相同，又形成区别于他人的独特特点。在个性中具有核心意义的东西，如理想、信念和世界观等，随着生产关系、社会制度的变化而缓慢地变化。

二、德育与人格的形成

在前面我们讨论的人格（个性）结构的诸因素中，气质主要是由遗传决定的，具有相对的稳定性，它处于人格形成的基础地位。性格则是以一定的气质为基础，在个体与外部环境相互作用过程中形成的稳定的态度和行为方式。性格处于人格的中心地位。德国哲学家康德早在 18 世纪就曾指出，德性只有在人格的准备下才能形成。因此，培养青少年的思想品德就不能仅仅着眼于社会意识的灌输，更要着眼人格的培养，着眼于有效地促使社会主流影响与学生人格的融合。

（一）人格的培养

人格的形成过程，不是一种自然增长的过程，而是矛盾运动过程。人格内部诸因素之间以及个体与社会影响诸因素之间存在着纷繁复杂的矛盾。例如有的学生在学校里被评为"劳动积极分子"，而在家里却是什么活也不愿意干。为什么同样的学生，在不同的情况下会有完全不同的两种表现；客观地说，这还不是什么"双重人格"，而是人格形成过程中，内外诸因素之间矛盾的表现。学校对学生进行劳动教育，要求学生热爱劳动，积极参加劳动的学生会受到老师的表扬和同学的称赞，会获得荣誉。而有些学生的家庭，家长却只要求学生读书，从不要求学生劳动，不让他参加任何家务劳动，一切日常生活都由家长代劳。这样两种相互矛盾的影响同时作用于一个学生身上，在他还没有真正形成劳动观点和劳动习惯时，在学校为了得到老师和班级集体的赞扬，就积极参加劳动，回到家里，激发他争取表扬的外部条件不存在了，他对劳动自然就不积极了。这个事例说明，塑造学生完善的人格，必须深入细致地分析人格形成过程中内外诸因素的矛盾，有针对性地采取各种措施，促使矛盾向积极方面转化，也就是要促使学生自觉地接受和内化外部的积极影响。

所以我们说个体的人格特征反映了一个人对人、对物、对社会的心理倾向。这种倾向性以及与之相应的行为方式在个体的社会生活中可以起到道德动机的作用，成为推动个体从事某种活动的动力。

（二）德育对人格形成的作用

从前面的事例，我们可以看出，影响人格形成的因素一是外部环境（社会的影响、学校、家庭的培养教育）的作用；二是学生自我感知、自我教育的能力。人在与客体的交往过程中能逐渐认识自己、认识自己与客体的关系，并能据此对自己的思想行为进行自我观察、自我评价和自我调节。正因为人都具有这种自我意识和自我教育的特性，加之每个人的主观内心世界各有不同，因而每个学生都以自己的方式对待外部影响，或者持肯定态度、积极态度；或者持否定态度、抵制排斥；或者持中立态度，淡漠处之。以上两个因素中第一个因素就是德育过程，而第二个因素自我教育能力的提高也是德育的结果，是进一步塑造人格的条件和内部动力。学生自我教育能力的增长，就能提高他们的上进心和自律的能力，"择其善者而从之，其不善者而改之"。可见德育对人格形成与完善具有催化的作用。

从以上的分析中可以看出，德育的本质是教育者根据社会的育的一个有机组成部分，是首要的教育活动。德育培养的受教育者的品德包含反映社会意识的道德品质、政治品质和思想品质，也包含个性心理品质。因此，德育的实质是塑造人格。

第二节　德育与大学生素质的发展

一、德育在素质教育中的核心地位

素质作为人的一种基本品质结构，具有很强的复合性，是品格、智慧、知识、能力的综合。素质包括知识、能力，它建筑在知识、能力之上，更体现人的内涵、更强调做人的根本。江泽民曾在全国教育工作会议上指出："思想政治素质是最重要的素质，不断增强学生和群众的爱国主义、集体主义、社会主义思想是素质教育的灵魂"。思想政治素质不仅直接决定和影响学生当前乃至一生的发展轨迹，即发展的方向是正确还是偏向，发展的动力是强大还是弱小，而且也直接影响科学文化素质的形成和发挥。在全面推进素质教育过程中，必须把德育置于核心地位。以德育为核心，必然要求学校坚持正确的政治方向，发挥德育在素质教育中的导向、动力和保证作用，为智育和其他各育提供精神动力，为学校教育和学生的全面发展提供思想政治保证；必然要求实现德智体美各育之间的良性互动，通过德育渗透各育，保证智育、体育和美育健康发展，同时又通过各育的发展为德育奠定坚实的基础。

（一）从素质教育的角度实践德育

思想道德素质主要应体现在基本政治观点、道德认识能力和道德行为上，也就是认识问题、解决问题的能力，这种能力是坚定正确的政治方向、履行崇高的政治理想的基础，也是养成良好行为习惯的依据。多年来，高校德育在学生的思想道德教育方面作了大量的工作，进行了较大的投入，取得了一定的成效。但实效性与预期的目标尚有一定的差距，原因之一就是科学、规范的素质教育体系的建立比较滞后，使德育游离于素质教育体系之外，这种状况一方面抑制了德育在素质教育中的核心作用的发挥；另一方面导致大学生对德育在其人生发展过程中的重要意义认识不清，对素质缺乏全面的理解，没有把思想道德素质的培养作为一项首要的任务，对培养全面素质缺乏足够的重视，以致在一定程度上忽视道德认识能力和心理调适能力的训练，结果是一些青年学生政治热情高、参与意识强，但政治鉴别力和政治敏锐性偏低，在复杂的环境影响下，个别学生道德行为失范，偏离其理想航道。因此，有必要从"素质"的角度来分析、研究、实践德育，强化素质德育观，致力于思想道德素质的全面发展，才能更好地适应两个文明建设对人才素质的要求，担负起培养"四有"人才的重任。

（二）德育在素质教育中的整合功能

随着我国经济建设的快速发展和文化生活的不断丰富，高校德育必须适应新形势的要求，扩大功能范围，拓宽服务领域，在促进人的素质的全面提高上发挥导向、动力和保证作用，为智育和其他各育提供精神动力，为学校教育和学生的全面发展提供思想保证。因此就需要实现德智体美各育之间的良性互动，通过德育渗透各育，保证智育、体育和美育健康发展，同时又通过各育的发展为德育奠定坚实的基础。

高校德育除了要充分发挥"对青少年学生健康成长和对学生工作导向、动力、保证作用"，还应适应新形势下的人才素质要求的变化，承担整合功能。

二、德育在大学生素质发展中的作用

人才的成长和发展需要崇高的理想、高尚的品德、坚定的信仰作为坚强后盾，缺乏崇高理想和良好品德的"人才"极易陷人急功近利的泥沼，沦为科技的奴隶，最后毁灭于金钱和名誉的诱惑之下。所以，在人的发展过程中，德育水平具有决定的意义。从某种意义上讲，思想是使人之所以为人的重要因素。因而在素质教育过程中，德育构成中的主要内容——思想道德素质起着先导作用，它如同人的灵魂，是一切行动的主宰，决定人们行动的目的和方向。因为思想道德的根本问题就是人生观、价值观的问题，这个问题解决了，人的其他素质的发展才具有真正的社会意义和价值。

（一）坚定正确的政治方向的作用

培养青年大学生的素质包含着多方面的内容，其中思想政治素质居于主导地位。有人认为，高素质的人才只要忘我追求科学真理就行了，用不着去管政治方向、理想信念。其实，政治方向、理想信念可以为青年在知识海洋探索中指明方向，坚定信念，既是大学生团结奋斗、开拓进取的强大精神支柱和不竭的动力源泉，同样也是学生健康成长的航标和动力。早在民主革命时期，毛泽东同志就认为青年应该永远把坚定正确的政治方向放在第一位。有了正确的政治方向，青年大学生才能在复杂的社会环境中健康成长，才能经受住各种政治风浪的考验，才能成为各条战线的中坚力量，成为对人民、对社会有所作为的人才。

在这里，我们所说的人才的政治素质，具体地说，应该是有理想、有道德、有文化、有纪律的社会主义新人。他们热爱社会主义事业，具有为国家富强、民族昌盛和人民富裕而艰苦奋斗的献身精神；他们不断追求新知，具有实事求是、独立思考、勇于创新的科学精神。

德育意义上的马克思主义理论教育关键不在于一般的知识传授，而是在于给予观察问题、分析问题的立场、观点和方法。切实将理论教育转化为学生的价值取向和人生追求，并最终升华为他们的理想信念。当前，中国共产党带领全国人民全面建设小康社会，这是爱国主义情操、社会主义信念和共产主义理想在现阶段的集中体现，代表了中国人民的根本利益，也是中华民族实现伟大复兴的必由之路。因此，重要的是引导大学生树立正确的世界观、人生观、价值观，用战略思维去分析和看待国际国内大环境。在经济全球化、科技全球化的背景下，具有清醒的政治头脑、时不我待的紧迫感、责无旁贷的使命感。引导大学生树立为民服务的价值取向。一个人如果确定了为人民服务的价值取向，他在政治上必然拥护人民当家做主的社会主义民主政治制度，在经济上必然赞成以公有制为主体的经济基础，在道德上必然信奉集体主义的原则，最终成为社会主义事业的建设者和接班人。

（二）开发人才智力素质的强大动力

随着现代科学技术的突飞猛进，人的智力因素和非智力因素对社会进步、个人成长的作用表现得十分突出；反过来，社会进步对人才的智力素质和非智力素质的要求也越来越高，越来越迫切。一个社会的发达程度同它的社会成员的智力素质有着直接的关系。我国正处于社会主义现代化建设中，对人才智力素质的要求更有特殊性和紧迫性。经济、科技、文化比较落后的国情，日趋激烈的世界范围内的新技术革命的挑战，建设具有中国特色的社会主义社会的伟大事业，急需要我们培养一代具有开拓精神和创新能力的人才，急需要我们全面提升国民智力素质。而思想品德素质正是开发智力和非智力素质的一个重要的驱动因素。

（1）思想品德素质可以为提高人才的智力素质提供强大的精神动力。它可以引导人们把自己所从事的具体的科学技术业务同远大的目标、伟大的事业联系起来，以崇高的思想鼓舞和指引人们不断地探索、追求，从中产生巨大的、无穷无尽的精神动力，战胜客观和主观上的种种阻力，最大限度地调动自己的内在潜力，开发自己的智慧宝库。人才的思想境界决定了其智力素质的发挥，只有自强不息，顽强拼搏，人生足迹才会落地有声，才会真正实现人生价值。

（2）坚强的意志品质和乐观自信的心态是人的智力素质最大限度发挥的保障。现代人才成长理论认为，主体的创新活动虽然需要一定的智力水平为基础，但智力因素不是成长的根本因素，人才的成功与否，取决于创新人格的形成与发展，创新人格包括智力因素和非智力因素。这些因素与人的创造力密切相关。思想品德素质中的人生观念、意志等非智力因素在人生发展中具有重大意义。德育的人格教育、意志品质教育和对学生的自我意识及自我塑造的教育强化了学生"天生我辈必有才，天生我才必有用"的信念，增强了人们不惧困难、不怕挫折、勇于实践的信心，一方面有益于大学生智力的开发，另一方面增加了大学生获得成功的机会。因此，高校德育应充分重视个性品质在创新人才成长中的特殊作用，把发展个性、培养创新人格的时代责任担当起来，充分发挥德育优势，努力培养大学生的远大理想、坚定的信念、丰富的情感、坚强的意志和浓厚的兴趣。为造就创新人才做贡献。

第十章 大学生德育过程及规律

第一节 影响大学生成长的因素分析

一、值得注意的大学生思想与行为特点

不同社会条件和不同历史时代的青少年特别是大学生，具有不同社会历史时代的特征。当前，我国正处在改革开放的伟大时代，经济、政治、思想、文化、科技、教育等体制的全面改革，有力地推动着社会生产力的发展和人们观念、意识的迅速更新。对外开放打开了人们的视野，在吸收国外有益物质文明和精神文明成果的同时，也面临着各种社会思潮以及西方价值观念和生活方式的挑战。市场经济和信息传播及其手段的现代化，打破了学校与社会之间的隔墙，缩短了两者之间的距离。这一切都加速了大学生的社会化进程，使他们的时代特征更加明显。他们的社会意识、价值观念、群体特征、心理状态和生活方式，已经大大不同于以往任何一个时代了。只有正确认识大学生的思想与行为特点，德育才能更接近于他们的思想实际，从而收到比较好的实际效果。

恩格斯说："时代的性格就是青年的性格。"随着市场经济体制的逐步确立，青少年的思想观念和行为方式发生了巨大的变化。这种变化，在作为敏感的具有较高知识层次的社会群体的大学生身上有更加明显的反映，并带有自身的特征，应该引起我们的关注。

1.部分学生的政治观念有所淡漠

学生活动中的政治性色彩减弱，非政治性色彩强化。一些学生认为，只要学到知识和技能，就可以适应社会，无须谈什么政治素质，只要我不违法，

别人就管不着我。这些学生把自己降到了一个很低的标准，而无视自己作为跨世纪一代知识分子所应承担的历史责任，缺乏应有的精神追求。2001年某市组织了高校大学生思想状况滚动调研，调研数据显示，一些学生理论困惑颇多，政治观点模糊甚至错误。有13.5%的学生认为"共产主义是美好的幻想，但无法实现"，有29%的学生认为"社会主义前途难测，说不清楚"，还有15%的学生持有"现在不知道社会主义和资本主义的区别在哪里"等形形色色的看法，有38.41%的同学认为"私有化是我国社会发展的必然选择"。上述调查的结果表明，近些年来，大学生虽然对党和国家的大政方针增强了共识，他们拥护改革开放，希望国家富强，但是他们的政治辨析能力不容乐观，而且有相当数量的学生注意力已从关注政治转向了更加倾向关注与个人有关的周边事务。

2. 部分大学生价值观表现出实惠与趋利的倾向

社会上存在的拜金主义、享受主义、个人主义对在校大学生产生了明显影响，求富、求美、求乐成为一些大学生的价值追求。他们抛弃了"君子不言利"的旧观念，把求富当作自己的第一追求。他们把求知看作是求富的手段，求知识，求事业成功，其目的在于求富。一些学生表现出强烈的拜金主义思想，他们以金钱的多少、地位的高低及物质生活的档次来衡量价值，以个人欲求的满足，以个人切实感受到的享受程度来评判价值，表现出鲜明的个人主义倾向。通过对大学生思想滚动调查的数据分析，我们可以看到，有45%的学生认为"现实生活中，人人都在为自己。"有15.23%的学生认为："人与人之间只有永恒的利益，而无永恒的友谊。"在选择价值标准时，有60.3%的学生选择了"整个生活经历是否快乐"。大学校园中，出现了多元价值趋向，一些学生认为个人功利、个人幸福、个人享受是人的本性，应当得到尊重和理解。在实现价值的途径上，许多学生认为应当通过"自我设计""自我奋斗"。当然，仍有多数学生能够从社会与个人的双重角度来正确认识人生的价值，他们希望通过自己对社会的贡献来获得社会对个人的满足，从而在推动社会的进步中实现自我价值。

3. 大学生的社会活动增加，自我行为的控制能力有所减弱

在主观思想支配下和社会观念、社会行为方式的影响下，大学生行为表

现出明显的发散性和释能性。他们与现实社会和虚拟的网络社会的接触大量增加，情感活动、人际交往活动、经济活动、娱乐活动等频度和深度都加大了。从大学生的生理心理特征来看，他们处在青春期，生理上的发展成熟，使其思维扩大，精力充沛，感情丰富。在心理上，自我意识、独立性增强。大学生的社会信息量大，社交范围广，更促使自我意识的增强。另外，当代大学生处在社会改革的洪流中，与上代人相比，他们的思想解放，更倾向于独立思考，民主平等的意识更强。大学生在表现出大胆开拓、勇于实践、敢冒风险等积极因素的同时，也表现出了盲目、草率、随心所欲等不良倾向，不考虑其行为的后果，易受激情的左右而缺乏应有的理智。近年来大学生中违反校纪的现象有所增长，考试作弊等不良的学习风气有所蔓延。因心理困扰问题、情感问题，对学校教学、管理、生活服务等方面工作存在的不满情绪而导致的发泄现象和突发事件时有发生。

总之，当今青少年特别是大学生的思想品德状况在新形势下表现出不同于以往任何时期的新特点，这对我们提高德育的实效性既提出了新的挑战，又创造了新的机遇，为我们开展德育工作，提高德育的实效性提供了客观依据。

二、高校德育环境分析

德育是一个科学的系统工程，它依赖于教育学、社会学、心理学等诸多学科理论知识的支持。同时，德育也受到社会大环境、校园小环境、教职工素质、个人成长经历和自我心理环境等诸多影响。要实现德育的实效，达到目的，就必须客观分析大学生德育的环境因素，并且遵循大学生品德发展的规律来实施德育。

1. 社会经济活动方式的新变化对德育的冲击

改革开放以来，我们国家实行了社会主义市场经济体制，由此形成了一些新的社会经济活动方式，比如经济成分的多样化、分配方式的多样化，过去我们讲社会主义、共产主义，面对的是公有制的前提，几乎看不到其他经济成分，而现在在公有制的基础上又出现了多种经济成分，有的地区出现了私有制为主体的情况，分配原则由过去的按劳分配转变为按生产要素分配，现实社会生活中出现了贫富差距、分配不公等现象，面对这些新的社会问题，青年学生出现了理想、信念的迷茫，甚至对思想政治教育产生一定的阻抗。

2. 社会信息活动方式的新变化对德育的冲击

20 世纪人类最伟大的贡献是计算机科学的突破和信息网络化的出现，当今的大学校园已不再是过去的象牙塔内的封闭世界，学生也不再是"两耳不闻窗外事，一心只读圣贤书"，国内外各种社会政治、经济、文化的信息随时在学生中传播与交流，古今中外各种哲学理念、文化思潮以及由此形成的价值导向对大学生形成了一波又一波的冲击。当今的大学生不会简单地去接受某一种思想、观念的灌输，他们在思考、比较传统思想教育内容、方式在各种思潮的冲击中显得有些无力与僵化。

3. 社会文化活动方式的新变化对德育的冲击

随着科学技术的日新月异和经济建设的飞速发展，我们身边的文化生活发生了量和质的变化，人们在享受着丰富多彩的文化活动方式和先进的活动设施带给我们的快乐的同时，感受到了社会进步与现代文明。但我们必须关注的是，掩盖在经济繁荣和生活方式多样化霓虹灯背后的黄、赌、毒、迷信、官员腐败等社会丑恶现象和西方腐朽、堕落生活方式对大学生造成的负面影响，有的老师讲：我们几堂课讲的内容，抵不上一件社会上的坏事的冲击。

4. 大学生自我角色的变化对德育的冲击

近年来，随着高等教育改革的深化，高校实行了收取一定的培养费用制度，虽然说学生所交学费仅为其全部培养费用的一少部分，但毕竟与以前有所不同，学生家庭要有一定的经济投入。同时，学生毕业时学校不再包分配，而转为就业指导与服务，学生在学校的帮助下，双向选择谋取职业。这些现实都使学生的自我角色发生了微妙的变化。学生的维权意识日益突出，学生希望在对等的前提下接受学校管理与教育，希望得到学校方方面面更好的服务。特别反感居高临下的管理者和教育者，对一些僵化的、脱离实际的思想教育则形成心理阻抗。对此，我们应进行客观的分析，在积极对学生进行引导的同时，也要看到传统的思想教育模式和教育内容已滞后于社会的发展，需要进行改革，以实现德育实效性目标的要求。

影响学生接受教育效果的因素主要有：学校综合环境（人文环境、校园环境、学生班级或宿舍风气等），教师素质能力（思想境界、理论水平、教授方法等），成长经历（成长挫折、家庭条件、社会应激事件的影响等）。而市场经济的社会背景又对以上因素和受教育个体产生正向或负向的影响。

三、大学生品德发展规律分析

德育科学是以学生的品德形成、发展规律及教育规律为其研究对象的，那么，研究德育过程及其规律首先就必须研究学生品德的形成、发展过程及制约条件。我们应看到，品德的形成过程要比德育过程广泛得多，它包括学校、家庭、社会对学生的整个影响过程，其中有可控的、自觉的影响因素，也有广泛的、自发的影响因素。德育过程是自觉的影响过程，不是自发的，而品德形成过程中却有自发的一面。学生的品德可以在德育过程中形成，也可以在其他社会生活条件影响下形成；可能与德育过程一致，也可能与德育过程不一致。我们应当充分发挥德育过程在学生品德形成过程中的主导作用，自觉地培养学生与社会要求一致的品德，克服消极的社会影响和与社会要求不一致的品德，将社会的要求同学生品德发展的要求统一起来，使德育过程和品德形成过程产生最佳综合效应。为此，也必须首先研究学生品德形成的规律。

品德是一个人建立在一定的心理素质基础之上的思想品质、道德品质和心理品质的总和，是一个人完整的精神世界。大学生在校期间恰值其一生中最重要的身心成长时期，也是品德发展的关键期。大学生品德形成和发展具有其内在的规律。根据品德发展心理学的研究，人的品德的形成是一个动态的、由低级向高级（心理发展—道德认知—思想观念）逐步发展的过程。高层和低层之间互相渗透成为一个统一的整体，构成一个人完整的精神世界。

大学生品德的形成是在活动和交往的基础上，通过心理内部矛盾的解决，不断地积累起新品质的过程。

1. 活动和交往是品德形成的基础

受教育者的品德是在与外界的相互作用中，即在活动与交往中形成，又通过活动和交往表现出来。活动和交往是人的品德形成与发展的源泉和基础。

人的遗传素质为思想品德的形成提供了生理前提，但它本身不能成为品德结构中的成分。人们只能从客观存在的社会关系中掌握思想观点和道德行为，而客观社会关系总是通过活动交往对人发生作用。活动使社会关系得以实现，交往是社会关系现实化的方式。人是通过活动与交往在社会关系中掌握思想政治观点，形成道德行为习惯的。这也就是说，任何人的活动与交往都带有社会性，总是在一定的社会关系系统中进行的。在活动与交往中表现出人对事物、对他人的关系，活动的行为方式总是受到由该社会关系决定的思想政治原则和道德准则的调节。也正是在这样的过程中，人们才掌握了社会思想与道德规范，形成自己的思想品德。青少年、学生的品德正是在这种活动与交往中形成和发展起来的。

2. 品德的形成和发展是外界教育通过内心矛盾运动转化的结果

把社会道德规范转化为个体的品德，是内外因素相互作用的结果。外部教育影响作为条件是不可缺少的，但外界教育影响又必须通过心理内部矛盾起作用。品德作为个体现象，必然依赖个体的心理活动，依赖于内部的心理矛盾运动。这种内部矛盾，概括地说，就是受教育者对当前德育要求与现有品德发展水平之间的矛盾。教育从要求开始，没有要求就没有教育，要求应该高于现有品德水平。每个人的品德结构不同，因而都以"自己的"方式对待外部教育影响，或者接受，或者排斥。这表明主体对外界教育影响有选择性。不论主体内部品德结构如何，外部教育影响反映到内部，总要与原有的品德结构形成矛盾，总要在受教育者心理上留下痕迹，对外界影响采取接受态度时，外部的要求便转化为主体要求，并在内心选择适应的行动方式，使原有品德结构发生变化，于是就形成了新的内部控制机制。可见，外界教育影响是经过主体"加工"，即"自己运动"，有机地纳入主体的品德系统。

3. 品德的形成与发展是长期不断进行塑造的过程

品德的形成与发展总是通过活动与交往，产生心理矛盾，再通过活动与交往，再产生心理内部矛盾的螺旋式上升过程，这也就是品德不断塑造和改造的过程。塑造教育即培养新的品质，也就是要形成某种稳定的心理特征，必然要经过长期的、反复的教育与培养。不能认为教育对象按照教育者的要求，接受了某一思想，完成了某一道德行为，就断定他已经形成相应的品德了。只有当他不只一次地、反复地巩固某一思想，完成某一行为，并根据经验和实践，深信这一思想或道德规范是正确的，以至这种思想和行为成为他经常的、稳固的特征时，方能说他已经形成了这方面的品德。克服、矫正某一错误的思想观念或道德品质，也要经过长期反复的过程。品德形成发展的长期性，也可以从心理生理学上得到说明，即对有机体不只一次地重复一种系统的影响，才能形成动力定型。由于人们品德的心理结构是一种动力系统，并非一旦形成就固定不变，因此，每个人的品德结构，只能是相对稳定的。由于整合作用，品德的心理结构总在不断地改变着、发展着。

综上所述，学生品德是在活动和交往的基础上，经教育者有目的地施以教育影响，通过受教育者心理内部矛盾运动、外界教育影响转化为动机和内部动力，并选择一定的行动方式，然后又通过活动表现为实际言行，经过多次的重复，形成习惯，行为习惯又进而变成个性特征，从而形成一定的品德，并在长期的塑造和改造过程中成长、发展，直到成熟。

第二节　大学生德育过程

德育过程是一个相对独立的教育过程，贯穿于德育活动始终，有其自身形成的特点和发展规律，它与人的成长、发展有着密切的关系。

一、对德育过程的理解

1. 德育过程的含义

所谓德育过程是指教育者把社会主义要求大学德育任务的三个基本方面——政治观念、思想方法与道德规范，通过长期实施有目的、有计划、有组织、有实施的教育，逐步转化为大学生个体的思想品德过程。这一过程是全体德育工作者与大学生交互作用的双向活动过程。从它的发展过程来考察，应当完成两项"转化"任务：首先，德育工作者要把社会主义的政治思想和道德要求转化为大学生的意识和需要，然后，再促使大学生把上述这种意识和需要转化为行为习惯，形成一定的政治观点、思想觉悟、道德品质。也就是说，首先要经过一个由外在的客观要求转化为内在的个体意识，然后再由内在的个体意识转化为个体的思想品德，进而再作用于社会的外在表现的过程。

2. 德育过程的特性

（1）大学德育过程是教育与自我教育统一的过程

大学生良好思想品德的形成，既是教育者长期教育的结果，也是大学生多年个人刻苦努力的成果。大学德育过程中，德育工作者起着主导作用，但是，我们也必须认识到，大学生不仅是德育的客体，同时也是德育的主体；而只有使德育工作者的主导作用落实到大学生的主体作用上，使大学生形成能动的自我教育力量，并与德育工作者的教育协调配合，才可能产生良好的德育效果，推动大学生的思想品德向更高层次发展。在这种情况下，很明显，教育与自我教育是统一在整个大学德育过程之中的，德育工作者的教育——外因，必须通过大学生自己转化为一定的意识和需要——内因，才能产生教育的效果。正因如此，大学生不仅是教育的客体，而且可以通过教育与自我教育转化成教育的主体。只有充分发挥受教育者的主观能动作用，把教育与自我教育协调地结合起来，才能使大学生主动接受和自觉配合德育工作者的教育，从而形成完整有效的大学德育过程。

自我教育，在大学生思想品德形成中的作用是不可低估的。首先，在身心与能力发展方面，大学生的生理发展已基本成熟，心理发展虽正在继续，但已趋于平稳。较之中学生，大学生的自制能力强，行为自觉，辩证思维能力已有长足进展，能够进行高度概括与抽象的思维活动，透过社会表面现象认识社会本质以及具备了很好地掌握科学理论的能力。其次，在社会环境与交往关系方面，到了大学情况发生了很大变化。大学生进入了独立生活、自主学习的新环境，家庭影响逐渐减弱。大学的课程设置和学习安排，要求学生有明确的学习目的，自觉的学习态度，独立支配时间和设计学习计划的能力。大学如同一个小社会，环境较为复杂。大学生中人才集聚，他们来自社会各阶层，特质不一，经历各异。社会信息通过多种渠道在大学生中传播。大学生的知识水平不断提高，精神生活领域逐步扩大。校内的知识库和活跃的学术气氛有力地推动着他们的知识积累和思维批判能力的发展。大学生和社会的横向联系也发展了。跨教学班、跨专业系的学生会组织、社团组织吸引着大学生参加。专业实习、社会调查、勤工助学等活动促使学生和社会的联系加强并且越来越社会化了。最后，在社会实践方面，大学生行为的自觉性和社会目的性较强，他们已能自觉地、有意识地处理自己同社会环境的关系，能够将个人理想和国家、社会的发展相联系，因而行为的计划性较为合理。

上述分析的三个方面因素造就了大学生具有独立自主的能力。当然，这并不等于排斥教育在大学德育过程中的作用，但自我教育在大学德育过程中的作用是不可低估的事实，也必须予以正视。不少大学生时常自然地表现出自我意识、自我评价、自我批评、自我监督，确立明确具体的奋斗目标，积极自觉地接受德育工作者的教育，主动配合院校开展各项工作，成为学生集体中的骨干和榜样。这种自我教育的延伸与扩大，可以直接制约和影响集体的形成。而先进、文明、健康、优秀的大学生集体，又会促使其组成人员的自我教育更加自觉、自愿，更加积极主动。因此，又可使个人的自我教育与集体的自我教育有机地结合在一起，形成良好的校风，从而产生更大的教育作用。这是任何德育工作者的说教所不能达到和无法替代的、生动活泼的自我教育力量。

大学德育要完成培养和造就德才兼备优秀人才的任务，学校领导及所有德育工作者，必须善于发掘和认真组织大学生中的自我教育因素，充分发挥大学生在德育过程中的主体作用，使教育与自我教育有机地结合起来，最大限度地发挥大学生在培养和形成良好思想品德中的主观能动作用，自觉实现思想转化，以尽快适应社会的需要。

（2）大学德育过程具有社会性与可控性

大学生作为社会的成员，由于所处的社会环境开放、复杂，与社会联系的渠道是多样化的。因此，接受来自于社会上的影响和信息是很多的。社会上的阶级、政党、团体、各阶层社会成员，社会的政治斗争，科学文化体育事业以及大学生们亲身经历的政治生活、经济生活等等无时无刻不在影响大学生思想品德的形成。另外，家长多年的言传身教，家庭中特有的环境氛围，物质文化生活的水准，特别是家长对大学生子女的态度和期望，对大学生思想品德的形成也都有一定的影响。由此可见，大学生的思想品德是在家庭、社会、学校的共同影响下形成的。以上提及的影响，其中有积极的，也有消极的；有正面的，也有错误的；有直接的，也有间接的；有稳定的，也有变化的；有自觉的，也有被动的，这就使高等院校的思想政治教育与社会生活之间几乎不存在时空上的距离，因而大学德育过程是多方面、多渠道教育影响的过程，具有广泛的社会性。

大学德育过程的这一特点，要求我们必须把高等院校的教育和多彩的社会生活结合起来，调动社会及家庭中的各种教育潜能，在发挥学校教育主导作用的同时，坚持将学校、社会以及家庭有机地联系在一起，进行"三结合"教育。为此，我们必须主动创造参加社会实践、广泛接触工农群众的机会，适当争取家庭教育，还要协助和推动社会教育活动的不断开展，积极地创造条件，组织好校外的各项活动，以形成全社会重视高等教育，关心大学生思想品德健康成长的良好风气。

高等院校作为专门的教育机构，不能脱离社会而孤立存在。但是，它可以对各种环境影响做出选择，创设出一种良好的环境和条件，促使大学生的思想品德朝着社会需要的方面健康发展。既可以利用环境中的积极因素教育大学生，也可以有意识地抵制环境中的消极因素对大学生的影响和腐蚀，还可以根据社会主义条件下政治观点、思想体系、道德规范的要求，把社会、周围环境及家庭的影响纳入高等院校教育的轨道。可见，大学教育过程还具有"可控性"的特点。

我们应当充分发挥高等教育具有可控性的特点，使大学德育领域中的一切活动具有明确的目的性、计划性和系统性，把课堂内外、学校内外的教育有机地协调起来。特别是在当前改革开放、搞活的新形势下，新生事物层出不穷，人们思想十分活跃，正确的思想、高尚的品德、积极的影响及各种错误的思想倾向、社会的不正之风和一些消极的影响错综复杂地交织在一起，因此大学德育必须增强大学生明辨是非，抵制形形色色错误思想的能力，把学校、社会及家庭教育纳入到教育体系上来，为大学生树立崇高理想，树立科学的世界观与人生观奠定坚实的基础。

（3）大学德育过程具有实践性和交互性

大学生不是静止地、被动地接受外部教育影响的。作为一个有血有肉、活生生的年轻人，总是要在其参与的各种实践活动的交往中来接受外部影响的。所有教育活动只有和大学生自己的需要、自己的思想政治水平、自己的认识水平、自己的情感状态相接近时，才能表现出良好的教育效果。因此，高等教育必须适合大学生的思想特点，寓教育于各种有意义的活动之中。一名大学生毕业后，其工作素质越强，品质越优秀，在工作上就会产生良好的经济效益与社会效益。这些素质和品质都要在德育过程中进行特殊的训练和培养。诸如要培养学生实事求是、调查研究的思想路线和工作作风及机智勇敢的特有品质；要培养学生认真负责的工作习惯、勤恳实干的工作态度、联系群众的协作精神；要培养学生具备严谨治学态度、维护真理和探索真理的知难而进的精神等。这一系列素质和品质的培养，都是德育过程的重要内容。

伴随着专业学习的过程，大学生会有一些思想问题和实际问题需要解决，这同样是德育过程教育的重要内容。以大学生中常见的专业思想问题为例，学生所学专业的社会影响力及其发展前景，与专业相关的日后工作待遇和生活条件，大学生所学专业与本人的兴趣爱好、能力特长是否相符等问题，都要在德育过程中加以解决。还应指出，实施德育过程的许多形式亦是结合专业进行的，如大学生的专业实习、学术性活动、结合专业的社会调查等。这样一些活动既是专业学习的重要内容，亦是渗透德育过程的重要形式。

总之，大学生思想品德的形成和发展都是在教育教学和各种社会实践活动中实现的，这些实践活动是检验学生接受思想品德教育有无成效的标准，同时也为大学德育提供了丰富的内容、典型的事例和广泛的途径，是高等院校教育的客观基础。因此，大学德育过程具有鲜明的实践性。

由于大学德育过程中的活动与交往主要是在大学生群体当中进行的，因此，其德育过程具有很强的交互性。大学生集体是大学生思想品德形成和发展的小环境，这个小环境的风气可以对其成员进行强有力的感化、影响和控制，进而形成良好的班风、校风。在集体中，大学生会发现自己的朋友，同学、朋友之间会产生相互影响，有利于大学生学习怎样处理个人与社会的关系，怎样正确评价自己在社会中的地位和作用，怎样正确了解自己的品质、能力、性格和特长等等，这些都是大学生社会性成熟的条件。同时，一个集体可以起到沟通德育工作者和大学生的桥梁作用。一个好的集体能够把德育工作者的要求顺利地贯彻到大学生当中去，收到良好的教育效果；另一方面，大学生当中的愿望、要求和建议，也能及时地反映给德育工作者，影响其思想和行为，从而使大学德育过程上下沟通、协调一致。因此，德育工作者要善于组织和依靠大学生集体，把自己的教育力量与大学生集体的教育力量结合起来，科学地运用这种平行作用原则就可以收到事半功倍的教育效果。

（4）大学生德育过程具有自觉性与渐进性

受教育者从教育者那里接受的思想道德意识转变成个体思想道德品行，是一个极为复杂的内部思想矛盾运动过程。从接受思想品德规范的认识过程来说，由不知转化为知；从矛盾的性质来说，由旧思想转化为新思想，错误思想转化为正确思想；从思想品德形成的心理结构来说，由知转化为行；从思想矛盾的转化来说，要经历由量变到质变等等，这样一个复杂的转化过程只能靠受教育者自觉去完成。这个转化的实现是教育者和任何他人所不能代替的。因为受教育者的进步要靠内因的作用，正如毛泽东在《矛盾论》中指出的"事物发展的根本原因，不是在事物的外部而是在事物的内部，在于事物内部的矛盾性"。教育者在受教育者品德形成中起着主导作用。它表现在教育者首先掌握思想品德规范，给学生做出表率，使教育具有示范性，能充分发挥理论灌输和榜样力量的作用，还表现在教育者懂得受教育者的身心发展规律和思想品德形成、发展规律，对受教育者的转化工作具有主动权和针对性，有效地组织德育过程，能做到科学育人，提高教育效率。但是，教育者这种主导作用，毕竟不能代替受教育者的进步，它还得依靠受教育者自觉地实现思想行为矛盾的转化。教育者的主导作用必须通过受教育者积极地开展思想斗争，才能完全实现思想矛盾的转化。受教育者的主观能动性是自身思想品德形成的根本内因，只有当受教育者在德育过程中充分发挥自己的主观能动作用时，才能取得良好的德育效果，达到德育的目的。

德育过程中，外部影响因素是广泛的，这种外部影响，一种来自社会、家庭及受教育者所处的环境，它有积极的方面，也有自发、消极的成分，在受教育者思想品德形成中起潜移默化的影响，是一种不可控因素。另一种来自学校的教育，它具有明确的目的性、针对性，在对受教育者思想品德的形成中起着主导作用，是强有力的积极因素，是一种可控因素。教育工作者要采取有效措施，排除障碍，克服由于消极因素的影响而在受教育者思想品德形成过程中出现相互抵消和相互抗衡的现象，努力将不可控的因素转化为可控的因素，保持教育影响的一致性，促进受教育者思想品德循序渐进地朝着社会要求的正确方向发展。

由于德育过程外部影响因素的广泛性，必然给受教育者思想品德形成带来反复性。它和任何事物的发展一样，要经过迂回曲折的道路，波浪式的前进，螺旋式的深化，使思想品德形成呈现出反复性。这种反复性有内部原因，也有外部原因。外部原因主要是不可控因素中的消极因素的影响，有的消极影响可能造成受教育者出现倒退现象。德育工作者面对受教育者思想品德形成和深化的反复性要有充分的思想准备，要正确对待受教育者出现的思想反复，善于引导。只要德育工作者树立信心，掌握教育艺术，分析受教育者思想品德变化情况，排除各种障碍，一定能够促进受教育者的思想品德沿着正确的方向深化。

上述可见，德育过程是一个复杂的过程，又是一个遵循着规律的发展过程。贯穿始终的基本矛盾是教育者掌握的思想品德规范要求与受教育者原有发展水平之间的矛盾，德育过程就是教育者掌握矛盾各方面联系的特点，促使基本矛盾不断产生、发展和解决，而形成、深化受教育者思想品德的过程。这就是我们对德育过程的科学认识，也是每个德育工作者要取得德育成功必须掌握的基本规律。

3. 德育过程的阶段划分

德育过程包括教育者自觉地施加教育影响和受教育者能动地接受教育影响这两个方面的教育活动，是教育者和受教育者相互影响、相互作用的活动过程。在这个施教和受的双向活动的总过程中包括下列三个阶段：一是社会所要求的思想体系、政治观念和道德规范影响受教育者的阶段。在这个过程中教育者处于主导地位，发挥支配作用，积极地创造教育环境，选择教育机制，有目的地对受教育者施加社会要求的教育影响，以促使受教育者把社会的要求转变为个人良好的思想道德素质。二是受教育者在一定的活动和交往中，接受外部影响的阶段。这种外部影响既有教育者所施加的积极影响，又有社会自发的消极影响。这是一个对受教育者充满着积极与消极，干扰与反干扰的复杂影响过程。三是受教育者自身的思想矛盾运动的阶段。在这个过程中,受教育者依靠良好的思想基础和心理环境,主动、积极地开展自我思想斗争,解决思想认识上的正确与错误的矛盾,实现个人思想转变中认识与实践、知与行的统一。

二、对德育过程的分析

1.学生品德的形成受到学校、社会、家庭等外在因素综合影响

马克思主义认为:"不是人们的意识决定人们的存在,相反,由人们的社会存在决定人们的意识。"恩格斯说过:"人们自觉地或不自觉地,归根到底总是从他们阶级地位所依据的实际关系中——从他们进行生产和交换的经济关系中,吸取自己的道德观念。"人是社会的人,人的本质"是一切社会关系的总和"。人们的品德正是在社会关系总和中形成和发展的。这就是说,品德不是先天的,并非孔子所说的"天生德于予",而是人们后天在社会的影响下形成的,是在社会实践和交往活动中,受到经济的、政治的、思想的文化教育等方面的综合影响而形成的。这些都体现了人的品德是由社会关系总和所决定的。品德的性质、内容取决于实际的社会关系和相应的伦理思想的性质、内容;这就是说,一定社会的政治原则、世界观与人生观原理、道德规范,同它们所反映的人与人的实际经济关系等,一起构成了人们社会生活环境的主要内容,成为社会成员个体品德发展的客观源泉。个体品德则是人脑活动中的稳固心理特征,是人脑对自己所交往的社会关系、所处的社会地位的反映,它构成了人的社会本质(人的社会性)的核心。

高校大学生同样是社会的人,他们的品德则是在学校、社会和家庭各方面的综合影响下形成的。社会是学生生活的大环境,社会的经济状况、政治形势、道德风貌、社会风气都对学生的品德形成有着直接的影响和推动作用。另外,随着对外关系的发展,各种国外政治、经济、文化的信息的传播,也影响着学生精神面貌的发展和变化。学校作为社会的一部分,国家力求创造一种良好的教育环境,培养党和国家所期望的人才。但是,由于校风不同,班集体发展的状况不同,教师、干部的表率作用不同,以及来自天南海北的

同学在衣、食、言、行上表现出来的差异性，都会给学生品德的形成发展以不同的影响。家庭是社会的细胞，学生从小在家庭里受到爱抚、得到温暖，一直到进入大学后学生还未完全独立，家庭还会以直接和间接的方式影响学生品德的形成和发展。家庭、社会、学校通过正式的和非正式的形式，对学生施以一致的或不一致的影响，有时甚至是相互矛盾的影响，这些影响有健康、积极的，也有不健康、消极的。我们社会主义的经济基础和上层建筑决定了对学生综合影响的主流是积极和健康的，但是，由于社会主义社会还存在着它脱胎出来的旧社会的痕迹，封建主义和资本主义意识形态的残余和新出现的、外来的种种错误思潮，都可能对学生品德形成的性质和发展方向产生消极的影响。同时，由于学生所处的具体社会环境（包括学校、家庭在内）的不同和学生自身品德修养自觉性的不同，必然造成不同学生品德发展方向和发展水平的不平衡或同一学生在不同时期品德发展的不平衡，因此，就形成了不同层次的品德水平。形成大学生品德差异性的原因与学生各自家庭的文化条件关系不大。比如，并非知识分子家庭出身的学生其道德水平就一定会高于其他家庭出身的学生。这是因为大学生进入了社会化的最后完成阶段，独立性迅速增强，接触社会、接受社会信息更多。固然家庭教育的基础应该重视，但是这时家庭以外的因素如学校、班集体、社会交往、社会文化生活等，对大学生的影响作用已远远大于家庭影响的作用。

学生品德的形成是一个由低级向高级发展的过程。品德结构的核心是品德观念，它的主要内容由道德观、世界观、人生观、价值观四个因素构成，它们之间相互联系、相互影响、相互制约，但不是同时形成的，而是从孩提时代到大学时代，随着社会化程度的提高，大体上按一定次序逐步形成的。一般来说，道德观的逐步形成在先，并影响世界观、人生观、价值观的选择和形成。而世界观的形成又反作用于道德观、人生观的巩固提高，并对品德的形成、发展起支配作用。大学生的道德观念经中小学的培育，已进入巩固提高和完善的时期，而价值观念、哲学观念却正在形成或初具形态，因为世界观、价值观对社会关系的反映比较直接，中小学生尚未形成独立和固定的社会关系，所以，世界观、价值观形成在后，尤其是作为哲学思想的世界观和方法论，与文化科学知识这一中介联系更为紧密，到高等学校才进行较为系统和深入的马列主义基本理论教育。因此，这时大学生的世界观才逐渐上升为品德结构中的主导因素，这表明他们正在迅速走向成熟。

2.学生品德的发展是个体知、情、意等内在认知运动的结果

恩格斯曾经指出："使人们行动起来的一切，都必然要经过他们的头脑；但是这一切在人们的头脑中采取什么形式，在很大程度上是由各种情况决定的。""事实上，世界体系的每一个思想映象，总是在客观上被历史状况所限制，在主观上被得出该思想映象的人的肉体状况和精神状况所限制。"这就是说，作为个体现象的品德，其形成、发展除了要受一定的社会环境和物质生活条件的制约外，还要受人的生理和心理发展规律的支配。学生品德的形成过程，绝不是被动地接受影响，适应社会历史条件的过程，而是在社会实践和学习的基础上，经过主观努力，使自己的认识、情感、意志、信念、行为等心理因素得到辩证发展的过程。这几个心理因素，缺少其中的任何一个，都不可能形成良好的品德；学生良好思想品德的形成，是一个从低级阶段进到高级阶段的自我教育过程，又是不断地反作用于社会环境的过程。

按照教育学、社会学、心理学的有关知识，我们可以做以下归纳：人们在学习、接受、实践一种理论、思想的过程中，应表现为四个环节，即认知、情感、信念和行为，也就是我们通常所说的知、情、意、行。这四个环节是相互影响、辩证发展的过程。

在这里，我们把德育的发展阶段用图形表示如下：

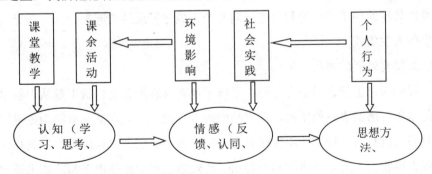

如图所示，德育第一阶段是大学生的认知，该阶段主要以大学生理性思维为主导，通过以"两课"为主的课堂教学学习有关政治理论知识，通过参加课余活动的方式增加自身的实践和体验，进行比较和选择，从而产生对德

育思想的认同，在第一阶段，教育者应把握好"启动效应"，以生动的教学方式和对德育的科学阐述调动学生的学习热情。

德育第二阶段是大学生的情感反映阶段。这种情感来自认知，而情感的丰富和发展又能强化认知，扩大认知的深度和广度。通过对大学生的调查研究，我们可以看到在大学阶段，学生的爱国主义情感、集体主义情感、社会责任感、美感等情感已日渐形成，并且已初步形成对人生、理想、社会、政治等问题的理性思考。这对大学生德育奠定了良好的情感基础。而情感的应激因素主要来自社会实践和环境影响。社会上存在的一些不良现象会对大学生的情感产生负面影响，因而导致大学生出现情感波动，直接影响其对德育的认知。在这一阶段，教育者应引导学生科学地、辩证地、发展地、全面地分析问题，从而逐步把所学的理论、观点转化成为大学生认识各种社会现象和社会关系的依据，进而指导自己的行为实践。

德育第三个阶段是大学生信念和思想方法形成的阶段，社会主义高等院校的重要任务就是通过行之有效的思想教育帮助大学生确立科学方法论和价值导向在内的正确的理想信念和科学的思想方法，推动实现"进头脑"这一根本性目标。客观地说，实现"进头脑"不是一朝一夕的事，更不能仅从某门考试的成绩就证明了"进头脑"，大学阶段为"进头脑"打下良好的情感基础和理论基础，真正实现进头脑还需要在今后较长的社会生活实践过程中经过知、情、意的互动逐步形成。在这一阶段，教育者应注重指导大学生将德育所体现的科学方法论和价值导向与个人成才发展结合起来，从而指导大学生的人生实践。

3. 德育过程的本质

我们探讨了什么是德育过程，了解了德育过程的含义，就不难从中看出它的本质。所谓事物的本质，即事物的根本性质，是规定某一事物为该事物并且将其自身与其他别的事物区分开来的东西。那么，德育过程的本质是什么呢？事物的本质是在事物与事物相互比较的过程中显露出来的。如果说智育过程是促使学生学习知识、发展智力、提高技能的过程，主要解决人的认识世界、改造世界的能力问题；体育过程是增强人的健康程度，从生理和心理上提高人的身体素质。那么德育过程主要是要求学生掌握一定社会的道德规范、社会思想和政治原则，解决学生的人生观、世界观、道德观和政治观问题，教给他们怎样处理个人与他人、个人与社会、个人与客观世界的关系和应持的态度。这是德育过程的根本特点，也是德育过程的本质。正是这一点，规定了德育过程之为德育过程，把德育过程同其他过程区别开来。很显然，德育过程是受教育者在教育者的指导和协助下，通过自己的主观努力和根据自己在生活、学习和实践当中的切身体验，去掌握和实践业已形成的思想方法、道德规范等德育目标。

第三节　大学生德育的规律

规律，即事物本身所固有的、内在的、必然的联系。德育过程的规律是什么呢？关于这个问题，应当说人们已经进行了很多研究和探索，提出了许多宝贵见解，值得我们学习、借鉴和参考。德育活动是有规律可寻的。为什么有些德育内容、途径和方法会收到显著的效果，而另外一些内容、途径和方法则遭到学生的冷遇，陷入形式主义的泥潭？这说明德育活动确实存在着客观规律，德育规律确实支配着德育活动。只有对德育现象达到了本质的认识，我们才能正确解释错综复杂的德育活动；只有把握了德育活动的客观规律，我们才能在德育实践中获得自由，收到预期的德育效果。我们研究德育实效性，就是为了更好地把握德育规律，用反映德育规律的理性认识来指导德育实践。在此，我们只想指出把握德育规律对提高德育实效性的重要意义。

对德育的规律，人们可以从不同的层次、角度和侧面进行揭示和探讨。即可以从哲学的最高层次进行概括和抽象，又可以从德育与其他教育之间的关系或德育自身运动发展的一般进程上进行探讨和研究。毫无疑问，用唯物辨证法的观点看，对立统一规律、质量互变规律和否定之否定规律当然是德育过程必须遵循的一般规律。但是，对于德育来说，我们所要探讨的应该是为德育所特有的特殊规律，而不是为一切事物所共有的一般规律。

一、德育是教育者、受教育者和环境共同起作用的过程

德育过程是由诸多要素构成的，而其中主要是教育者和受教育者及教育环境三个要素。它们是构成德育过程的三个最基本的要素。因此，德育过程的规律，首先是这三个要素之间相互联系、相互作用的规律，或者三要素共同起作用的规律。

那么，教育者和受教育者及教育环境三者在德育过程中各自起着怎样的作用以及怎样起作用呢？

1. 德育过程中，教育者处于主导的位置

教育者在德育过程中起到决定性的作用。不论在贯彻教育方针，保证实现培养目标和德育规格，还是制定和执行德育计划，把社会所需要的道德规范、社会思想和政治原则转化为学校的德育内容，以及根据实际情况组织德育的各种活动及采用灵活多样的各种手段，教育者都起着组织者和领导者的作用。可以说，没有教育者，就没有德育及其一切活动，因而也就无所谓德育过程。没有德育过程，当然也就无所谓德育过程的实现及德育的一切。这就是教育者在德育过程中决定作用的充分体现。

2. 大学生是德育过程中自觉的、积极的、能动的主体

大学生虽然是教育对象，处在被教育、受动的地位，但是，这决不意味着学生在德育过程中只能是完全处于消极被动状态的受教育的客体，准确地说大学生是德育过程中自觉的、积极的、能动的主体。因为教育者面对的对象是有血有肉的、活生生的个体，他们的头脑不是一张白纸，任教育者随意描绘和涂抹。尤其是大学生，已经积累了一定的知识经验，并且形成了一定的品德基础，具备了一定的自我教育能力。德育实践证明，大学生在德育过程中所接受的德育内容，并不是一般意义上的文化科学知识，而是具有很高的制约或约束性的道德规范、社会思想和政治原则，他们接受什么教育或不接受什么教育，以及在多大程度上接受教育，往往要经过他们自身的审视和选择，也就是说取决于大学生内在的自我发展的需求因素。这充分体现了受教育者的自觉、积极、能动的主体作用。受教育者这种主体作用发挥的怎样，直接关系着德育的质量和效果。提高德育质量，求得较好的德育效果，最终

要把社会所需要的道德规范、社会意识和政治原则，落实到受教育者身上，使其转化为他们的信念、行为和习惯。因此，在德育过程中，在充分发挥教育者主导作用的同时，必须充分调动和发挥受教育者的主观能动性，即主体作用。把两方面的作用结合起来，才能收到较好的效果，达到德育的目的。

只有在教育者采取有效的教育手段，激发起学生接受教育的主动性、积极性和自觉性时，德育活动才能充满生机与活力。德育活动如果得不到学生自我教育的响应、共鸣和支持，就从根本上失去了价值，而流于形式主义。学生在德育过程中的这种地位和作用是客观的，不以教育者的意志为转移的。教育者绝不能任意抹煞它，只能认识它、利用它。

当然，这并不是说学生的自我教育可以替代教育者的直接教育，可以降低对教育者的要求。相反，对学生的自我教育进行组织和指导，比起教育者的直接教育更加复杂，它要求教育者具有更高的教育责任感和教育艺术。基于这种认识，在把握德育规律时，我们要深入研究学生品德发展的水平和状况，研究他们对待教育和教育者的态度和倾向，研究他们自我教育的能力和意向，研究自我教育和直接教育的结合点。

然而，不论教育者对受教育者施加教育影响，还是受教育者积极、主动地接受教育者对自己施加的教育影响，都需要经过一定的中间环节或借助于一定的中介手段（即学校、社会、家庭、党团组织、班、宿舍集体、教育内容、教育手段和方法等）。我们把这些需要经过的中间环节或借助的中介手段通称为教育环境。

3. 教育环境在德育过程中发挥重要作用

事实说明，教育环境在德育过程中，在学生品德形成和发展过程中所起的作用是不容忽视的。比如社会生活环境，特别是党风和社会风气，对学生品德的形成和发展，有着潜移默化的影响。学生特别是大学生都有各自特殊的社会生活环境、社会经历和体验。这就决定了社会生活环境对学生的影响的广泛性与复杂性。好的党风和社会风气对学生品德的形成和发展起好的作用，党内不正之风和负面社会风气则对学生起相反的作用，甚至成为学生接受某些错误思潮影响的根据和理由。此外，在一定条件下，家庭对学生的政治思想、道德品质、性格爱好、职业选择乃至生活方式等都有影响。这种影响之大之深甚至有时能够超过社会和学校。因此，我们决不可小看教育环境在德育过程中的作用。德育过程是教育者和受教育者以及教育环境共同起作用的过程。这里讲的起作用，就教育环境来说，当然是指它们起的好的、积极的作用。

总之，德育过程是德育工作者、受教育者和环境共同起作用的过程，学生思想品德形成和发展是这三大要素共同发挥作用的结果。失去了哪一方面及其作用，德育过程都不能实现，学生的思想品德的形成和发展都将受到很大影响。

二、德育是以循序渐进的方式促进大学生品德发展的过程

就高等学校来说，德育的目的不在于使学生具有某些道德伦理知识，而是培养他们要有一个高尚的品德和完整的人格。所谓人格，体现了人的一切品德的总和。品德的发展也就是大学生在德育过程中认知、情感、信念和行为这四种因素交互作用、相互影响、辩证发展的过程。缺少其中任何一种因素，都难以形成大学生完善的品德和人格。

正是由于大学德育的最终目的是培养完整的人格，而把它与中小学的德育过程及其目的区别开来。

1. 德育的起步——大学生的认知

众所周知，认知是客观事物及其规律在人的头脑中的主观反映，是形成品德的基础。认知是人们对于是非、善恶、美丑评价的前提。孔子说，"知者不惑""弗学何以行？"知是行的指导。人们要有良好的行为，首先要有正确的认知。认知的来源有两个，主要是实践，再就是间接经验。所以，在德育过程中提高学生的道德认知是很重要的。在青少年中，有的人所以有这样那样不合乎社会主义道德的行为，往往并不是一开始就有意要这样做的，而是对社会主义道德、对社会公共生活准则无知或缺乏正确的了解所造成的。就大学生来说，他们的认识，除了来自于社会实践以外，则更多的来自于书本知识。无论是自然知识和社会知识，对大学生品德的形成和发展都有一定的影响和作用，其中特别是社会科学方面的知识、思想理论观点、社会现实

和社会实践，起的作用则更大。正如有人说过的，深刻的社会科学知识，能够转化为明确的、坚定的思想政治信念。

大学生的认知不同于中小学生的认知，他们更多的或者说主要以理性思维为主导。通过学习马克思主义理论及各种社会科学知识，通过自身的实践和体验，逐步把所学习和掌握的知识理论、思想、政治、道德、观点转化为信念，变成认识各种社会现象和社会关系的依据，并进而指导自己的行为实践。列宁讲的所谓没有革命的理论，就不会有革命的行动的言论，就充分体现了理论认识对于人的行为实践的重大作用。

2. 德育的媒介——大学生的情感

情感是人们对于事物的真假、美丑、善恶所表现的喜怒、爱憎、好恶所产生的主观体验。它所反映和表现的是人对事物的态度。毫无疑问，客观现实或外在事物及其认识，是情感产生的源泉和基础。脱离客观现实或对客观事物缺乏认识，就谈不上情感。在人们思想品德形成的过程中，情感是认识升华为信息、转化为行为的中间环节，起着中介作用，是大学生品德结构及其形成过程中的非智力因素。情感具有两极性或对立性，表现为肯定或否定的两极对立，如喜悲、爱憎等。情感的作用分积极和消极两个方面。积极的情感，如爱国的情感可以促使人们为祖国而献身。消极的情感则使人消沉、颓废，不仅有害于己，而且于国家也无利。所以，激发大学生积极的情感，克服或消除大学生的消极情感，是学校对学生进行德育的手段之一。

大学生的情感不同于中小学生，他们带有更多的理性或理智成分。在大学阶段，他们的集体主义情感、爱国主义情感、民族自豪感、责任感、正义感、事业感、美感等，不仅日渐形成，而且已建立在对人生、理想、社会、政治等问题进行理性思考的基础上。情感来自于认识，而情感的丰富和发展又能强化认识，扩大认识的深度和广度。列宁说："没有人的情感，就从来没有，也不可能有对真理的追求。"这就告诉我们，大学生得到的知识和认识，如果不能激发自身的情感，那么，也就难以形成信念，更谈不上行为或行动了。可见情感在大学生的品德形成过程中所占的地位是非常重要的。

3. 德育的升华——大学生的信念

什么是信念？信念在人的品德形成过程中的作用是怎样的呢？所谓信

念，就是人们对一定的人生理想和社会理想的真诚信仰，是人们确信并自觉遵循的思想、观点和行为的准则。信念是认识和情感升华到一定高度以后产生的，是感情化了的认识。信念是一种精神力量，是人生观的基础。具有坚定的信念，是一个人思想、政治、品德、素质趋向成熟的一种标志。大学生的信念与人生观、世界观的形成是一致的，是同一个过程。马克思主义的辨证唯物论和历史唯物论的科学世界观，是社会主义和共产主义思想政治信念确立的基础。

大学生处在信念形成的重要阶段。信念是大学生品德发展中一个重要方面。大学德育的目的之一，就是帮助大学生确立坚定和科学的信念。对大学生进行的一切教育，最终都应形成或转化为信念。尽管这种转化是十分艰难而不容易的。从当前来看，大学生应当确立社会主义事业的必胜信念，人类社会必然走向光明的信念。人的信念一经确立，就具有很强的稳定性。有了坚定的信念，也就强化了意志，最后也就有了果敢而又正确的行为实践。这就是信念在德育过程中的重要作用。

4. 德育的成果——大学生的行为

行为是在一定的认识、情感、信念和动机支配下所采取的实际行动。行为和实践是相通的，它所表现的是人对客观事物或外在世界所进行的改造或创造的物质力量。行为是构成人格素质的重要因素，是衡量一个人品质优劣的重要标志。一个人的思想品德如何，主要不是看他的言论是否动听，而是看他的行为是否符合社会的要求。孔子说："力行近乎仁。"又说；"君子耻其言而过其行。"知与行、理论与实践的统一，是观察人、教育人都要遵循的原则。观察人，要听其言，观其行。不看一时一事的表现，要看各方面和一贯的行为表现。由于大学生对外界各种影响的选择、消化和应用的不同？从而表现出来的行为也有所不同。有人能言行一致，有人则不能。具体到每个学生思想政治品德的成熟过程，也是一个知与行一致与不一致的矛盾运动过程。道德行为有两种表现，一种道德行为是不稳定的、有条件的；另一种道德行为是无条件的、自动的、带情绪色彩的行为。前一种是不经常的道德行为，后一种则已形成了行为习惯。真正可以称之为道德行为的，应该是道德行为习惯。大学德育的目标，就是引导他们完成从知到行的转化，不断地产生正确行为，并形成良好的行为习惯，进而形成良好的品德。

总之，德育的过程就是推动大学生认知、情感、信念和行为之间相互作用、辩证发展的过程。在这个过程中，认知是开端和基础，情感是从认识向信念转化的媒介和催化剂，信念是行为的动机和方向，行为则是德育的最终结果。从认知、情感到信念，是社会意识内化为个人意识的飞跃，也是大学生品德形成过程中的第一次飞跃，也是最根本、最关键的飞跃。从信念到行为的外化或外在表现，则是实现知与行的统一和人格形成的标志。大学生品德的完善是实现内化和外化两次飞跃的完整过程。这也就是大学生德育的重要规律。

三、德育是教育与实践紧密联系、相互作用的过程

1. 德育具有教育性

大学生科学的世界观、人生观和道德观不是与生俱来的，必须伴随着系统的、严格的教育过程才能形成。我国社会主义德育过程贯穿着小学、中学、大学的全部学业过程，进入大学学习阶段之后高等学校有责任按照国家教育主管部门颁布的《普通高等学校德育大纲》对大学生实施德育，即通过"两课"主渠道由外向内输入，主要通过课堂教学、社会实践等各种教育形式，有目的、有计划地对大学生施以系统影响。因此，高校德育中的理论灌输是必要的，我们不能随意否定德育理论教育中的灌输原则。但是，强调灌输原则的重要性，绝不是把德育过程单纯变成学生接受教育者说教的过程。关键在于高校德育工作者如何使理论教育更加生动和鲜活，更加贴近大学生的成长发展的实际需要，教育方式更加新颖，从而使德育理论教育形成更好的发展空间。

2. 德育具有实践性

德育的实践性体现在德育必须适合社会的客观状况和客观要求；德育必须注重引导学生实际地践行社会道德规范。一个人思想品德的形成，不仅表现在他懂得了许多道理，而且表现为他能够把思想品德的认识付诸实践，从而达到"知"和"行"的统一。

有一种观点认为，由于学生阅历浅、比较单纯，其参加实践活动，会被某些不良的社会风气所污染，因此应该把学生的实践活动严格限制在德育过程的可控范围内。不可否认，社会上确实存在某些消极影响，德育过程完全排除这些消极影响是不可能的。我们认为，鼓励并创造条件让学生积极主动地参加社会实践活动，正是高校德育需要重点开发的工作领域。这是因为，实践活动既可以开阔学生的生活视野，丰富学生的知识和经验，又为学生提供了正确地比较、鉴别和选择吸收社会影响的条件。实际上，当代大学生不是生活在真空里，不是与世隔绝的，他们除了受德育的影响之外，还会接受到来自其他各方面的信息。只有在实践中，学生才能真正体验到德育过程中接受教育引导的实际价值。也只有在实践中，才能使德育在扩大了的社会空间里充分发挥其教育影响的作用。所以，在把握德育规律时，必须认识到，德育过程是受教育者在实践活动中接受教育的过程。我们不仅要注重德育理论的研究，还要注重德育实践的研究。

3. 德育具有社会性

德育过程不是脱离社会影响的、孤立的、封闭的过程，而是对来自社会上的影响不断做出反应的开放的过程。改革开放的社会大环境，使得学生从来没有像今天这样多地接触社会、接触世界。可以说，德育过程越来越受到来自社会其他方面的影响，这种影响在学生思想品德形成过程中的作用也越来越大。德育过程是有目的、有计划、有组织地影响过程的一种特殊形式，从这种意义上说，它也属于社会影响，而且是积极的社会影响。积极的影响有利于学生形成正确的思想品德，有助于学校德育任务的顺利实现；消极的影响则干扰学校德育过程，对自觉的教育起着阻碍或抵消的作用。在这种情况下，学校德育要对社会各种影响作出反应、选择和调节，发挥积极影响，抑制以至消除消极影响，在尽可能的范围内，调控影响的社会条件，使学生朝着社会所期望的方向发展。因此，要全面完整地把握德育过程的规律性，必须更新把德育过程封闭起来的传统观念，认真研究德育过程和社会影响的关系，考察制约学校德育效果的宏观环境和微观环境。

第十一章　德育工作的新形势、新问题

第一节　德育工作的新形势

要想搞好德育工作，首先必须清醒地认识到当今的国际国内形势。党的十六大以来，随着世界经济的发展，当今世界经济格局最显著的特点是经济全球化。而经济全球化是一把双刃剑，它既有可能形成国际范围内生产要素的最优配置，又使发展中国家面临更加严峻的挑战。经济全球化以后，世界多元经济和多元文化不可避免地对大学生产生重要影响，使一些人淡忘国家意识，消解民族意识，失去对传统的认同感。因此，越是全球化，越是要加强爱国主义、集体主义、社会主义教育，弘扬中华民族优秀传统文化，既要有世界眼光、国际意识，又要有强烈的民族自信心、自尊心、自豪感。在经济全球化背景下，使大学生具有高屋建瓴的全局感、国家民族的危机感、时不我待的紧迫感、责无旁贷的使命感。这是新形势下德育教育的重中之重。

一、德育工作的新形势："三个转换"

一是世纪转换。人类已跨入 21 世纪，在新的世纪里，我国要实现中华民族的伟大复兴，要全面建设小康社会，加快推进现代化的新发展，成为富强、文明、民主的社会主义国家。要完成这一光荣而又艰巨的任务，必须有数以千万计的高素质、高水平的人才，当代大学生将是完成这一历史任务的主力军。学校的责任就是要紧抓教育，加强德育，使大学生认识到自己肩负的历史使命和社会责任，努力把自己培养成合格的社会主义建设者和接班人。

德育就是要启发大学生的觉悟，认清我国面临的形势和严峻的挑战，激励他们把推进社会发展，把国家利益、人民利益作为第一需求，以高度的主人翁责任感，努力学习，勇攀高峰，满腔热情地投身21世纪社会主义现代化建设的大业中去。中国的希望寄托在青少年身上，青少年的希望寄托在教育之中。

二是社会转型。我国正处在从发展中国家向现代化国家转型，从农业国向工业国转型，从粗放型经济向集约型经济转型的转折期。要实现社会转型和未来10年、30年、50年经济发展的宏伟目标，要使科学技术（知识）在经济发展中的贡献率达到60%以上，成为集约型经济，最重要的是培养人才，培养掌握现代高技术的人才。学校应加强对学生的教育，尤其要加强德育，让学生了解和认识到我国21世纪发展的宏伟蓝图，并把实现这一蓝图作为自己奋斗的目标和驱动力，才能激励他们奋发向上，努力成才，肩负起社会转型的时代重任。

三是体制转轨。我国正在从社会主义计划经济向社会主义市场经济转轨的历史进程中，这对长期以来在计划经济形式下形成的经济结构、文化结构、教育结构以及人们的思维方式、生活方式等都将产生很大的冲击。只有加强德育，帮助学生树立与市场经济相适应的现代观念和意识，改变学生中混文凭、混日子、害怕艰苦、贪图享受等非理性倾向，正确认识市场经济带来的消极因素和社会上的腐败现象及其产生的原因。当代大学生的责任就是要为完善社会主义市场经济，完善社会主义法制，消除社会上不正之风和腐败现象而努力奋斗，每个人都要成为改造社会、促进社会发展的主人和动力，而不要成为停留在埋怨社会、指责社会的袖手旁观、指手画脚的"观察员""局外人"。这就是德育的任务。

市场经济的发展也为高校的德育教育提出了新的挑战。当前经济成分、组织形式、就业分配的多样化，归根到底是利益的多样化。利益的原则推动了社会生产力的发展，利益的作用激发了人们的进取意识和创造热情。但是，利益的驱动也使一些人私欲膨胀，增加了很多消极负面的东西。由于经济地位的区别，人们的思维方式、价值取向常常有所不同；由于具体利益的差异，人们的要求和愿望也往往不尽一致。如何在利益多元化的情况下，坚持和弘扬以"为人民服务"为核心的社会主义道德的基本原则，树立社会的共同理想，寻找国家利益、集体利益和个人利益的结合点，制止个人主义的膨胀，这也是人才培养工作面临的重大问题。

同时，随着体制的转轨，我们看到的世界已经不同于上个世纪，甚至是不同于不远的过去。当前是一个开放的、信息发达的社会，信息来源、传播渠道和内容都多样化了。互联网在经济、文化、社会生活中的影响越来越大。互联网是开放的，信息多种多样，既有大量进步、健康、有益的信息，也有不少迷信、黄色、有害的内容，很难管理、控制和引导。在这种情况下，我们要积极发展、充分运用、加强管理、趋利避害、发挥优势、主动出击，用正面的宣传、信息占领阵地，使青少年既要有获取信息的能力，求知的能力，又要学会筛选，学会鉴别，学会吸收，学会抑制，在接受知识信息的同时接受教育。

二、德育工作的新形势："四个挑战"

一是国际政治格局的变化对高校德育的挑战。不少青年学生只看到天下太平，国际形势缓和的一面，被西方所谓的"民主、自由、人权"等漂亮的辞藻所迷惑，被资本主义经济繁荣所迷惑，看不清西方资本主义的本质特征，看不清西方敌对势力的真面目，甚至动摇了社会主义信念。德育必须从政治的高度，从我国社会主义国家利益的高度，对学生加强思想政治教育，加强爱国主义、社会主义教育，认清西方资本主义及其敌对势力的本质，认清只有把我国建设成为强大的社会主义现代化国家，才能抵御外来的干扰和破坏，才能击败外来敌对势力的制裁和颠覆，中华民族才能屹立于世界民族之林。当大学生有了这股激情和"内需"时，就会产生奋发向上的驱动力。

二是经济全球化对德育的挑战。当代大学生往往只看到世界经济繁荣和发展的一面，而没有看到其中蕴含的深层次问题和潜伏的危机。这一严峻的事实告诉我们，高等学校必须加强德育，加强对学生全面素质的培养，才能适应经济全球化的挑战。培养学生树立国际化、全球化观念，克服狭隘的民族主义和本土观念，要掌握一定的国际政治、经济、文化等方面的知识，具有国际交往能力。高等学校要努力培养一大批政治强、业务精的高素质、高水平的人才，将来能在世界国际组织、国际机构中工作，改变由外国人包揽、操纵这些组织的状况。

三是现代高科技的发展对德育的挑战。高等学校要攀登科学技术高峰，是十分艰苦的，是要付出艰辛劳动、贡献毕生精力的。大学德育就是要激励学生的责任感和事业心，使他们认识到"科学技术是第一生产力"，认识到要和资本主义比速度、比实力，必须努力攀登科学高峰，这是关系到国家前途和命运的问题。要让学生认识到今天的学习决不是个人的事。大学生是攀登科学文化高峰的国家队队员，已不完全属于家庭和个人，而是属于国家的，要为国家的利益而努力学习，锲而不舍。面临强大西方文化思潮的攻势，我们必须加大思想政治教育的力度和有效性。大学德育要努力提高青年学生的马列主义理论修养，增强他们在各种思潮中的分析能力、识别能力、选择能力，努力提高青年学生的内在素质，才能在高科技时代坚定不移地沿着社会主义方向前进。

四是物质生活的不断丰富对德育的挑战。我国改革开放以来，物质文明迅速发展。有些地方由于放松了教育以及法制不够健全，也出现了"一些领域道德失范、拜金主义、享乐主义、个人主义滋长；封建迷信活动和黄赌毒等丑恶现象沉渣泛起"，青少年学生也不同程度地受到影响。由此可见，物质文明上去了，人们的生活水平提高了，对德育提出了新的课题、新的要求。学校要教育学生认识到物质文明与精神文明的关系，物质文明是靠艰苦奋斗取得的，是靠精神文明维护和推进的。要教育学生认识到中国仍然是发展中国家，从全国来说，物质条件并不富裕，相当一部分地区和人民的生活水平还很低，必须进一步发扬艰苦奋斗精神，必须用现代科学知识去改变国家的落后面貌。要教育学生认识到，丰富的物质生活是人们奋斗的目标，但不是人生的终极目的。人生的目的是不断推进社会的发展，是全心全意为社会、为人民服务。如果失去了正确的生活目的，只图索取不愿奉献，只图享受不想奋斗，只图安逸不讲发展，只顾眼前不顾长远，我们的国家、我们的社会就不会前进，不会进步。我国还处在社会主义初级阶段，处在社会主义大厦的奠基阶段。社会主义大厦的建成，还要靠一代代人的团结奋斗，顽强拼搏。青年人如果沉迷于物质享受之中，满足于现状，苟且偷安，于国、于民、于己都是十分有害的。

第二节　德育工作的新问题

在这里适用的德育主体概念是一个广义的概念，不仅仅适用于高校德育中的教师和学生这样一个教育系统内部的互动概念，也包括高校作为教育机构，以及社会作为德育的辅助力量这样的外部影响因素。必须形成全员育人、全方位育人、全过程育人、全社会育人的教育合力，才可能真正使得高校德育工作取得实效。

一、高校受教育者——大学生的价值困惑问题凸显

（一）新时期大学生价值观的几个发展趋势

当前，我国经济体制深刻变革，社会结构深刻变动，利益格局深刻调整，思想观念深刻变化。这种空前的社会变革和变化不仅在经济、政治领域出现了一系列新情况、新问题，也在大学生身上产生了一系列影响。特别是随着他们思想活动的独立性、选择性、多样性、差异性的明显增强，在价值观念和价值追求上日益呈现出多样化的趋势。

1. 价值理论偏重务实

世界政治格局的变动、市场经济的负面效应和加入 WTO 后的多元化冲突都促使大学生的价值观由理想转向现实，呈现理想淡化和讲求实际的务实倾向。第一，价值目标短期化。当代大学生认为首先要以务实的态度对待自身，要通过自身努力，创造优越、丰富的生活，追求"成就自己，造福社会"的人生目标。而对祖国赋予的历史重任感受不深，对新时代所要完成的历史使命没有取得感情上和理性上的认同。目标短期化不仅带来了注重效率，强化时间观念的现代价值观念，同时也不同程度地导致了理想的弱化。第二，价值实现功利化。以"有用""效用"度量一切的实用主义盛行，价值理性让位于工具理性，价值活动的功利性突出。一部分大学生认为，"能为我所

用的，才是有价值的"，"能找到好工作的专业才是唯一选择"，随着实用主义在现实潜规则中逐步被学生所认可，大学生的价值观念呈现出了功利化倾向。第三，价值选择世俗化。"健康""家庭""金钱"被大学生认为是人生中最重要的"三件宝"。可见追求财富地位和个人美好生活，实现自身的价值成为大学生比较普遍的人生理想，可以说很大一部分大学生的价值选择越发世俗化。

2. 价值取向趋于理性

当代大学生在价值取向上更趋于理性。当代大学生在现实利益的追求中，找到了个人与社会的联系，个人不能脱离现实社会，受现实社会各种因素制约，他们更强调适应社会、发展自我。他们从比较注重理想和追求，到比较注重现实和功利，把理想追求和现实功利结合起来；他们从注重奉献的理想主义，转向注重实惠、实用和物质享受的现实生活，倾向于奉献与索取并重；他们从注重知识的价值、理性的追求，到注重知识的经济潜力与真理性并重。这种理性的价值选择，说明大学生正在努力培养自己适应市场经济发展的能力。例如，针对大学生毕业后要到人才市场中进行双向选择这一现实，许多大学生开始关注自己的素质提高，在求知及锻炼中，求实效、重过程的价值取向被普遍认同。因此，热门专业、实用知识成为学生学习的热点，"考级""考证""考研"等成为当今校园最引人注目的亮点。

3. 价值追求突出个体

价值观的基础有社会本位和个人本位两个基本取向，社会本位强调在利益冲突与价值判断上的集体性、群体性和社会性，即社会优先性。个人本位则强调在矛盾和冲突上的个体优先性和利益调和性。由于市场经济和改革开放，解放了思想，释放和催化了个人本位的发展，新时期大学生的价值取向呈现出朝个人倾斜的发展趋势。首先，价值主体性意识增强，能动性提高。强调自我价值，崇尚独立自主，弘扬个性是大学生价值观的鲜明特征，独立人格意识、个体价值意识、价值主体意识被提高到前所未有的高度。其次，评价标准个体化、个性化。大学生更愿意从个体出发，从个人的实际需要出发，开展价值评价活动，在评价标准的选择上，更倾向于个性化的选择。当然在个性化的选择中，大学生的价值选择呈现出调和性。他们既不完全以社会贡献大小来考虑自我价值追求，也不以绝对的自我实现程度来确定自我价值，而是以自我为出发点，寻求兼顾二者的价值选择，希望达到社会、集体与个人"双赢"的目的。

4. 价值实现围绕自我

当代大学生作为价值主体在价值选择上，注重围绕自我；在价值实现上，注重自我奋斗，强调自我价值的实现。部分学生价值主体重个人的自我价值，轻个人的社会价值，只重视和强调对自我需要和利益的尊重，不重视个人对社会、对他人应尽的责任、义务和贡献。重自我选择，轻社会选择；重自我需要，轻社会需要；重自我自由、独立，轻社会制约。应该说，这是对重群体轻个人、重整体轻部分、重纪律轻自由的传统价值观的一种矫枉，此种矫枉包含着一定程度的合理性，但这种价值观也未能正确认识和处理个体与集体的辩证关系，是我们应该注意加以引导的。

（二）具体而言的几个价值困惑

现代社会是信息化、多元化的社会，充满了机遇与挑战。面临复杂的社会环境，大学生已不是"两耳不闻窗外事"的"白面书生"了，而是与社会进行信息、能量、物质交流的"准社会人"。尚未成熟的他们在面对纷繁复杂的社会现象时，不能理性地分析其本质和发展趋势，大致产生了几个具体的困惑。

1. 大学"学什么"

现代心理学研究表明，一个人认知体系的建立是以系统接受一定的信息为前提的。如果一个人接受的信息是零乱的，在建构认知体系时就要受到一些不利影响。大学是大学生建立合理认知体系的黄金时期，因而必须系统学习相关知识。大学的学习方法和内容均与中学截然不同，中学的目标极为明确——那就是考大学，考上大学就有一种"船到码头、车到站"的感觉。而且他们感觉到学习不是衡量人才的唯一标准，就没有确立明确的学习目标，处于茫然和无所适从的状态中，不知道学什么、怎么学。

2. 活着"为什么"

"人活着为什么"是一个古老却不断翻新的话题，实际上它就是一个人活着的目的何在的问题。人生目的是规范和引导人前进的方向。如果没有目的那只能是"朝看水东流，暮看日西坠"，无所事事地终其一生。如今，这个问题在当代大学生中普遍存在。自从高校扩招以来，大学生的就业压力急促加大，相当一部分大学生害怕毕业，不知道人活着除了读书还有什么可以做。他们原以为读到大学，怎么也会混个一官半职，月薪在几千元之上。这才能达到自己的标准，才能对得起自己这么多年的寒窗苦读，如果不是这样那活得就没意思，也没面子见"江东父老"。然而，现实并非如此，所以人到底为什么而活着是困惑许多大学生的一个难题。

3. 人生"信什么"

信仰是人的精神生活的核心和灵魂，也是人生的航标。如果一个人没有一定的信仰，就不会有明确的生活方向。因而，信仰是一个人生活中必不可少的，是起到中坚作用的精神力量。但是许多大学生不明白自己到底该信仰什么，不知道该使自己成为一个什么样的人。真理与金钱到底哪个是自己该追求的，奋斗和命运到底哪个是自己该相信的。而且在这其中还存在着到底到哪里寻找真理，到哪里赚更多的钱的实际问题。一个人的幸福和成功是奋斗得来的，还是命中注定的。所有这些问题使他们不知何去何从。

4. 做人标准"是什么"

任何人都要有自己做人的标准，这个标准时刻都在激励人、监督人、规范人、提升人。正是有这样那样不同做人的标准，才有这样那样不同的人，才在现实生活中有各不相同的接人待物的方式。

现代社会为大学生掌握信息提供了极为便捷的渠道，使他们能够在极短的时间内获得所需要的大多数信息。面对良莠不齐的各种信息，加之大学生自身甄别能力有限，判断和认识信息的方法和结果也就不同，并且不断地、反复地影响和改变大学生的做人原则，使他们难以确立正确的、合理的做人标准。

二、高校德育工作实施主体——德育工作队伍面临的困境

目前我国高校的德育主要分成两块：一块是理论教育，向学生传授和灌输价值观念，由政治理论教学部门（或叫社科部）负责，当然还包括一些专业教师在教学时候的德育影响，从全员教育的角度而言，我们认为也属于德育部分；另一块是行为教育，指导和规范学生的道德实践及日常生活行为，由学生管理部门（或叫学生处）负责。这两个部门基本上是脱节的，即社科部只负责教学，学生处只负责管理，从而使理论教育与行为教育相分离，理论教育的效果在学生的道德实践和日常行为中难以得到验证。

不难看出，在高校中的德育工作者是一个包含学校行政管理人员、学生辅导员、专业课教师、德育（即传统的"两课"）教师的这样一个庞大的群体。由于学生的价值困惑，以及德育工作者同样处于这样一个变化的社会中，而难免受到影响，德育工作者，从价值观的困惑而言，有雷同于学生的倾向，从现实工作的效果看有以下几个问题。

（一）高校德育工作者的亲和观念和亲和力较弱

我国高校德育工作队伍的主体是学校党政干部、共青团干部、政治理论课教师、辅导员和班主任。在当前主要从事德育工作的人员中，较大程度上存在亲和观念和亲和能力较弱的问题。这一问题主要体现在：一是部分高校德育工作者的人格亲和力缺乏。据调查，部分高校德育教师的思想观念和知识技能仍然停留在 20 世纪 80 年代。有的教师在考试评分中打"亲疏分""人情分"的情况仍然存在；有的政工干部在处理学生问题时，也有出自主观因素的不公正现象。德育教师忽视人格魅力对学生的影响，会导致其人格的亲和力很难真正形成，所以，在现实工作中，出现大学生不愿上"两课"，以及不信任辅导员、班主任的现象。二是高校德育工作者在从事德育教学与管理中，不注意尊重大学生人格，存在用训斥、挖苦、讥讽等手段发泄对大学生的不满，无视大学生的隐私权等现象。三是部分高校德育工作者不注重同大学生的角色互换，对学生的理解与宽容不够，将自己置于权威的位置，以

自我为中心，较少站在学生角度去分析问题、解决问题。面对大学生的过失，以惩罚代替循循善诱的教育，从而造成大学生的个性、人格受到压抑，甚至产生对立情绪。四是一些高校德育工作者与大学生之间心理沟通不够，真情实感交流少。结果往往出现这样的状况：教师埋怨学生"铁不成器、人不成钢"，学生埋怨教师期望过高、强人所难；教师埋怨学生贪恋玩耍、不务正业，学生埋怨教师不解人性、封杀"童趣"；教师埋怨学生交头接耳、心不在焉，学生埋怨老师和尚念经、催人入睡；教师埋怨学生攀比享乐、不思进取，学生埋怨教师观念保守、不合潮流等。五是有些高校德育工作者理论素养、专业水准等方面难以适应新形势的发展要求。六是高校德育工作队伍建设中存在机制陈旧、稳定性不够、活力不足的现象。主要表现为：要求多，培养少；使用多，发展难；任务重，关心少。从而导致德育工作队伍涣散。

（二）工作机制不健全，造成资源浪费，影响队伍的可持续性发展

高校德育是一项育人的系统工程，需要多方人员的配合、协作。从学校内部来看，各方面配合、协作不理想，存在两"脱节"现象。一是德育教师队伍与德育管理队伍在德育实施过程中"脱节"，德育教师主要负责第一课堂，德育管理部门如宣传部、团委、学工部、辅导员、班主任等负责第二课堂。这两支队伍在开展德育活动中各自为政，缺乏相互间的沟通与协作，造成教育重叠、断层，浪费了人力、物力、财力。这两支队伍的工作具有联系性和连续性，应整体统筹安排，才能达到教育目的。二是非德育教职工队伍和德育教职工队伍"脱节"，非德育教职工认为德育是德育工作者的责任，与己无关，工作中单纯完成自己的工作任务，没有从各自的角度和岗位发挥对德育的影响作用，这样造成德育队伍孤军奋战，德育人力资源没有得到有效整合。

三、高校德育工作形式的新问题

如果将德育理解成一个从教育者到受教育者的传递和影响过程，其工作形式就是制约德育效果的桥梁，高校德育中的上述几个问题直接导致了在我

国的部分高校德育过程中出现了如下情况。

（一）德育定位偏移，内容脱离现实，缺乏时代性和层次性

首先，德育目标过于强调方向性，缺乏层次性，目标过高而不切实际，未能靠近受教育者的思想基础，忽视了道德理想性与实践性的有机统一，把德育理解为纯观念形式的教育，结果说教成分多，而可操作性内容少。这样就起不到德育目标应有的激励引导作用，使德育实践事倍功半。因此，要使大学生树立远大理想目标，必须从培养最基本的道德行为和基本文明做起，这是对大学生进行远大理想教育的基石和有机组成部分。低层次道德的实践正是步向高层次道德境界的基础，古人云："一室不扫，何以扫天下。"

其次，德育内容未能全面正确地体现社会主义道路和缺乏时代性。比如，对中华民族传统美德采取了较为偏激的态度，有割断历史，排斥和抛弃本民族传统美德的虚无主义倾向，使受教育者缺乏民族归属感和民族自豪感。一些人在言行中流露出一定程度的民族自卑感和崇洋媚外心理。另一方面，我们所处的时代是一个变革的时代，社会变化日新月异，社会变革必然推动道德生活的变化，提出新的道德问题，这就要求德育教学内容不能一成不变，而必须回应时代和现实的挑战，不断更新充实，始终贴近实际生活。目前的问题是德育内容稳定有余，更新不足，不能充分反映变化了的道德生活，某些教育内容由于陈旧而严重脱离实际。

（二）德育实践模式化，创造性不足，呈现出明显的滞后性

这些年来，面对市场经济大潮的冲击，德育工作如何与之相适应，却显得理论准备、思想准备和工作准备不足。过去在计划经济条件下形成的一套德育工作的观念、方法、模式，有些已不适应高校改革发展形势的需要和复杂多变的现实情况。

另外，多数高校的德育工作习惯于照搬别人的德育实践模式，不注意结合本国、本地、本校实际情况，构建自己独具特色的德育实践模式，迷信和囿于既往的德育经验，不考虑社会的变化发展，怀疑自己现实的创造力，不敢大胆改革、创新。因此，德育工作在为高校的教学、科研及人才培养等中

心工作服务和提供精神保证方面，呈现出明显的滞后性。

（三）德育过程方法陈旧，德育评价缺乏科学性

德育过程的本质特点如活动性、情意性体现不明显，与教学过程的初期分离过程尚未完成便盲目结合，结果丧失了德育的独立性。育者错误地认为只要讲授或灌输，受教育者就必然会听进去，考知识便是考品德水平。这种格式化的考试，一方面难以衡量学生真实的德行水平，另一方面则容易使学生停留在单纯掌握知识的表面上，出现言行分离的现象。还有，德育活动中的形式主义较为严重，只对上负责，不对下负责，在设计和组织活动时，单独考虑德育任务的要求，较少考虑受教育者的品德基础和品德需要，为受教育者喜闻乐见和富于实效的德育实践活动较少。再者，德育评价的后顾性特点较为突出。习惯于用既定的品行标准去衡量不断发展中的受教育者，当受教育者的品德言行不符合既定的品德标准时，不是用新的实践去重新检讨既定的品德标准，而是用既定的品德标准否定受教育者的品德发展状态，想方设法约束防范受教育者，这导致对德育对象估计失真，德育教育者和受教育者的关系失调、对立，严重影响了德育实践的效果。

（四）德育教育忽视学生的主体地位

传统德育一直存在严重的"以教师为中心"倾向，教师要求学生必须听话，并把听话与否作为判断学生好坏的实际标准。现代德育工作要从学生需要出发，树立"以学生为本"的德育理念，改变传统德育强调的外在控制、教师为主的旧观念，提出要让学生主动发展，把学生看作教育的主体，尊重、信任、关爱学生的主体地位，从以往更多地关注道德结论"外"灌注，转向更多地关注学生思想道德素质的"内"建构。激发学生的内在动机，发挥学生的主动性、积极性和创造性，并引导学生学会自我教育，提倡双向交流，平等讨论。以上是高校德育教育面临的严峻问题，也是我们改进和提高德育工作的主要依据。

（五）现行德育工作形式忽视德育教育的纵向联系和横向联系

首先，纵向联系差，表现在德育教育的层次性不明，渐进性不够，没有注意到不同年龄层次学生德育教育的内容和目的的差异性和相继性。一些学校把总体德育目标与阶段德育目标混同，或者以总体目标代替阶段目标。其次，德育的横向配合不完善，没有形成学校教育、家庭教育、社会教育相配合的整体育人格局。没有寻求一种有利于三者相互衔接、相互补充的一体化模式，出现"学校小气候"挡不住"社会大气候"的情况，从而抵消了德育效果。再次，学校内部，没有把德育渗透到其他教育和学校的各项工作之中。除德育课外，其他学科往往忽略对学生的德育教育，并没有真正把德育渗透到各学科的教学之中。另外，德育工作与教学工作"条块分割"和"两张皮"仍然存在，"一手硬""一手软"，淡化了德育意识。主要表现为抓管理只管教育和管理，抓教学只管教学，对学生的思想、行为不管不问，甚至对学生的学习纪律也懒得管，服务人员只管服务，对学生的不良行为，视而不见，没有形成纵向衔接，横向配合的整体育人体系。

四、德育环境的负面效应，严重影响了德育的有效性

在市场经济条件下，人们的思想道德观念和行为有鱼目混珠、沉渣泛起的情况，对人生价值的衡量尺度，难免出现偏离，产生困惑；在引进人类一切优秀文化成果的同时，有形形色色的腐朽思想影响，有来自西方各种错误思潮的游动，其对青年学生影响更为显著，使他们容易受到错误思潮的腐蚀和教唆。一方面，党内和社会上出现的较为严重的腐败现象使党和政府的形象和威信受到损害，也损害了德育工作的声誉，一些学生对现实的德育工作产生了不听、不信、不服的逆反心理，这在一定程度上影响了德育工作的有效性。从学校的内部环境来看，尽管多年来党和政府十分重视德育，把德育提到首要位置，但由于种种原因客观上存在着重智育轻德育的倾向。如往往学业成绩好的学生，即使德育较差，也可以得到学校和家长的赏识。相反，学习一般或较差的学生，即使品德再好，也难以得到学校和家长的认可。另一方面，高校一些教师道德素养低、表里不一、言行不一、个人作风不良给

学生带来了极坏的影响,给德育带来了假道学的恶名。德育的一个重要特点就是以身立教、言传身教。如果教师所做的与其所讲的相悖,哪怕他所讲的是真理也会被认为是不可信的,因此,高校教师素质不高也是德育失败的原因之一。

五、新时期高校防止和平演变的任务显得尤其艰巨

进入新的历史时期,意识形态斗争领域的武力侵略等传统形式已经不再是主要形式,尽管有时候仍然可能通过武力扶持甚至是侵略等方式改变一国的"颜色",但不可否认的是,意识形态领域的主流已经是"和平"演变的方式。帝国主义者对社会主义国家的颠覆,主要是通过和平演变的方式实现的,从东欧巨变到苏联解体,都说明了这一点,不论是通过个人野心家的篡党夺权,还是通过收买或培育利益集团,在所谓民主的掩饰下制造动乱,然后乱中夺权,我们都能直接看到帝国主义的背景。这种由国外敌对势力直接操纵的颠覆国家的行为,虽然号称为和平演变,冠以"和平"二字,但往往是暴风骤雨式的,对现有的国家政体或法律体系做根本的否定。

实践已经证明,用这种形式颠覆我国的社会主义政权,是不能得逞的,不仅是因为我们的7593.1万名党员是用毛泽东思想和中国特色社会主义理论体系武装起来的,而且,经过革命和继续革命的洗礼,全国人民已经有了很高的觉悟,他们绝大多数是热爱社会主义的,是拥护共产党的。反对势力,即那个新生的资产阶级,他们虽然也有国外势力的支持,他们虽然已经收买了众多的贪官污吏并与之结成了"神圣"的同盟,但他们只占总人口的很少一部分,是全国人民人人喊打的那一部分,不会翻起大浪。

尽管如此,帝国主义一刻也没有停止对社会主义的颠覆,特别是对社会主义中国的高等学校意识形态领域的渗透。我们不能掉以轻心,他们不能翻起大浪,但能翻起小浪;他们不能以暴风骤雨的形式颠覆我们的政权,但他们可以潜移默化地改变我们的政权,积小变为大变,积量变为质变,最后实现和平演变。如何防止在中国的大学出现"颜色"革命是新时期社会主义大学的思想理论工作者不得不深思的一个课题。

特别是进入 20 世纪 90 年代，我国高校面临的意识形态斗争任务非常严峻。这一方面是因为大学生群体的特点，使得这一群体很容易受到一些思潮的影响和蛊惑。大学生是特殊的社会群体，具有对社会问题敏感度高、易冲动、群体感染性强的特征，高校大学生群体出现了青年学生的思维意识趋于独立化、价值趋向现实化、个体需求日益多样化、行为方式凸现个性化等特点。这些直接导致了大学生群体成为意识形态斗争争夺的重要人群。另一方面，高校的特殊地位使得西方反华势力愿意在高校通过多种方式进行"颜色"渗透。我国高校是培养社会主义事业建设者和接班人的主要场所，也是境外敌对势力进行思想文化渗透，企图"西化""分化"中国的一个薄弱环节。随着我国加入 WTO 后，对外交往日趋频繁，在经济全球化、政治多极化、思想多元化和全球宗教文化热的大背景下，境外敌对势力加快了对我国高校的宗教渗透活动。进入 21 世纪后，这种渗透活动愈演愈烈，渠道更加多样、范围更加广泛、形式更加隐蔽、手段更加多样化，已成为境外势力推行自己的潜在政治意图和战略目标的重要手段。近年来，通过宗教渗透、资助贫困生、利用大学讲坛公开宣传、大学的英语角或学术沙龙、课题资助、留学奖学金支持等多种形式，西方敌对势力已经对高校意识形态领域产生了一定的冲击和影响。

1. 全球化时代高校德育工作的挑战

经济全球化，是指商品、服务、信息、生产要素等跨国界流动的规模与形式不断增加，通过国际分工，在世界范围内提高资源配置的效率，从而使各国间经济相互依赖程度日益加深的趋势。经济全球化的一个显著特点就是超越民族和国家的界限。它导致主权概念、国家利益的关系和矛盾复杂化，尤其是在经济领域，那种刚性的主权界限被置于一种相对不确定的环境之中。其结果就产生出一系列关于经济全球化与民族国家意识相冲突的论点。由于经济全球化在当今世界已势不可挡，它的发展使得国家间、地区间在经济上相互依赖、互相联系，使得世界政治趋于多极化，对全球政治格局、文化走向、思想意识形态等都带来巨大挑战。在经济全球化的国际环境下，高校意识形态的阵地保卫战面临着极大的挑战。社会主义核心价值体系的构建受到日趋复杂的国际政治斗争的挑战。

高校德育阵地的保卫重要的途径之一就是通过思想理论课进行相关理论的宣传，从而为当代大学生构建社会主义的价值体系奠定基础，形成价值构架。而经济全球化使国际政治斗争日趋复杂，资本主义与社会主义之间的渗透与反渗透、颠覆与反颠覆的斗争在意识形态领域表现得尤为明显，文化价值观的斗争也日趋成为国际政治斗争的焦点。西方发达资本主义国家，就是依靠经济和科技的优势，利用经济合作、贸易往来、技术转让等方式对社会主义国家采取诱压兼施的手法，推行西方的政治经济制度和价值观念。特别是通过文化扩张和渗透，播下资本主义思想的种子，千方百计模糊资本主义和社会主义在意识形态上的区别，弱化人们对社会主义理想的认同，降低社会主义思想对人们的凝聚力和整合作用。在东欧剧变、苏联解体、绝大多数社会主义国家转向资本主义制度，社会主义暂时进入低潮时期，资本主义国家由此以咄咄逼人的姿态进行政治、文化渗透。社会主义理想的感召力对大学生的影响大大减弱，社会主义"悲观论""破产论""渺茫论""马克思主义优而不越""共产主义水中捞月"应运而生。由此激发大学生怀疑、否定社会主义，羡慕、崇拜资本主义，对资本主义产生向往心理，导致了对社会主义核心价值体系的心理排斥。

2.新时期的爱国主义教育面临着极大的挑战

经济全球化进程加快之后，从贸易、金融领域扩展到政治、文化、法律各领域，而科技的发展、市场经济的普及以及全球问题的日益突出，使得国与国的联系越来越紧密，很多全球性的问题只有超越国家和民族的界限，在全球的层面上依靠世界各国的共同努力才能解决，传统的各国固守边界界限正在变得越来越模糊，国家的职能越来越多地被让渡和削弱。由此越来越多的人认为，全球化浪潮使得主权的神圣性大打折扣，国家主权的相对化越来越强。为此，西方国家也极力地造成一种印象，经济全球化就是世界大同时代，无须再提民族、国家主权与利益。最近很多所谓"普世价值""全球公民社会""全球共同价值""全球意识"等正是在经济全球化的背景下提出的。以美国为首的西方帝国主义鼓吹"人权无国界""人权高于主权"给社会主义中国的高校爱国主义教育带来了极为严峻的挑战。

发展中国家特别是中国，在经济全球化进程中，不会放弃也没有理由忽视爱国主义精神。中国新闻社 2000 年 6 月 10 日评论指出：发展中国家在享受全球化带来的吸引外资、引进技术、学习管理、培育人才等方面成果的同时，还要同时面对国家主权、经济安全受到挑战的可能性（亚洲金融危机就是例子）。因此，一些发展中国家的领导人不断向西方提问："全球化到底是谁的游戏规则？""这是否是暗示后殖民时代的到来？""是否是西方利用全球化对全球进行的有组织的剥削？"以及"蛋糕做大以后通常分给了富人，为什么我们只能得到面包渣？"……这些需要高校理论工作者积极应对，并做好长期意识形态斗争的思想准备。

六、传统文化以及社会主义新时期的文化不断受到西方文化的侵蚀

在全球化中遇到的一个仅次于经济发展的问题就是文化。由于在经济方面的强势地位，西方国家在全球化的过程中，容易在网络、影视等新传媒文化领域也取得相应的侵略态势。西方敌对势力借助于多种形式不断侵蚀着中国的传统文化以及新时期还显得脆弱的社会主义文化。不可否认的是，比物质落后更可怕的是民族精神的失落，一个民族在精神上矮化导致的弱势，是比单纯经济落后更难克服的整体性的文化落后。很多学者的观点是，应当从西方话语霸权中挣脱出来，重新审视发展中国家的工业化、现代化道路，探索一条真正属于自己的道路。而经济全球化一定程度上容易导致文化全球化，经济上的支配力量衍生出强势文化。老布什曾经说过，凡是接受美国经济的国家就无法拒绝美国的价值观念。如何应对西方强势文化对中国的入侵，如何在经济全球化趋势下保持中国文化的独立性和生命力，保持年轻一代，特别是高等学校的学生们对社会主义文化的认同，是时代赋予高校德育界的任务。否则，西方文化的统治，会渐渐腐蚀着高校学子的政治信念、政治热情，使社会主义文化处于劣势地位，阻碍人们特别是大学生对社会主义核心价值体系的认同。

第三节　网络时代德育工作的新挑战

网络是我们这个时代最显著的特征。网络，正在以不可遏止的力量和日新月异的速度，改变和重塑着由自然、实践和思维所构成的世界，可以说，中国已进入了网络时代。截至 2008 年底，中国网民规模达到 2.98 亿人，较 2007 年增长 41.9%，互联网普及率达到 22.6%，略高于全球平均水平（21.9%）。继 2008 年 6 月中国网民规模超过美国，成为全球第一之后，中国的互联网普及再次实现飞跃，赶上并超过了全球平均水平。

当互联网成为人们生活和工作中越来越重要的一个工具和载体的时候，不可避免地将深刻地影响和潜移默化地改变着每个人的生活与观念，特别是青少年群体，影响尤其明显。应该意识到，时代开始步入网络时代，人们的生活方式、思维方式已经发生了很大的转变。活动范围开始从传统的现实领域向虚拟空间扩展，原本涵盖地域文化的思想观念、价值取向等更多地受到了各种外来文化的冲击。随着青少年学生思维方式的转变，网络信息给德育教育工作带来了许多挑战。如何应对网络时代的新挑战，做好学生的德育教育工作，这是摆在德育教育工作者面前的新课题。

一、充分认识网络的弊端和危害是高校理论工作者必须有的一个危机意识

随着网络的迅速普及，特别是 20 世纪 90 年代后半期以来，互联网从根本上改变了"80 后""90 后"的这两代人的空间和时间的概念，而这些是现代高校学生群体的主流。网络的普及引发了生产方式、生活方式和思维方式的变革，对人们的行为模式、道德取向、政治态度、心理发展、价值观念产生了严重影响，主要表现在：

（1）自控能力下降。过度使用网络使青少年对网络产生依赖，游戏中的刺激、交友的轻松自由、不健康内容的诱惑，产生"网络成瘾症"，简称 IAD。主要表现为上网时间长且难以控制，正常工作、学习、生活受到严重影响，

甚至有犯罪行为发生。有研究表明，我国上网人群中有 IAD 症状的比例为6%，在青少年中这个数字高达 14%。

（2）促进网络性格的形成。对互联网虚拟世界的依恋，人机对话和以计算机为中介的交流，容易使人的性格脱离现实社会而产生异化，产生孤独、紧张、恐惧、冷漠和非社会化等网络性格，网络性格的形成严重损害了学生的心理健康，使得许多迷恋网络的高校学生不愿意接触现实社会，有消极对待社会的倾向，严重的甚至发展成对社会的仇视心理，这对德育工作的开展无疑是巨大的挑战。

（3）传统的价值观念日益淡化，道德观念渐渐模糊给德育带来了深远的影响。互联网是个信息宝库，但同时对于综合信息能力不强的青年学生而言又是一个信息垃圾场。由于各种信息混杂，而青年学生本来就判断力有限，又处于容易被煽动的年龄阶段，盲目迷恋互联网，极易使青少年的人生观、价值观产生倾斜，网上暴力、色情、欺诈等使青少年的道德观念淡化，更有甚者走上犯罪道路。同时，对维护国家和社会的稳定带来了许多隐患。

二、高校德育工作者应该主动适应网络时代，树立网络德育的教育新理念，从而引导青少年学生自觉健康地涉足网络

网络的多元性、交互性、开放性、创新性对极富好奇心、自我监控能力较弱的青少年具有极大的诱惑力。青少年学生因认知水平、辨析能力等方面还不够成熟，对多元价值观往往难以做出正确选择。当青少年学生邀游于网络空间时，最终决定其道德言行的是其道德选择。诚然，道德教育的目的不能只局限于让学生仅仅接受几条道德规范，而必须尊重其自我意识，指导他们学会如何面对复杂多变的信息环境，不断提高道德辨析判断的能力，帮助他们选择正确的路线，培养其道德主体性，确立终身德育教育理念，并不断更新。青少年学生德育的主题是对学生进行思想政治教育和品德、心理教育，包括思想政治素质、道德修养素质、心理素质、意志品质等德育目标，主要通过帮助教育对象树立正确的世界观、人生观、价值观，不断提高教育对象的自我修养能力，使其在德育认知的基础上，不断吸收、内化、升华、实践，

从而形成相对稳定的素质，并以此贯穿于德育主体的人生的全过程。此外，学校还应当把网络道德教育作为日常德育的重要组成部分，宣传普及网络道德知识，加强网络安全防范教育，培养学生良好的信息能力和正确的网络道德观。

三、建立德育和思想政治教育网站，奠定网络主流文化的优势地位

根据青少年学生的实际，坚持以开放的心态应对网络的挑战，建立校园信息网，利用网络上的各种现代手段为学生提供全面、完整、健康的信息资源，引导学生在分析和评判中选择并吸收正确信息。首先，校园网络建站的关键是要发挥中华民族传统道德文化的精华，特别是创造格调高雅的网络文化，注重可读性、服务性，富含思想性、艺术性，向青少年充分展示德育和思想政治教育网站的深层次文化内涵，体现校园文化的文明形象和人文精神，增强校园德育网络的文化含量。其次，德育教育要注重双向交流，鼓励师生共同参与，相互交流。如设立电子意见箱，倾听学生对学校管理和教师在教学方式、内容上的一些意见和要求，达到互动共进的目的。再次，主流文化网络还要注重效果，保持青少年学生的注目率和点击量，在网页设置上要图文兼具，综合运用文字、图片、色彩、动画、影视剧等网络媒体功能，坚持贴近青少年学生的特点和学习生活，推陈出新，不断更新网站面孔，开发新技术和新花样，增强德育网站对青少年学生的吸引力和好奇心。如清华大学的"红色网站"严格履行"宗马列之说，承毛邓之学，怀寰宇之心，砺报国之志"的宗旨，网站页面清新宜人，贴近学生日常学习生活，效果非常理想。

四、培养新型德育教育工作者队伍

网络文化对青少年学生的思想产生着广泛而深刻的影响，校园网络管理不单纯是技术性管理，而是融思想政治工作和网络技术于一体的新型管理。目前，学校的德育教育工作者对网络知识知之较少，因此培养一支既懂业务

又懂网络技术的德育教育教师队伍则尤为重要。这要求德育教育工作者既要学习网络知识，又要学会把德育教育和网络技术结合起来，这样才能解决网络时代德育工作面临的挑战和问题。同时，还要求德育教育工作者具有深厚的政治理论水平，具有马克思主义的价值观、道德观和自觉维护这种价值观和道德观的责任感，使网络德育教育生动形象，并能深入了解网络，熟练驾驭网络，及时解决网络传播中的问题。特别是要学会运用网上的正面材料，对学生进行形势教育和释疑解难，最大限度地把德育教育成果及时地移植到网络上来，加强网络正面宣传的广度和深度。

在当前世界多极化、思潮多元化、人的发展多向化的时代，与网络共处同一时空的学校德育教育应主动迎接网络传媒的冲击与挑战，充分利用网络的特点，及时更新德育观念，调整德育内容，优化德育环境，拓展德育模式，构筑适应网络时代特点的学校德育框架，贴近学生、贴近生活、贴近现实，用科学、健康、积极向上的信息感染熏陶学生，用文明、道德、优良的环境规范学生，用新鲜、趣味、生动的方式吸引学生，最终达到入脑、入心、入情、入理的德育教育目的。

第十二章 德育新问题的根源分析

第一节 德育问题的根源

德育中存在的深层次问题和面临的严竣挑战在于价值性工具与工具性价值的矛盾、人文性内容与科学化方法的矛盾以及伴随全球化和价值观念多元化而来的社会性道德危机和个体性信仰危机。

一、价值性工具与工具性价值的矛盾

所谓价值性工具，是指我国的教育行政部门把德育作为传授和灌输意识形态和价值观念的工具。在国际上，我国德育受重视的程度是绝无仅有的。德育课程的设置和教育内容的确定由中央政治局讨论审定，然后颁布全国，遵照执行。高校的其他课程从未受到过如此的重视和优待。这种高度的重视使德育在高校课程中享有至高无上的优先地位。然而这种自上而下的高度重视并非自始至终。具体而言，就是只重视和关注德育课程的设置和内容的确定，而对其教育效果则无人过问。无人过问德育中所传授和灌输的价值观念学生是否接受，更无人关注所传授和灌输的价值观念是否已转化为学生的内在的思想意识并体现于道德实践中，同时也缺乏客观有效的考核评价制度，这种只重内容、不重效果的德育不仅造成了教育资源的巨大浪费，而且收效日渐微弱，甚至被看成是可有可无的课程，几乎成为一种摆设。高校领导者既无法强化它，又不能砍掉它。于是乎德育的工具性地位由至高无上到一落千丈，即由形式上的至高无上地位到实际上的可有可无。其结果正是把德育作为价值性工具所致。

所谓工具性价值，是指我国部分德育教师把教授德育课程和灌输价值观念作为保住自己工作和饭碗的价值，而不管所传授和灌输的价值观念自己是否接受和理解，仅仅是一种工作而已，教完后便完成任务。因此德育对他们来说是一种外在的工具性价值。试想，让教师去传授和灌输连他自己都不一定接受和理解的价值观念，学生又怎么能接受和理解？其效果便可想而知了。事实上，目前在高校中，这部分教师不在少数。为什么会这样，是这部分教师缺乏职业道德吗？笔者的回答是否定的。因为不管这部分教师接受不接受、理解不理解，他们都必须相信，自己向学生所传授和灌输的价值观念是正确的。传授和灌输这些价值观念就是他们的工作。正如当代美国道德认知发展理论的著名代表人物科尔伯格所说："为了教育，教师不得不相信，某些道德价值是正确的，而不管学生是否接受。"于是便出现了德育中的工具性价值与价值性工具的矛盾。具体而言，一方面教育行政部门自上而下地设置了德育课程并框定了教育内容。而且主观上认为只要照章办事，向学生传授和灌输既定的价值观念，就会收到预期的良好效果。另一方面，教师按教育行政部门框定的教育内容和价值观念，照本宣科，而无法顾及学生的反应，仅仅把它当成一种工作，结果收效甚微。

二、人文性内容与科学化方法的矛盾

德育从人文教育与科学教育的划分来看，它属于人文教育之列，其内容具有人文性特点，如精神性、体悟性、思辨性等。而人文性德育内容（如世界观、人生观、历史观和价值观等）是难以通过成果转让、科学实证、精确量化等科学化方法来传授和验证的，两者之间存在一定的矛盾，并在我国逐渐凸现出来。

第一，德育内容的精神性与成果转让方法的矛盾。德育是传承人类精神文化成果的活动，而作为德育内容的精神文化成果具有不可转让性的特征，即不可能像物质财富那样通过简单的遗留和赠送的方式来转让，或通过简单的购买和继承的方式来获得。在德育过程中，教师可以引导学生思考，但不能代替学生思考。试图通过成果转让的方法将现成的德育内容装进学生头脑中的做法是行不通的。这种以代替学生思考和选择的教育理念来建构的德育模式势必造成德育的人文性内容与成果转让方法之间的矛盾。而实际上，这一矛盾在当前德育中十分突出。在我国德育过程中，对于既定的德育内容，教师成为"成果"（德育内容）转让的中介。所谓"成果转让"过程就是教师讲授德育课的过程，课程讲授完毕，转让过程也就宣告结束。这种"成果转让"根本无视德育内容的人文性特点，更不考虑学生是否乐意接受这些被转让的"成果"，因此其效果甚微也就不足为奇了。

第二，德育内容的体悟性与科学实证方法的矛盾。德育的内容（包括世界观、人生观、历史观和价值观等）来自于社会生活（前人的已成为历史的社会生活和当代人的现实社会生活）。它不像自然科学的理论可以在实验室里通过科学实证的方法反复验证，因此对德育内容的把握不能通过科学实证方法来验证或停留于字面上、逻辑上的理解，而需要特殊的心灵体悟。只有通过心灵体悟，德育内容才能内化为学生的思想信念。因为系统化的德育内容大多是抽象化、理论化、概念化了的表达式，对这些东西的把握不仅仅在于理解文字的意义，而在于通过体悟，通过内心思想的再现，通过设身处地的联想，尽可能领会其内在的意蕴，从而在深入体悟的基础上使德育内容融入身心的真实存在，内化为学生的思想信念。所以，试图撇开学生的体悟，通过科学实证的方法来把握和检验德育内容的做法是不理智的。然而在当前德育中却存在一种实证主义的倾向，即在德育科学化的幌子下引入科学实证方法，用来论证和检验德育内容及其效果。比如以拾金不昧的次数和数量来评定学生的品德；以是否听话和服从长辈的意志来衡量学生是否尊敬师长等。这些做法看似科学，但实际上却无法检验学生对德育内容的接受程度和德育内容在学生身上产生的真正影响，并且容易产生误导，使学生表面上一套私下里又一套，甚至导致学生的人格分裂。于是出现了德育内容的体悟性与科学实证方法的矛盾。

第三，德育内容的思辨性与精确量化方法的矛盾。自然科学中公式、定理具有精确性、清晰性，与此相反，人文性的德育内容则具有复杂性、模糊性和思辨性的特征，比如哲学世界观中的许多用语"思维与存在""现象与本质""原因与结果""必然与偶然"等，往往没有清晰的所指物，并不代表某一真实的客体和对象。因此在德育过程中，教师的任务既不是用概念解释概念，也不是通过量化方法使复杂、模糊的德育内容简单化、精确化，而是给出一个语境，给出一个使德育内容的意义在其中得以显现的场景，从而激发学生的想象力，其思维不至于束缚和停留于个别之物、特定之处境，而进入本质性、语境性的意义领域，进入思想的状态，在思考和辨析中提高判断能力，达到更高的心灵境界。这也正是苏格拉底的哲学对话方法和科尔伯格的道德两难故事讨论法所要达到的目的。然而在当前的德育改革中却出现了一些受线性思维左右的精确量化的评价模式和表达方式。比如照搬自然科学中知识测验和考核的方法来评价德育内容的教学效果，并将它量化为具体的分数，以知识测验的分数来衡量德育的效果，这种方法显然是极端片面的；还比如运用现代多媒体技术将具有复杂性、模糊性、抽象性的德育内容转换为一系列简单、具体、形象的三维动画和精美画面。这种做法虽然有益于感官，却无益于思想。因为许多人文性的德育内容是无法通过具体形象的动画形式来表达的，而只能通过思辨和体悟内化为学生的思想信念。所以一厢情愿地将精确量化的科学方法引入并广泛运用于人文性德育内容的教学中是不适宜的。

三、社会性道德危机和个体性信仰危机

伴随着全球化浪潮而来的价值观念多元化和由此引发的社会转型期的道德危机和信仰危机也对当前德育提出了严峻的挑战。正如美国著名学者麦金太尔所指出："当前人类的道德实践处于深刻的危机之中，这一危机体现在三个方面：（1）社会生活中的道德判断的运用，是纯主观的和情感性的；（2）个人的道德立场、道德原则和道德价值的选择，是一种没有客观依据的主观选择；（3）从传统的意义上，德性已经发生了质的变化，并从以往的社会生活中所占据的中心位置退居到生活的边缘。因此，在当代的道德变化中，便没有绝对的合理权威，从而导致道德危机。"可见，这场由全球化浪潮间接引发的道德危机不仅在中国，而且在全世界范围内存在，是一种社会性的道德危机，波及社会的不同层次，甚至每一个角落。

这场影响广泛的社会性道德危机给德育布下了阴影，使教育行政部门一厢情愿地传授和灌输一元化价值观念的教育方案受到严峻挑战，也使德育教师们的艰辛努力难以奏效。

与社会性道德危机接踵而至的是个体性信仰危机。"在今天，旧的信仰体系（极'左'的政治狂热）已经消散；新的信仰体系（理性和'科学'的终极价值目标）在许多人身上又尚未建立，这种真空状态造成了一系列社会和教育上的病态。"这种信仰中的"真空状态"，实质上就是信仰危机，是人们信仰中的矛盾、冲突和混沌的状态。人们的理想信念似乎又进入一个类似于中世纪之前的多"神"年代，并且人们心目中的"神"（精神信仰）往往是摇摆不定的。一部分人，包括有的教育行政人员和教师，在刚刚走上工作岗位的时候，富有忘我的工作热情和敬业精神，满怀振兴中华教育事业的雄心壮志，但一再遭受挫折、受到打击后，便开始转向个人主义和实用主义，把所从事的职业作为一种工具性价值。更有甚者转向权力崇拜和金钱崇拜，乃至走上以权谋私、贪污腐化、败坏教育事业的犯罪道路。

高校内外的环境既然如此，身居"象牙塔"之中的大学生又怎能不受影响？昔日具有无穷力量的道德榜样在青年大学生心目中不再魅力无穷，甚至变得苍白。即便有榜样的先进事迹对大学生的心灵有所触动，在大学生的精神世界中留下了精彩的一刻，但一到现实世界中其感染力则消失殆尽；有的大学生的德育课书面成绩优秀，但道德行为却并非同样出色，甚至有失大学生的身份。这种现象在校园内外屡见不鲜。这一切都集中说明一点，那就是：大学生并没有真正接受学校向他们所传授和灌输的价值观念，即使"接受"也只是知识性的接受，而没有将这些价值观念内化为其内在的价值信念，并转化为道德行为体现于道德实践之中，当代大学生这种精神世界与现实世界的矛盾就是社会性道德危机和个体性信仰危机的体现。

第二节　德育环境的作用机制分析与构建

随着高等教育的日益开放、市场经济的推进和信息时代的到来，环境因素对德育工作的影响与作用更加直接与强烈，有必要在对德育环境的作用机制进行科学分析的基础上，构建德育环境的良性作用机制。

一、德育环境与大学生的健康成才

1. 环境与人

所谓环境，主要是人所能感受到的，并能影响人的一切外部条件的综合，既包括人在社会生活中的条件和社会关系的综合，也包括人们赖以生存的自然条件的综合。环境中的一切事物和信息都可能作用于人的感官，引起人的心智活动和行为变化。人的成长方向、成才取向，特别是思想品德，是在各种社会关系和社会条件的影响下逐步形成的。"孟母三迁"的故事充分说明了不同的环境会对人的行为产生不同的影响。

环境影响人，人同时也改造环境。马克思认为：环境的改变和人的活动的一致，只能被看作是并合理地理解为革命的实践。这说明人接受环境的影响不是消极的、被动的，而是积极的、能动的过程。人在能动地反映环境的同时，还可以积极改造环境，创造一个良好的和谐环境，更好地促进人的发展。这是我们构建德育环境对德育工作良性作用机制的理论依据。

2. 德育系统与环境

系统是相互依赖、相互作用的若干要素组成的，具有特定结构和功能的有机整体。德育系统是以马克思主义理论为指导，综合性地对大学生进行思想政治教育的实践活动，是一个受多种因素制约，由多种因素构成的复杂的社会系统。德育系统的存在和发展不是孤立的，它离不开一定的环境。德育系统所从属的各层次系统，相对德育系统来讲，既是整体，又是德育系统所处的环境，即德育系统周围并给其以影响的客观现实就是德育系统环境。既包括国际国内社会、政治、经济、文化、科技，乃至家庭等各个方面要素所构成的社会环境，也包括学校内部各种对大学生产生直接或潜在影响的、有形或无形的环境因素，以及人与环境之间的各种关系所共同构成的德育环境。

社会环境决定德育的工作方向和内容，德育环境决定德育工作的重点和方法。同时，德育工作对社会德育环境有影响和改造的作用。德育工作对德育环境有构建和优化的作用。

3. 德育环境与大学生成才

大学生的成长离不开社会环境，更离不开德育环境，必然打上环境的烙印。德育环境通过其在德育教育过程中的认识导向功能、情感陶冶功能、行为规范功能、政治塑造功能、心理建构功能、榜样示范功能、育化矫正功能等，不仅影响大学生道德观念和道德情感的形成，而且影响大学生成才的方向与动力，进而影响学校和社会教育目标的实现。

二、德育环境对德育工作的作用机制

1. 德育过程的阶段分析

德育是社会规范和社会评价转化为个人规范和评价的过程，德育通过社会有目的的教育与影响，使受教育者逐步实现社会化。一个完整的德育过程包括四个阶段，一是传输阶段，即教育者将一定的社会思潮、道德规范、政治理念和经济等方面的信息传输或灌输给受教育者；二是内化阶段，即受教育者根据自己的理解和需要有选择地认同、接受社会思潮、道德规范的要求和各种社会信息，内化为个体的政治思想信念和品德意识；三是外化阶段，即受教育者个体的政治思想信念和道德意识形成动机，支配自己的行动，外化为个体行为和个体品德；四是反馈阶段，即个体或群体品德行为所产生的社会效果通过一定的形式和渠道反馈给教育者和受教育者，进一步调节德育过程和个体行为，也意味着新的德育过程的开始。

2. 德育环境作用传导的机制

德育环境对大学生的影响最基本的是作用传导机制，即学校环境与社会环境各要素通过一定的形式、渠道和媒介传导给教育者和受教育者。学校环境的作用传导机制主要是情景陶冶、舆论监督、环境暗示、行为模仿、人际互动、情绪感染等要素的互动结构、运作原理和运作过程，其特点一是目标指向清晰明确，即围绕培养人、造就人这一根本目标运转；二是环境的影响作用集中、单一、深刻、持久；三是环境的形成是人们根据社会需求和育人需要专门设计、组织起来的一种特殊道德环境，易于调节和控制。社会德育环境的传导作用机制主要是信息传播、思潮引导、法律制约、公德规范、舆论导向等要素的互动结构、运作原理和运作过程，其特点一是由于自身的复杂性、多交性，其目标是模糊的、多变的；二是社会道德环境所产生的影响虽具有广泛性，但这些影响往往又是分散的、多元的，有时甚至是相互抵触、互相冲突的；三是社会道德环境具有一定的自发性，高校无法从根本上设计它、组织它。因此，从宏观上看，德育环境具有可控性和不可控投性两种作用传导机制。

3. 德育环境作用的滤选机制

德育环境对来自各层次、各方面的信息，不管是可控性的、还是不可控性的信息，不管是正确的、还是错误的信息，不管是主动的、还是被动的内化，都有一个根据自身需要进行过滤、筛选的过程，都要找到认同、接受的理由，内化为整体思想共识或个体思想意识，外化为群体或个体行为。从高校来讲，为了实现教育目标，要通过一定的组织、人员进行滤选，并有明确的存良去劣指向性；从环境个体要素来讲，是一种满足自身需要的非组织的个体滤选行为，具有多元化的存良去劣指向性。因此，德育环境具有组织的和非组织的两种作用滤选机制。

4. 德育环境作用的内化践行机制

德育环境是多层次的，每个环境层次又由相互影响、相互作用的诸多要素构成。不同德育环境层次之间和同一德育环境层次各要素之间，都是相对的接受主体，每一德育环境接受主体对德育环境信息的反映与择取、理解与解释、接受与实践的求善过程及接受主体之间的相互依赖、相互制约、相互促进、相互发展的关联性活动过程，就是德育环境的内化与践行机制。在这一过程中，一方面，某一环境层次中人这一活的要素根据其工作目标，主动地对来自上下环境层次和本层次各要素的信息进行选择、挖掘、重组，从而优化本环境层次；另一方面，由于环境因素的广泛性、多样性、隐蔽性和弥漫性，使得每一个环境层次、环境因素和环境的育化对象都被动地接收来自各方面的信息，包括真实的与虚假的、先进的与落后的、正确的与错误的等，并影响道德认识、道德情感和道德行为。因此，德育环境具有主动的和被动的两种作用内化践行机制。

5. 德育环境作用的反馈机制

德育环境是动态变化的。一方面，因为有正向的层层信息传导，必然有逆向的层层信息反馈。比如社会对高校德育工作有明确的要求，并不断向学校发出指令性或指导性信息，学校会根据社会的要求进行德育环境的改进，并对院系、年级、班级、宿舍等环境层次进行优化，直至对德育对象提出要求、施加影响。其结果如何，必然要通过多种渠道和德育对象的社会化行为进行反馈，社会环境因此而进行调整，这种反馈是常规性的、有序的。另一方面，各层次环境因素的突发性、偶发性变化或一些因素因长期量的积累导致质的变化，比如国际重大政治经济的动荡，国家重大政治经济事件或重大灾害的发生，社会治安的恶化，环境被长期破坏造成的灾难性后果等，都会引起德育环境要素的反应与变化，这种反馈是非常规性的，往往也是无序的。因此，德育环境具有常规的和非常规的两种作用反馈机制。

三、德育环境良性作用机制的构建

1. 构建权威、高效的领导运作机制

目前，社会系统、教育系统还难以说建立了权威、高效的德育工作领导体制。各高校按照《中国高等学校德育大纲》的要求，建立和完善了党委统一领导，校长及行政系统为主实施的德育管理体制，成立了校系两级德育工作领导小组。但这只能说在组织形式上构建了"权威"的领导体制。但在实际运作中，无论是领导的重视、精力的投入、部门的配合还是制度的保证、物质的保障等，都难以说达到了"高效"的程度，甚至难以说"有效"。根本的原因是机制落后。这种社会系统、教育系统德育工作领导体制落后，德育工作运作机制落后的状况，制约了德育环境作用的发挥。因此，一要构建政府领导、社会主导的良性德育环境领导体制，正如江泽民总书记在《关于教育问题的谈话》中所说："只有加强综合管理，多管齐下，形成一种有利于青少年学生身心健康发展的社会环境，年轻一代才能茁壮成长起来。"二要构建社会主导、学校实施、家庭配合的德育环境良性作用机制，通过法律的、行政的、经济的手段，充分挖掘各种德育环境资源，并使其发挥作用。

三要构建党委切实重视、行政有效实施的德育环境良性作用机制，这需要上级主管部门的严格评估，需要通过校务公开向学生公布德育工作的具体措施和目标，让学生对落实情况进行评价，并与奖惩挂钩。

2. 构建有序的作用传导机制

无论是图书馆、博物馆、烈士陵园、文化广场、新的建设等硬件德育环境因素，还是广播、电视、报纸、因特网等软件德育环境因素，都有一个有序传导的问题。构建这一作用传导机制一是要有有效的利用机制，即明确主题，利用双休日、节假日、纪念日等多层次地组织学生参观考察，充分发挥硬件德育环境因素的作用；明确目标，建设好广播、电视、报纸、因特网等传媒系统，充分发挥软件德育环境因素的作用。二是要有科学的参与机制，即让学生参与管理和服务，在参与中提高德育品位。三是要有科学的管理体制，社会和学校都需要进行科学规范的管理，以此增强作用传导机制的可控性。

3. 构建严格的作用滤选机制

随着现代科学技术的飞速发展，传播媒体在进行一场革命，特别是计算机、因特网的发展，对人们的生活、学习和成才产生了极大的影响，正面作用很大，负面作用也不可忽视，必须建立严格的作用滤选机制。一是社会和学校都应建立严格的传媒管理机制，特别是互联网的管理；二是高校要建立强正减负机制，即通过滤选，对正面的信息要扩大其教育功能，对负面的信息或者是控制传播面，或者是通过解惑、批驳来使其转化为正面效应。

4. 构建有力的作用内化践行机制

一是构建以德育环境优化需要为核心的内在动力系统和以社会德育环境优化需要为核心的外在动力系统有机结合共同推进的动力机制，具体体现是政策激励机制；二是构建以主体德育环境价值观为核心的内在导向系统和以社会德育环境主导的价值导向为核心的外在导向系统有机结合、共同确定的目标机制，具体体现是目标导向机制；三是构建以主体德育环境自律为核心的内在保证系统和以社会德育环境评价为核心的外在保证系统有机结合、共同推进的保证机制，具体体现是评价促进机制。以此使主动的、被动的两种内化践行机制都得到优化。

5. 构建畅通的作用反馈机制

反馈是系统良性循环的重要环节，需要构建权威、高效、畅通的由上至下和由下至上的双向性组织系统反馈机制，其主体是常规性反馈机制；需要构建迅捷、灵敏、准确、畅通、非组织的德育环境信息反馈机制，其主体是非常规性反馈机制。

第三节　教育系统外因素对德育工作的影响

价值多元化是指在同一个社会同时存在两个以上的价值观念体系。随着改革开放的深入，我国由计划经济向市场经济转轨，原来计划经济中社会经济、政治、文化高度整合的关系被打破，出现了多种经济成分、多种政治因素、多种文化价值并存的局面。传统的以社会为本位的"主流价值"受到前所未有的冲击，社会价值体系开始由封闭、绝对、追求共性的一元化价值向开放、相对、允许个性共存的多元化价值转化。面对社会转型期引发的意识形态的嬗变和价值多元化的趋势，思想活跃但缺乏辨别力的大学生群体受到来自四面八方各种思想的冲击，处于迷惘困惑的状态，这使得学校德育工作面临着严峻的挑战。在这种形势下，如何才能做好高校德育工作，引导学生树立正确的思想观念以适应现代社会的发展？解决这一问题，首先需要对高校德育工作加以改革的社会根源——价值多元化进行思考。下面笔者具体分析价值多元化产生的原因、现状和各方面的影响。

一、经济体制转型使大学生价值取向向多元化发展

价值是一种外显内隐的看法，它影响着人们对行为方式、手段和目的的选择。在价值背后，是一整套有关人对自然、对人在自然的位置、对人与人的关系以及处理人与人、人与环境关系时值得做或不值得做的看法构成的系统，美国人类学家 Kluckhoh 称之为"价值取向"。价值的基本问题是个人与社会的关系问题，价值取向的不同主要体现在人们对自我价值和社会价值关

系的不同看法和现实选择上。

市场经济的利益原则、等价交换原则和竞争机制渗透在社会生活的各个领域，深刻影响着人们的生产、生活和思维方式，传统道德规范对人们的制约作用被削弱。如"注重实用，追求功利"的价值观开始取代传统的"重义轻利，默默无闻"的价值观，并在人们的思想中占了上风。在全社会改变了过去只讲集体发展、讳言个人利益的大环境下，自我意识不断增强的大学生开始对传统的人生价值体系进行批判性的思考，在对纷至沓来的新思想、新观念选择、接受的过程中，他们将重新定位自己的价值取向。在"讲奉献还是讲索取"这一基本问题上就有多种不同的选择，例如，只奉献不索取，多奉献少索取，少奉献多索取，不奉献不索取，不奉献只索取等。这种价值取向由一元向多元的变革是社会转型带来的必然结果。

二、思想领域的复杂现状是多种价值观并存的重要原因

大学是青年人形成正确的世界观、人生观和价值观的重要阶段，但受外界因素影响，大学生对于嬗变中的真善美、假恶丑现象不仅缺乏正确的识别标准，也缺乏相应的识别能力。面对错综复杂的现实，不同的思想观念在大学生头脑中互相撞击，又都未能完全占领大学生的思想阵地，于是就形成了多种价值观并存的状态。大学生在接受马克思主义思想教育、树立科学世界观的同时，并未彻底摆脱封建意识和迷信思想的束缚，其中一些大学生在西方资产阶级拜金主义、享受主义、极端个人主义和腐朽没落生活方式的诱惑面前难以坚决抵制，因而在各种思想观念并存的影响下，一些大学生在人生目标上出现了迷失或偏离。此外，西方哲学思潮的输入与传播，一定程度上也起到了推波助澜的作用。如西方人生哲学的自我至上价值观与大学生膨胀的自我意识，在反传统、反主流文化的轨迹上汇合在一起，使大学生对社会主义、集体主义为根本道德准则的社会本位价值观日趋淡漠，甚至形成自我中心的个人本位价值观。这种由于社会转型期思想价值多元化带来的大学生思想观念、价值取向上的复杂现状，对于高校德育工作者来说是一个不容忽视、必须解决的问题。

第四节　德育系统内的制约因素

教育系统内，特别是高校德育目标的不明确是产生德育许多问题的关键因素，有必要对高校德育目标进行再审视。

高校的德育目标是高校培养目标的重要组成部分，是德才兼备，全面发展人才目标的重要内容，它和高校的智育、体育等目标一起，构成了社会主义大学的总的教育目标。确立高校德育目标是高校德育的首要问题，它决定着高校德育的内容、方法和形式等，对整个德育过程起着指导、调节、控制的作用。因而，研究和确定高校德育目标，对于发展高校德育理论和指导高校德育实践，增强高校德育的科学性、实效性，具有举足轻重的作用。

一、高校德育目标的内涵

高校德育目标就是高校通过实施德育，使大学生在政治、思想、道德、心理素养方面所达到的水平及其标准，是高校德育实践所产生的预期效果。高校德育目标的具体化，即"德"的具体内涵，表现为大学德育规格。按照社会对大学生的要求，其德育规格的内在结构，应当是政治、理论、思想和道德这四个方面的素质。从这四者之间内在制约的关系上看，政治素质决定着思想、道德素质的本质和方向，而政治素质的形成又依赖于理论、思想和道德素质的协调发展。

没有明确、具体规格的大学德育，不仅容易造成德育实践的盲目，影响人才的质量，而且会导致与教育本质的背离，大学德育的具体规格要求是：使学生热爱社会主义祖国，拥护党的领导和党的基础路线，确立献身于有中国特色社会主义事业的政治方向；努力学习马克思主义，逐步树立科学世界观、方法观，走与实践相结合、与工农相结合的道路；努力为人民服务，具有艰苦奋斗的精神和强烈的使命感、责任感；自觉地遵纪守法，具有良好的道德品质和健康的心理素质；勤奋学习，勇于探索，努力掌握现代科学文化知识，并从中培养一批具有共产主义觉悟的先进分子。

高校德育目标的确定是以大学生成才的内在要求为出发点。德育过程实质上是把社会的思想、政治、道德规范转化为个体思想品德的过程。要达到这个目的，光有教育者进行外在的灌输是不够的，它必须有受教育者的积极反映和主动参与，使受教育者比较自觉地接受教育，通过自我的内化实现这个过程。高校的德育工作贯穿在培养大学生知识、能力、素质协调发展的全过程。大学时期，正是青年人世界观形成的重要时期，培养大学生正确的世界观、人生观、价值观是塑造完美人格的内在需要。

高校德育目标的确定，以党的教育方针和"三个面向"为指南。高等学校为国家培养"栋梁之才"，对这些"栋梁之才"既要提出政治观点方面的要求，也要提出道德品质方面的要求；既要有理想信念的要求，还要有情感意志的要求；既要有人文科学、理论知识的要求，也要有自我完善、自我修养能力的要求。教育必须为社会主义现代化建设服务，必须与生产劳动相结合，培养德、智、体等方面全面发展的社会主义接班人，这一目标体现了社会主义高等教育对培养目标的总体要求，是各高校德育工作的指针，高校德育目标的确定也必须服从于这个总目标、总方针。邓小平同志指出德育要面向现代化、面向世界、面向未来。"三个面向"的提出，为面向 21 世纪高等教育拓宽了思路，高等教育能否培养符合"三个面向"要求的人才，是高校面向 21 世纪德育目标建设的现实课题。

高校德育目标的确定以时代的特点和民族的传统为立足点。由于社会的发展和时代的变化，不同时代必然有不同的道德规范要求，确立德育目标必定要依据时代的特点。当代世界经济的国际化和信息化，促使经济、科学、技术和人员的广泛交流，这样，各国的文化和价值观念也会相互渗透、相互撞击，这要求年青一代对外来文化中的消极因素具有辨别和抵制的能力。因此，在确定德育目标时既要反映现代化、信息化的时代特点，又要强调民族传统，发展民族文化和爱国精神。

二、高校德育目标的主要功能

教育功能反映了德育"本来能够干什么"的问题，也就是指德育应该具有的作用和意义；德育目标属于"想要德育干什么"的问题，是教育者期望的德育效果。德育功能与德育目标两者有着必然的密切联系，它要求德育目标的确定要基于德育本来的功能，即"想干什么"必定基于"能干什么"。两者的相关性决定了对德育功能的正确认识，即确定正确的德育功能观具有重要的实践意义。其一，正确的德育功能观有助于确定合理的德育目标及其体系，对德育功能的认识不当会造成确定的德育目标低于或高于德育功能所要达到的阈限。如果德育目标的设置低于德育功能的阈限，就无法发挥德育的最大效能，使德育实践流于平庸和琐碎，如"文革"时期，德育功能单一化使政治功能、学校德育沦为"阶级斗争"的工具，德育实践也成为简单的政治宣传。反之，如果德育目标高于德育功能所能达到的可能性，即想让德育完成它所不可能完成的事情，那么这个目标肯定是虚妄的、缺乏指导意义的，相应的德育实践必然夸大其词，力不从心，陷入"假、大、空"的低效状态。如改革开放以后，经过反思后的德育功能被扩大化了，导致人们对德育有过高的期望，在目标设置上表现为过高、过多、过于抽象等无序泛化的状态，德育目标缺乏针对性和可操作性，从而使德育实践以虚务虚，难以找到深入探索的切入点。其二，正确的德育功能观对于适当和适度的德育评价和实践也有重要意义。德育有效性的评价必然基于"德育所能够做"的层面上，如果对德育期望过高而让其承受不可能完成的任务，并因此而评价"德育实效太低"，这显然是不合理的。人们对大学德育期望普遍过高，以至于当学生出现非智育领域的所有问题时，人们习惯于问"德育怎么了"，实际上这是让德育承受了不堪承受之重。其三，只有正确的德育功能观才能使德育工作者的实践立足于其该做且能做的事情上，基于现实，才能卓有成效。人们对德育功能认识的无度状态，导致了德育实践的无序泛化和德育工作者的无所适从。虚妄的、夸大的德育功能观给德育实践带来的危害是很大的，在德育功能观的认识上，我们应取实事求是的态度。从高校德育目标的内涵、结构及其特征来考察分析，它主要发挥着以下功能。

德育目标的导向功能。德育目标的导向功能，是促使大学生成为合格的社会主义事业的建设者和接班人的根本保证。德育目标的导向功能主要是指德育目标控制着大学生思想品德发展的方向。只有按德育目标指引的方向，通过有效的德育措施，有目的、有计划地对大学生加以系统的强有力影响，才能使大学生的品德发展方向与社会要求趋向一致。从当代大学生思想品德发展的现状来看，总体上还是表现为支持、关心改革，自主意识、竞争意识、效益观念增强，渴望在改革大潮中成为有用之才，实现自身价值。但近几年来，在校大学生年龄趋向低龄化，思想、心理还不够成熟，对生活的积累、理解和认识事物的能力还处在发展阶段，自我监督、自我控制的能力还不强，情绪也不够稳定，加之高校在改革过程中所出现的种种矛盾和问题，使许多大学生缺乏基本的社会道德修养，没有事业心和责任感，这种现状虽不占主流，但与社会发展的要求在方向上不完全一致，长久下去，也可能对大学生品德发展的主流产生消极影响。德育目标的导向功能，从根本上说，就是控制大学生的品德发展，改变其不符合德育目标的活动干预下出现的发展。

德育目标的激励功能。德育目标的激励功能指德育目标能有效地调动教育者和受教育者参与德育活动的积极性，提高德育活动效率，增强德育活动的效果。具体明确、切实可行的德育目标，既能使大学生理解其价值大小，又能判断其实现的可能性的大小，从而激励他们积极参加体育活动。如果没有确定出科学、具体、可行的德育目标或者德育目标高度抽象、概括，不仅难以发挥德育目标的激励功能，反而会产生许多负效应和后遗症，影响德育效果。在实施德育的过程中，要调动教育者和受教育者两方面的积极性，就必须使他们明确德育目标的价值，达到目标的程度。若他们认识到德育目标在提高自身思想品德素养中的重要价值，通过主观努力可以实现，激励力量就大；若他们仅仅认识到德育目标价值大，而期望概率低，则激励力量不大。

德育目标的调控功能。德育目标的调控功能指在实施德育的过程中，德育内容的安排、德育原则和方法的选择、德育活动形式的设计和德育管理体制的建立等都受德育目标的指导和支配。只有确立好德育目标，才能保证高校德育工作的恒常性、稳定性和针对性。德育目标是高校德育活动的出发点和归宿，德育过程是实现德育目标的过程，过程在目标的支配下运动，目标在过程中得以实现。另外，德育目标可以调节家庭、学校和社会三方面的德育影响，发挥高校德育的主导作用，使学校主动与家庭、社会紧密配合，形成巨大的教育合力，按照德育目标的统一方向，引导大学生逐步发展良好的道德品质，使他们成长为社会所需要的人才。德育目标的调控功能，增强了高校德育的一致性、连贯性和有效性。

三、高校德育目标的实现

要实现高校德育目标，必须树立系统观念，把许多因素有机地联系起来，要多种渠道、多种手段相配合。总的来说，可以采取以下措施。

1. 对高校德育目标重新进行定性、定位，是高校德育目标实现的首要问题

在我们现在实施的德育目标中，总是倾向于重社会主义基本原则的教育，而轻市场经济基本道德规范的培养；重中国特色的训诫，轻人类普遍价值观念的熏陶；重传统规则的灌输，轻现代开放、创新意识的树立。而且，在具体实施过程中，不分教育对象自身存在的差异性，即思想境界、人生观念、道德意识的高低，也不考虑教育对象的接受能力，一概统一灌输到底，于是，使今天我们所感受到的高校德育在其教育的实践过程中总是显得生气不足。因而，必须重新对高校德育目标进行定性、定位，今天的高校德育在其目标定位上，应该根据现时代的社会经济发展状况所决定的社会思想道德面貌和人生价值取向来调整自己的步骤和育人的进程。由于高等教育要为经济建设这一中心工作服务，高校德育目标的确定，也必须以此为出发点，社会主义市场经济对高校培养的人才提出了更高的要求，要求大学生要有坚定正确的政治方向、良好的精神状态、优秀的道德品质、健康的身体、良好的心理素质和较高的知识水平。因此，高校德育目标要定位到为社会主义市场经济建设者们提供正确的、必备价值指导和培养他们具有合理的道德精神文化素质。

2. 突出"两课"教学，发挥"两课"在德育目标实现中的主渠道作用

"两课"教育（马克思主义理论课、思想品德课）在把新一代大学生培养成为社会主义事业建设者和接班人方面起着重要作用，它能帮助大学生掌握马克思主义基本原理和建设有中国特色社会主义理论，引导大学生树立正

确的世界观、人生观、价值观等，是理论教育的主渠道和主阵地，是正面教育的基本手段。

3. 加强人文素质教育，促进高校德育目标的实现

人文素质教育是相对于专业技术教育而言的人文科学教育活动，是通过学校教育中知识的传授及其环境的熏陶，使人类优秀的人文知识成果及其所蕴含的价值观念、审美情感及思维方式等内化为受教育者的稳定的基本品质结构。人文素质教育的核心是对完整人格的追求和培养，所追求的是人性的发育，提升人的精神境界，促进人的自我完善，其理性本质上是道德的理性，即道德方面的判断和选择。依此来看，人文素质教育与高校德育在本质上是相通的。高校德育也体现了人文素质教育的基本要求，具有人文素质教育的价值，它表现为在学生培养过程中的人文精神的形成和社会化的程度，也就是把大学生培养成拥有丰富文化精神的全面人，而不是只拥有知识却缺少文化的单面人。

4. 开展社会实践活动和加强学生社团建设并举，加速德育目标的实现

由于应试教育的影响，今天的许多大学生和社会直接接触的机会比较少。因此，许多大学生的阅历浅，在世界观、人生观和价值观方面不仅不成熟，而且还存在着相当大的盲从和错误。而社会实践活动却可以使大学生广泛接触社会、了解国情、感悟社会主义新时代风尚的主流，认识改革开放所取得的成就，从而形成对社会全貌的客观公正评价，有利于形成积极乐观的人生态度。社会实践活动具有综合效应，可以产生书本中、课堂上体验不到的情感。这种情感体验的不断升华，能强化自我完善的动机和自我教育的自觉性。在社会实践中，广大青年学生深入贫困农村，通过与工人、农民的共同劳动，交流思想，磨炼不怕困难、不畏艰辛的意志，学习艰苦奋斗、奋发向上的实干精神，从而摒弃铺张浪费、及时行乐等一些不良思想。总的来说，实践活动有利于培养大学生的责任心和成就感，有助于走上社会后人生价值的实现。

第五节　德育评价体系的探索

德育是系统工程，由于高校德育目标的不明确，使得我国的许多高校德育评价体系显得滞后。在教育现代化条件下，必须建立科学、客观、合理、有效、人性的新型德育评价体系，从而为深刻认识高校德育的内涵，为全面推进高校德育工作和素质教育提供有效途径。

德育是一项教育活动，其整个活动是围绕"育人"的互动过程。它回答着"育何人""怎样育人""为什么育人"等问题，这一系列问题必定涉及一个人才的评价体系。而高校德育的一个重要内容，便是其评价体系。其评价体系是否科学已直接影响着高校德育的有效性，影响着学生的健康成长。尤其在全球化的影响下，中国加入 WTO 后，不仅深刻改变了中国经济领域的面貌，而且在人们的思想领域激起强烈的震撼，新旧观念形成激烈地碰撞。中国传统的德育观受到强大的冲击，计划经济体制下的德育及其评价体系具有相对滞后性，尽管过去德育评价方法为高校人才培养与高校事业发展做出过贡献，但应该承认的确也存在着许多缺陷。

一、高校德育评价体系的基本要求

1. 高校德育评价体系要符合人的主体性的要求

德育评价体系必须注重人的主体解放，应该具有人道主义的情怀。大学生已不是毫无个性特点的、纯粹的德育教育内容的接收机，他们有自己的人格特性。教育为大学生的发展提供了很好的外部条件，促使大学生形成了自我实现的积极的主体意识。所以，他们对德育评价体系所能体现的公平性、实效性以及主体性显出前所未有的关注。所以，建构符合大学生主体性的德育评价体系是促进大学生个性发展和主体意识增强所不可或缺的条件之一。

2. 高校德育评价体系要符合人的全面发展要求

人的全面发展是物质生活发展与思想和精神生活发展的统一。传统德育评价体系所建构的评价内容往往以人的思想道德水平的衡量为主，缺乏对人的全面素质的衡量。而德育评价从范围上已大大拓展，不仅应该从校内活动中去衡量，还需要从校外实践活动中去衡量。因为任何一个人都是社会的人，都需要符合社会发展的规律和要求，所以德育是全方位的，只有这样才能更全面地反映个体的综合素质。

3. 高校德育评价体系要符合可持续发展要求

作为一种激励机制，作为学生努力的方向，德育在其建构的过程中必须充分考虑人格完善性、发展性与全面性的原则，也要考虑到德育的外部性效应，起到可持续发展的要求。德育评价体系要以发展的眼光去评价学生。不仅看当前，更要看长远，看发展趋势；不仅要看目前的外在表现，更要看潜在的发展能力。在德育及其评价过程中，从社会发展的需要和趋势出发去评价个人的德育水平。德育评价的内容、方式、手段需要在探索中得到开拓创新，做到与时俱进。这样才能保持德育评价体系的可持续发展，达到其可持续发展的要求。

高校德育评价目标既要从终极目标上符合人类社会发展目标的要求，又要从基本目标上符合市场发展的要求，同时又要正确反映人性发展的客观实在性。

二、高校德育评价体系的基本原则

1. 德育评价体系需要符合方向性原则

确立德育评价体系的正确价值取向是德育评价体系科学评价德育对象的基本前提。高校德育评价体系必须与社会主义精神文明建设相符合，必须遵循国家的教育方针和教育法规，具有切实有效的导向作用。同时德育评价体系还必须适应现代教育发展的国际国内环境，确立正确的方向，符合当代大学生的价值取向，符合大学生个体的成长。

2. 德育评价体系要符合科学性原则

高校德育评价必须按照客观规律和当前德育的实际要求来操作，坚决反对主观臆断。德育评价体系指标必须是实际可操作的，而不是抽象的、概念化的条条框框。同时这一指标体系必须可以较为简便而明确地体现出评价对象的等级量标。

3. 德育评价体系要符合全面性原则

德育评价体系必须将德育过程视为动态发展的过程，从动态与静态的结合中对德育评价对象做出客观公正的评价。同时，要将传统德育评价体系中的定性评价与定量评价相结合，并且根据实际情况对定性内容和定量内容进行重新分析和明确，改变以往定性、定量界限模糊或只重定性忽视定量的做法。要实现德育评价的效果，还必须拓宽德育评价的途径，将自我评价与外部评价、校内活动与校外活动有机结合，使得德育评价对象在德育及其评价过程中积极发挥自己的主观能动性。

4. 德育评价体系要符合教育性原则

德育作为教育的重要组成部分，其目标是为了更好地指导学生做人、做事、做学问，而不是要得出单纯的定量结果。德育评价体系也要本着育人的目标，教育的原则，在评价过程中切实提高学生对德育的认识水平和实践水平。

5. 德育评价体系要符合效率与公平兼顾原则

德育评价体系在评价内容的设置及评价过程中，必须兼顾德育评价的效率与评价的公平性。德育评价是为了使学生认识到自己的德育水平，及时发现德育中存在的问题并解决之。高效的德育评价体系必定能以其完善的体系达到事半功倍的效果。

三、建立新型的德育评价体系

第一，要更新德育评价观念。传统意义上的德育评价只是将德育单纯地归结为教育工作者对受教育者单方面的品德评定。但事实上，德育是思想政治教育者和受教育者之间的互动过程，传统德育及其评价过程都忽略了这一互动性。所以，在大学生自我发展、公平竞争意识和法制观念日渐增强的今天，这种传统的德育评价观念影响了大学生的全面发展。所以，必须确立符合市场经济原则和人类社会发展要求的现代德育观念，如树立起人本观念、树立德育可持续发展观、树立生态德育观、德育的系统观等。

第二，要确立德育评价目标。对高校学生进行德育评价，其目标不仅要符合社会发展的要求，而且也要符合个性自身发展的规律性。由此可见，评价目标必须要有层次性，使之评价既有远大理想的引导，又具有现实性，能正确体现个体的客观特征。对德育评价目标设置层次化，有利于德育体现出既具有崇高理想性，又具有现实操作性，既符合人类社会的发展要求，又符合人性发展的客观要求，体现尊重人、关心人的人文精神。

第三，要实现德育评价机制的创新。教育现代化必然要求德育现代化，而德育现代化的根本要求在于对人的培养与教育，如何既符合人类社会发展的要求，又符合人类自身发展的要求，也就是要求人类社会走向现代化的客观要求。如何实现德育评价机制的创新？需从以下几方面进行努力：

（1）德育评价途径上实现创新。过去我们在德育评价过程中，往往比较注重学生在校政治活动中的具体表现，评价途径比较狭隘，它难以衡量出学生的全面素质，由此也影响到学生的积极性。因此，我们在评价途径上要走多元化，既要从日常生活中积累评价要素，又要延伸到校外学生行为，如学生社会实践、学生创业活动、学生志愿者活动等。从评价空间上得到拓展，这样有利于对学生的全面评价，也对学生的教育起到积极的指引作用。

（2）德育评价的方法与手段实现创新。德育评价方法与手段也需要不断创新，具体体现在：评价过程中要充分发挥学生主体性作用，使评价过程真正起到教育与自我教育的作用。评价过程是动态过程，减少过去注重静态的评价方法。

第四，要实现德育评价内容上的创新。德育评价内容反映德育工作的导向性，也是学校培养人才的基本核心，它体现了人才培养的模式和社会对人才的基本要求，包括人的主体性精神、创新精神、发散式思维、良好的心理素质等。因此，构成德育评价的重要内容，必须体现出主体性、多元化、个体化、求异性、可持续性特征。只有这样，才能更好地推进学校的素质教育，促进人的全面发展。

第十三章　创新德育学习手段和工作方法

第一节　加强大学生心理健康教育

一、高等学校大学生心理健康教育工作的主要任务和内容

高等学校大学生心理健康教育工作的主要任务是：根据大学生的心理特点，有针对性地讲授心理健康知识，开展辅导或咨询活动，帮助大学生树立心理健康意识，优化心理品质，增强心理调适能力和社会生活的适应能力，预防和缓解心理问题。帮助他们处理好环境适应、自我管理、学习成才、人际交往、交友恋爱、求职择业、人格发展和情绪调节等方面的困惑，提高健康水平，促进德智体美等全面发展。

高等学校大学生心理健康教育工作的主要内容是：宣传普及心理健康知识，使大学生认识自身，了解心理健康对成才的重要意义，树立心理健康意识；介绍增进心理健康的途径，使大学生掌握科学、有效的学习方法，养成良好的学习习惯，自觉地开发智力潜能，培养创新精神和实践能力；传授心理调适的方法，使大学生学会自我心理调适，有效消除心理困惑，自觉培养坚韧不拔的意志品质和艰苦奋斗的精神，提高承受和应对挫折的能力，以及社会生活的适应能力；解析心理异常现象，使大学生了解常见心理问题产生的原因及主要表现，以科学的态度对待各种心理问题。

在大学生心理健康教育工作中，要以辩证唯物主义和历史唯物主义为指导，防止唯心主义、封建迷信和伪科学的干扰，确保心理健康教育工作的正确方向。

二、高等学校大学生心理健康教育工作的原则、途径和方法

大学生心理健康教育工作要重在建设，立足教育。心理健康教育要以课堂教学、课外教育指导为主要渠道和基本环节，形成课内与课外、教育与指导、咨询与自助紧密结合的心理健康教育工作的网络和体系。

各地教育工作部门和高等学校要将心理健康教育的有关内容纳入德育工作计划。要按照中宣部、教育部《关于印发<关于普通高等学校"两课"课程设置的规定及其实施工作的意见>的通知》以及《中国普通高等学校德育大纲（试行）》《思想道德修养教学大纲》的要求，在思想道德修养课中，科学安排有关心理健康教育的内容。各高等学校应创造条件，开设大学生心理健康教育的选修课程或专题讲座、报告等。

大学生心理健康教育工作是学生日常教育与管理工作的重要内容，同时也是高等学校全体教职员工，特别是教师义不容辞的责任。教师要结合教学工作过程，渗透对学生进行心理健康教育的内容。班主任、政治辅导员不仅要在日常思想政治教育中发挥作用，也要在增进学生心理健康、提高学生心理素质中发挥积极作用。医疗保健机构要充分发挥医务人员的优势，面向学生开展心理健康教育和心理咨询服务。在日常思想政治教育工作中，要注意区分学生的思想道德问题与心理问题，要善于对学生的心理问题有针对性地进行辅导或咨询，及时主动地与学校从事心理健康教育工作的教师合作，给有心理困惑、心理障碍的学生以及时、必要的帮助。

要重视开展大学生心理辅导或咨询工作。高等学校开展心理辅导或咨询工作，对于解决学生的心理问题，具有重要的作用。各高等学校要积极创造条件建立心理健康教育工作体系，开展心理辅导或咨询工作。心理辅导或咨询工作要通过个别咨询、团体辅导活动、心理行为训练、书信咨询、热线电话咨询、网络咨询等多种形式，有针对性地向学生提供经常、及时、有效的心理健康指导与服务。辅导或咨询机构要科学地把握高等学校心理健康教育工作的任务和内容，严格区分心理辅导中心或心理咨询中心与专业精神卫生机构所承担工作的性质、任务。在心理辅导或咨询工作中发现严重心理障碍和心理疾病的学生，要将他们及时转介到专业卫生机构治疗。

要充分利用高等学校广播、电视、计算机网络、校刊、校报、橱窗、板报等宣传媒体,通过第二课堂活动,广泛宣传、普及心理健康知识,强化学生的参与意识,提高广大学生的兴趣。要通过加强校园文化建设,营造积极、健康、高雅的氛围,陶冶学生高尚的情操,促进其全面发展和健康成长。

三、加强高等学校大学生心理健康教育工作队伍建设

高等学校专职从事心理健康教育的教师原则上应纳入学生思想政治工作队伍管理序列。承担其他专业课教学、科研等工作的兼职教师职务评聘,应根据岗位需要和本人承担的工作任务及具备的任职条件,聘任相应的教师或研究等专业技术职务。要参照中共教育部党组《关于进一步加强高等学校学生思想政治工作队伍建设的若干意见》(教党 L2000121 号)精神,通过专、兼、聘等多种方式,建设一支以少量精干专职教师为骨干,专兼结合、专业互补、相对稳定的高等学校大学生心理健康教育工作队伍。

要积极开展对从事大学生心理健康教育工作专、兼职教师的培训,培训工作列入学校师资培训计划。通过培训不断提高他们从事心理健康教育工作所必备的理论水平、专业知识和技能。还要重视对班主任、辅导员以及其他从事学生思想政治工作的干部、教师进行有关心理健康方面内容的业务培训。要逐步建立从事大学生心理健康教育工作专、兼职教师的资格认定体系。

四、加强领导,规范大学生心理健康教育工作的管理

各地教育工作部门和高等学校,要切实加强对大学生心理健康教育工作的领导,积极支持大学生心理健康教育工作的开展,帮助解决工作中的困难和问题。

高等学校大学生心理健康教育工作是学校德育工作的重要组成部分,实行主管校领导负责,以学生思想政治教育工作教师为主体,专兼结合的工作体制。要把高等学校大学生心理健康教育工作纳入学校德育工作管理体系中。目前已经开展心理健康教育工作的学校或工作基础较好的学校,应进一步完

善或健全心理健康教育的工作体制和体系，条件不成熟的高等学校可在当地教育工作部门的统筹协助下，充分利用有关资源和条件并积极创造条件开展工作。高等学校应配备专职人员作为学校心理健康教育工作的骨干。其编制从学校总编制或专职学生思想政治工作编制中统筹解决。此外，根据学校实际情况还可聘请一定数量的兼职教师和心理辅导或咨询人员。要按学校有关规定计算工作量或给予报酬。

高等学校开展大学生心理健康教育工作经费原则上在德育工作经费中统筹解决。各高等学校要为开展大学生心理健康教育工作提供必要的条件，并不断改善条件，优化教育手段，务必保证工作的投入。

第二节　坚持职业化发展、专业化培养，建设高素质的辅导员队伍

随着中央 16 号文件的下发，对照文件要求，结合加强与改进大学生思想政治教育工作及全国高校学生政治辅导员工作会议的要求，不可否认，当前我们许多高校班主任、辅导员队伍建设工作中还存在着诸多不足，现以常规化、专业化、职业化为目标，针对建设一支高水平的辅导员、班主任队伍提出以下观点。

一、提高认识水平，科学规划建设方向

辅导员、班主任是高校教师队伍的重要组成部分，是大学生思想政治教育工作的骨干力量，是大学生健康成长的指导者、引路人和知心朋友，在促进大学生全面成才、培养社会主义事业合格建设者和可靠接班人方面负有十分重要的责任，是贯彻党的教育方针、实施大学生思想政治教育、维护高校和社会稳定的重要力量。加强辅导员、班主任队伍建设，努力提高他们的工作能力、学术水平和职业素养，增强队伍的战斗力和凝聚力，是促进大学生健康成长的根本要求，是深入贯彻落实中央 16 号文件的重要保证，也是辅导

员、班主任自身发展的内在需要。

基于这一认识，我们要从实现学校育人目标，提高人才培养质量的战略高度出发，确立形成以专职辅导员为主，以兼职辅导员、班主任为辅的工作格局，鼓励、支持辅导员、班主任队伍向专业化、职业化方向发展，向建设高水平辅导员、班主任队伍的方向努力，建设一支敬业精神好、工作能力强、专业水平高、学术素养高的专兼辅导员、班主任队伍，为高校人才培养目标的实现奠定基础。

二、建立准入制度，不断优化结构

一是严格建立辅导员、班主任选聘制度。要进一步修订完善辅导员、班主任选聘的相关办法，进一步明确辅导员、班主任选聘标准，提高专职辅导员的聘用条件，严把入口关。除相应的学历外，还应具有与工作相适应的专业知识、职业素养和职业能力。要定期对辅导员、班主任按照职业化标准要求开展专业知识和职业技能培训，提高专业化水平，逐步开展职业指导师、心理咨询师等资格考证工作，逐步达到专职辅导员持证上岗。

二是逐步提高专职辅导员比例。流动的、兼职的辅导员、班主任比例较高不利于大学生思想政治教育工作的开展，因为人员流动过快，容易导致工作经验积累不足，工作研究不够，工作层次不同，影响班级工作的连续性。因此，严格控制流动辅导员、班主任的比例，逐步削减兼职辅导员、班主任的数量势在必行。从现在开始，要大力提倡从优秀业务课教师及党政管理干部中选聘辅导员、班主任，做到每个班级配备一名班主任，实行相同专业年级配备一名专职辅导员（较大的系可实行年级组长）制度，这样可以有效地架构辅导员、班主任管理体制。

三是大力选聘优秀年轻教师担任辅导员、班主任工作。年轻教师是学校未来发展希望所在，大力培养优秀年轻教师进入辅导员、班主任队伍，既是优化辅导员、班主任素质结构的需要，也是培养优秀教师队伍的基本要求。因此每年应从年轻教师中选聘一定的优秀人员进入辅导员、班主任队伍，有效地改善辅导员、班主任队伍结构。

三、明确职责、强化考核，不断完善管理制度

一是进一步明确了辅导员的职责范围。学生辅导员是由学院党委、行政委派到基层院系并接受职能部门、所在院系领导的从事学生思想政治教育工作人员。因此辅导员的职责要按照常规化、专业化、职业化建设要求，尽快修订完善《学生辅导员、班主任工作职责》《学生辅导员、班主任工作考核办法》等规定，坚持以学生思想政治教育为核心，以学生发展指导为主体，以学生事务管理为基础，将辅导员、班主任工作职责细化为思想政治教育与引导、心理健康教育与指导、学风建设与学业指导、党团工作指导、素质拓展指导、职业规划与就业指导、班级建设工作、日常管理工作、宿舍管理工作和安全稳定工作等内容，并形成主题班会制度、班级两委例会制度、谈心制度、出操制度、进宿舍制度等工作规范，进一步明确学生辅导员、班主任的工作目标和具体工作要求。

二是建立辅导员工作评价机制。要建立在院党委统一领导下，学生工作部门、各系（分院）为主实施，组织部、人事处共同参与的辅导员、班主任管理评价模式，做好专职辅导员的定编定岗、职数确定和考核奖惩等管理工作。全面落实《辅导员、班主任工作考核办法》，着重考察辅导员、班主任履行职责、到岗到位、工作实绩、教学科研水平和学生满意度等内容，建立以工作实绩为主要内容、以学生满意度为主要指标的考核体系。

三是加强考核激励力度。加快实施辅导员、班主任的考核结果与其岗位津贴挂钩的制度，对辅导员、班主任的津贴划出浮动考核部分，与履岗到位、管理绩效考核结果挂钩；考核结果与职称、职务晋升挂钩，考核不合格的解除聘任合同，并不予职称、职务晋升，逐步建立了能进能出、竞争择优、充满活力的用人机制。对每年开展的优秀辅导员、班主任评选活动，获优秀辅导员、班主任应享受院级优秀教师同等待遇，加大树立先进典型的力度。

四、加强培养，努力创造发展空间

一是加强培训、提升工作水平。应尽快成立学生工作委员会，全面统筹

我院的辅导员、班主任的培训工作。通过专业技能培训、举办研讨班、开展工作交流、基层挂职锻炼等措施，帮助辅导员、班主任丰富专业知识，开阔视野，提高工作能力。积极倡导辅导员参加专业培训班，对获得培训证书者予以奖励，鼓励辅导员、班主任进行课题研究，并为辅导员、班主任的研究提供经费与研究成果发表的平台。

二是倡导自我进修、自我发展。各高校应根据辅导员、班主任队伍建设需要，要鼓励和支持一部分辅导员、班主任参加业务进修，特别为攻读思想政治教育等相关专业硕士学位的辅导员、班主任提供良好环境，通过一段时间的努力，争取使我院的辅导员、班主任队伍形成有较高学历的一支政工队伍，基本上能够满足新时期的学生教育管理工作需要。

三是制定政策、提供发展空间。应加大对辅导员、班主任倾斜政策的制定，推进辅导员的职级和专业技术职务聘任序列的实施。逐步实行辅导员分级制，在现有的享受副科级行政待遇基础上，可根据从事专职辅导员工作年限、成绩分级，并对应提高其行政待遇，纳入学校党委干部管理范围；对班主任的岗位津贴应确立随教学课时律贴同步增长体制。积极设立"学生思想政治教育与发展"技术职务序列，按照助教、讲师、副教授等序列评聘辅导员的专业技术职务。此外，学校还应把辅导员、班主任作为党政后备干部培养和选拔的来源。

建设一支高素质、高水平的辅导员、班主任队伍，既是一个目标，也是一项长期而又重要的任务，不仅需要职能部门、院系的不懈努力，也需要学院的政策支持。通过以上各项工作的努力，力求做到创造良好的政策环境、工作环境和生活环境，使辅导员、班主任工作有条件、干事有平台、发展有空间，真正做到政策留人、事业留人、感情留人。全院上下应充分认识到加快辅导员、班主任队伍建设的紧迫感，想办法、定政策、出举措，把这项事关大局、事关长远的工作做好，也是促进高校德育工作健康发展的重要保证！

第三节　加强师德师风建设

一、21世纪加强"师德师风"建设的重要意义

"百年大计，教育为本；教育大计，教师为本；教师大计，师德为本"。教师是落实以德治国方略、推进素质教育的实施者，是学生增长知识和思想进步的指导者和引路人，是实现科教兴国战略的生力军。特别在实施素质教育的大背景下，如何加强师德师风建设是我们每一个教育工作管理者必须面对的新课题。

1.我国的教育事业获得了"跳跃式"发展，教师的职业道德日益引起社会的关注

教育部部长周济同志在"全国师德论坛"开幕式上发表了《大力加强师德建设，努力造就让人民满意的教师队伍》的讲话，指出我国"教育事业的发展取得了历史性跨越，改革取得了突破性进展，进入了历史上最好的发展时期""教育改革与发展的成就突出体现在两个方面：一是世纪之交，我们向全世界宣布，中国已经基本普及了九年义务教育，基本扫除了青壮年文盲……二是近几年来，我国高等教育快速发展，全日制高等学校招生人数从1998年的108万人发展到2004年的420万人，毛入学率达到19%，步入了国际上公认的高等教育'大众化'阶段"。随着我国高等教育的"跳跃式"发展和逐渐普及，教育和教育体制改革越来越成为社会和百姓关注的话题。教师作为我国教育事业改革的骨干和核心力量，其道德水平、职业素质如何，直接关系着每一个孩子的健康成长，因此，师德师风更是成为国家、教育主管部门和人民群众关注的热点问题。

2.随着我国经济体制改革和社会改革的深入，进行改革带来的利益关系和不良的社会风气对教师和学生的道德修养产生了一些新的负面影响

教师是社会的一种职业，教师的道德水平和社会整体道德水平的趋势是一致的，并且受社会道德水平的制约和影响。我国处在社会主义的初级阶段，随着市场经济的发展，要求精神文明建设为其提供相应的思想观念、行为道

德规范；提供一大批有理想、有道德、有文化、有纪律的劳动者，还要提供一个安全有序、整洁优良的社会环境。而这对于人们思想观念的转变、树立改革开放意识、竞争意识都有一定的促进作用，同时对教师道德建设也起到了一定的促进作用。它反映了市场经济中物质文明建设与精神文明建设的一致性，两者是相辅相成的，相互影响的。当然，在市场经济浪潮的冲击下，不良社会风气对师德的影响很大，致使教师的师德状况呈现为多种情况。很容易诱发一些人的拜金主义、享乐主义、极端个人主义等私欲主义的出现，也会给教师道德建设带来一些不利影响。如存在极少数教师不安心教育教学工作，或下海经商、或从事第二职业、或心不在焉，只教书，不育人等。

3.高校教育体制改革，带来的新问题对教师道德修养产生了一定的影响

21世纪是知识经济到来的时期，在这具有历史性转变的跨世纪中，教师的职业道德也必将随着人们的道德观念的变化而变化。随着我国高校教育管理体制改革的不断深入，以及素质教育的全面实施，教师队伍的建设已经越来越成为学校发展的重中之重。同时，教育体制的改革也对教师队伍提出了新的要求，如创新精神、实践意识、合作精神、环保意识、科学态度等。

近几年，随着我国教育体制的转型，高等学校的办学理念、指导思想也发生了很大的变化。高校教育体制改革，给转型期中的教师职业道德建设带来了新的问题。如有的教职工思想政治观念淡薄，对党的基本路线和方针政策学习不够，对学生的思想道德状况不关心；有的教职工受到不良的影响，言行不慎，在课堂上和公共场所讲一些不利于学生成长的言论和观点；有的教职工工作责任心下降，对教学、科研、管理工作精力投入不足，不安心本职工作，轻校内课堂教学，重校外兼职，搞经营或外出代课赚钱；有的教职工缺乏进取精神，不注重获取新的知识，不钻研业务，不求上进，得过且过，满足于一般性工作；有的教师学术道德修养不够，心态浮燥，治学不严谨，科研成果经不起推敲；有的教师整体协作精神不强，文人相轻的现象时有发生，缺乏相互尊重、取长补短的精神风貌，影响教学、科研方面共同协作；有的教职工过多地受到商品等价交换的影响，干工作讨价还价，斤斤计较，缺乏奉献精神；有的教职工为追求个人利益，利用学校培养而获得的资本，置学校和学生于不顾，擅自离职等。

二、新世纪教育及其教育改革对"师德师风"建设的影响

随着我国教育体制改革的深入进行，无论是学生、教师还是学校管理机关，都需要进一步转变学习、教学和管理的观念。在师生、学校转变转念的过程中，对教师的"师德师风"都产生了一些或正面的、或负面的影响。我们可以从学生、教师本身和学校管理单位等不同的角度出发，来看待新世纪教育及其教育改革对"师德师风"建设的影响。

1. 就学生的角度看，教师是其心目中做人的"楷模"

在进入 21 世纪的今天，我国的经济获得了飞速的发展，社会结构也发生了很大的变化。在千变万化、纷繁复杂的社会面前，学生的人生观、价值观都会发生不断的变化，希望在其人生发展的道路得到其心目中的"楷模"——教师的指导和带领。因此，从学生的角度分析，他们希望所接触到的教师，不但是其尊敬的师长，更是平易近人、和蔼可亲的知心朋友。

2. 就教师的角度看，"师德师风"所包含的内容，是"教书育人，为人师表"

但"育人"随着时代的发展，不断有新的内容，我们社会主义国家是培育"有理想、有道德、有文化、有纪律"的四有新人。要求老师具有一定的政治素质、思想素质、业务素质。进入 21 世纪，新时代政治、经济和文化科技发展，需要对教师的"师德师风"注入新的内涵，这些新的内涵包括：一是视野和思维不能仅仅着眼于孩子的现在，要像邓小平提出的"教育要面向现代化，面向世界，面向未来"；第二，不能用过去的社会意识形态来教育现在的学生；第三，在教育过程中，要开发孩子多方面的智力，根据孩子的具体情况把教学具体化。

3. 就院系的角度看，新的时代的发展也对教师"师德师风"建设和管理提出了新的挑战和管理需求

一是坚持"以人为本"，把教师放在第一位。因为了解教师，了解教师的需求是以教师为本的前提；实行民主管理，加强情感交流，建立民主和谐的人际关系是以教师为本的基础；发现并发挥教师的优势，是以教师为本的关键。只有做到了以教师为本，教师才会阳光，学生才会灿烂。二是创造条

件，为教师搭建成才的平台。要一手抓教师全员培训，一手抓名师队伍建设。只有这样，我们的教师才会更快地成长、成才，我们的教育才能有更大更新的发展。

三、新世纪，高等教育对教师职业道路的新要求

"十年树木，百年树人"，踏上三尺讲台，也就意味着踏上了艰巨而漫长的育人之旅。怎样才能做一名好教师呢？我认为，热爱学生，尊重学生是教师最基本的道德素养。一个教师只有热爱学生，才会依法执教，无微不至地关心学生的健康成长；才会爱岗敬业，乐于奉献，竭尽全力地去教育学生；才会自觉自愿地约束自己，规范自己的言行，更好地做到为人师表、廉洁从教。

2000 年 2 月 1 日，江泽民同志在《关于教育问题的谈话》中指出："教师作为人类灵魂的工程师，不仅要教好书，还要育好人，各个方面都要为人师表"，"敬业爱生、教书育人、为人师表"是党和国家领导人对广大教师的殷切希望，也是党和国家对人民教师的基本要求。

1. 爱岗敬业，做遵纪守法的表率

热爱教师的职业，爱岗敬业是做好教学工作的前提。既然选择了教师这一职业，就要尽心尽力，每一种职业都是社会的必要组成部分，不要这山望着那山高。每一个人都是平凡的，在平凡的岗位上能发挥应有的作用就是伟大的。

"学高为师，德高为范。"教师的道德示范力量是不容忽视的。孔子说过："其身正，不令而行；其身不正，虽令不从。"对于一个正处在生长和发育阶段的学生来讲，在他的道德信念形成的过程中，由于缺乏必要的鉴别能力，其世界观、人生观和价值观往往受外界因素影响很大，因此教师的一言一行都可能是他（她）模仿的对象。所以，我们的每一位教师都应当严格要求自己。古今无数事例证明，育人单凭热情和干劲是不够的，要教书育人，为人师表。江泽民同志说过："教师是学生增长知识和思想进步的导师，他的一言一行都会对学生产生影响。一定要在思想政治上、道德品质上、学识学风上，全面以身作则，自觉率先垂范，这样才能真正为人师表。"温家宝

总理最近也指出："让为人师表成为每个教师的行为准则"。为人师表，要注重在"表"字上下工夫。在生活中，言谈举止、音容笑貌都必须符合为人师表的师德原则，在语言上要文明礼貌、文雅得体，在仪表上要端正庄重、整洁大方，在待人接物上应热情诚恳、严己宽人，时刻树立良好的师德形象。所以，为了培养学生良好的品质，教师必须从严要求自己，做到用自己美好的人生理想和信念去启迪学生，用纯洁的品行去感染学生，用自己美好的心灵去塑造学生。

2. 坚持正确的政治方向

加强教师道德建设的根本问题是用邓小平建设有中国特色的社会主义理论来武装头脑，提高教师的理论素质。教师肩负着培养社会主义建设者和接班人的重任，不管是哪门学科的教师，在传授知识的同时，都要进行德育的渗透。因此，教师应当把坚持四项基本原则、坚持改革开放、学习建设有中国特色的社会主义理论作为自己的修身之本、立业之本；真正树立起马克思主义的世界观和人生观。特别是在市场经济社会的今天，教师更应该不断地完善和提高自身的素养、武装政治头脑，才能在经济改革的大潮中傲然挺立，保持人民教师的光荣本色。

3. 关心学生、爱护学生、尊重学生、平等对待学生

我国现代教育家夏沔尊说："教育之没有情感，没有爱，如同池塘没有水一样，没有水，就不能称其为池塘，没有爱就没有教育。"教师面对的不是冷冰冰的产品，而是一个个有着鲜活生命，正在茁壮成长的孩子。如果说智慧要靠智慧来铸就，那么爱心要靠爱心来成就。

《中共中央国务院关于进一步加强和改进未成年人思想道德建设的若干意见》中强调："教师要树立育人为本的思想""热爱学生，言传身教，为人师表，教书育人，以高尚的情操引导学生德、智、体、美全面发展"。"以学生为本"，关注学生的主体地位，而尊重学生、平等对待学生、关爱学生是师生和谐相处的重要前提。每个人都有自己的自尊，每个人都希望得到别人的尊重，这是一种心理上的需求，但尊重是相互的。学生是有自己思想和行动自由的独立个体，被平等对待是一大愿望，能得到老师的尊重对学生是极大的精神激励。尊重学生的实质是把学生当作和自己一样有尊严、有追求、

有独特个性特长、有自我情感的生命个体，从尊重学生出发，建立新型的现代师生关系，教师要进行必要的角色转换，要从传统的师道尊严中摆脱出来，要从家长的威严中解放出来，要从唯一正确的师长的假想中醒悟过来，学会倾听，学会理解，学会宽容，学会欣赏，懂得赞美，善于交流，成为学生成长的伙伴，成为学生成长的引导者和鼓励者，成为"学生的同志和朋友"。

4. 刻苦钻研，加强自身的素质建设

到底怎样做才能塑造一个好老师的形象，让学生喜欢上你呢？我认为教师专业水平的高低是学生喜欢的标志之一。一个优秀的教师，必须有四大支柱，有丰厚的文化底蕴支撑起教师的人性，高超的教育智慧支撑起教师的灵性，宽阔的课程视野支撑起教师的活性，远大的职业境界支撑起教师的诗性。是啊，一个没有丰厚文化底蕴的教师，根本不可能给学生的生命铺上一层温暖的、纯净的底色。博学多才对一位教师来说是十分重要的，因为我们是直接面对学生的教育者，学生什么问题都会提出来，而且往往"打破沙锅问到底"。没有广博的知识，就不能很好地解学生之"惑"，传为人之"道"。但知识绝不是处于静止的状态，它在不断地丰富和发展，每时每刻都在日新月异地发生着量和质的变化，特别是被称作"知识爆炸时代""数字时代""互联网时代"的今天。因而，我们这些为师者让自己的知识处于不断更新的状态，跟上时代发展趋势，不断更新教育观念，改革教学内容和方法，显得更为重要。否则，不去更新，不去充实，你那点知识就是一桶死水。

5. 适应形势需要，勇于改革、勇于创新

江泽民同志提出，一个没有创新能力的民族，难以屹立于世界先进民族之林。这就要求教师要改革传统的传授知识的做法，不断学习新知识，研究新课题，培养自身创新能力。面对 21 世纪，国际竞争更趋激烈，科学技术发展迅速，这对教育提出了更高的要求。这就需要广大教师以马克思主义为指导，不断树立新观念，研究新问题，提出新方法，寻找新规律。那种墨守成规，抱着死东西不放的旧思想、旧方法已不适合改革开放的新形势，也难以培养出思维敏捷的创造型人才。为了培养具有锐意进取精神的跨世纪的新一代，教师必须具有探索研究，开拓创新的精神。

第四节　积极探索激发学生自我教育的新途径

　　大学生是十分宝贵的人才资源，培养和造就思想政治素质过硬、综合素质全面发展的优秀大学生，关系到全面建设小康社会的宏伟目标和中华民族的复兴伟业，具有重大而深远的战略意义。当前，随着改革开放和社会主义市场经济的深入发展，以及国际国内形势的深刻变化，大学生思想政治教育面临着前所未有的机遇与挑战。中共中央、国务院《关于进一步加强和改进大学生思想政治教育的意见》（以下简称《意见》）指出，加强和改进大学生思想政治教育的基本原则之一是："坚持教育与自我教育相结合。既要充分发挥学校教师、党团组织的教育引导作用，又要充分调动大学生的积极性和主动性，引导他们自我教育、自我管理、自我服务。"根据思想政治教育的内在要求和一般规律，引导和启发学生进行自我教育是一种重要的教育方式。探索大学生自我教育的工作机制，增强大学生思想政治教育的实效性，也就成为开拓思想政治教育新思路的重要理论问题之一。

一、自我教育在大学生思想政治教育中的重要性

（一）自我教育是大学生思想政治教育主体性的内在要求

　　自我教育，是指受教育者根据社会标准及道德规范自觉地进行自我认识、自我评价、自我监督、自我控制，从而有目的地调整自己行动的活动。苏联教育家苏霍姆林斯基说："在对个人教育中，自我教育是起主导作用的方法之一。"思想政治教育的重要特点之一即是其主体性，从思想的形成规律来看，大学生良好思想政治素质的形成主要是他们根据自己的需要有选择地接受教育的结果。这种选择是大学生通过主体认知、思考、实践后完成的，即他人无法替代的"内化"的心理过程。这就要求教育者必须引导学生充分发挥主观能动性，通过自我教育实现教育目标。所以，社会外

部教育只是提高人的思想政治素质的外因，个体自我教育才是提高思想政治素质的内因，思想政治教育最终还是要通过受教育者自身的思想矛盾运动来实现。自我教育体现在学生德育的全过程中，是学生思想政治教育的内在要求。

（二）自我教育是新时期大学生思想政治教育的长效标准和最终归宿

我们所处的是一个世界多极化、经济全球化、各种思想文化相互激荡、各种矛盾错综复杂的时代。在读期间，大学生可以通过高校的思想政治教育保持先进、提高素质，但毕业之后，他们是否能够继续保持正确的世界观、人生观和价值观，则有赖于其自觉的价值认同。大学生思想政治教育以理想信念教育为核心，以爱国主义教育为重点，以思想道德建设为基础，以大学生全面发展为目标，其着眼点是培养价值认同并通过锻造人的灵魂实现人的全面发展，其最终目的是通过大学阶段的培养夯实人一生的思想政治素质基础，培养德、智、体、美全面发展的社会主义合格建设者和可靠接班人。在当前形势下，思想政治教育这种通过教育改造灵魂世界，通过阶段教育过程达到终生教育目的的内化教育、长效教育的特征，决定了它必须以学生是否具备自我教育的意识和能力为衡量长效的标准和最终的归宿。

（三）自我教育是大学生思想政治教育克服传统模式的弊端和应对新形势的必然选择

传统的大学生思想政治教育过分重视外部的社会教育而忽视教育对象的主体性，采用"灌输"、说教的教育方式，缺乏时代性、生动性和实效性。与思想政治教育的目的、自身规律和大学生成长的规律有所背离，不利于激发大学生主动接受思想政治教育的热情。同时，我们所处的世界多极化、经济全球化、各种思想文化相互激荡、各种矛盾错综复杂，信息技术日新月异的时代也赋予了大学生思想政治教育更多的新内容和更严重的新挑战。这不仅需要大学生自我思索和面对，也对大学生思想政治教育的内化、主体化提出了更高的要求。思想政治教育必须入耳、入脑、入心，实现心灵自觉和主体实践。唯有如此，才能确保实效，达到预期目标。

二、实现大学生自我教育的理念要求

《意见》中明确指出，加强和改进大学生思想政治教育要解放思想、实事求是、与时俱进，坚持以人为本，贴近实际、贴近生活、贴近学生，努力提高思想政治教育的针对性、实效性和吸引力、感染力。这对革新理念、实现大学生自我教育提出了新的要求，包括以下几点。

（一）教育目标：育人为本，德育为先，促进大学生综合素质的全面发展

思想政治教育是高校教育工作的核心和主要内容之一。只有在思想上真正热爱党和社会主义事业，才会自觉地在学习工作中发挥主观能动性，才会发自内心、由内而外地为社会主义建设事业而努力奋斗。在此基础上，为了适应当今时代对德才兼备、素质全面、能够挺立知识经济潮头的新型人才的需要，为了满足当代大学生全面成才的殷切期望与迫切要求，也要求我们在教育过程中着眼于大学生综合素质的全面发展，高度重视大学生的科学文化素质、身体素质和心理素质的共同提高和发展。因此，自我教育必须以理想信念教育为核心，以爱国主义教育为重点，以基本道德规范为基础，指导学生自主、自发、自觉地树立正确的世界观、人生观和价值观；同时也要以大学生的全面发展为目标，深入进行素质教育，德与才缺一不可。自我教育必须坚持"两手抓""两手"都要硬。

（二）教育过程：将思想政治教育与新生教育、专业教育、心理健康教育和实践就业教育等有机结合，进行全方位、全过程的自我教育

要增强思想政治教育、自我教育的实效性，就必须根据学生各个成才阶段的真实需要，努力从教育过程方面探索新的突破。自我教育是主体教育，需要从认知到实践的完整发展，尤其需要将"过程"与"方位"相结合，全方位地将其渗透、贯穿到主体成长、学习的全过程之中。这就要求我们着眼于青年学生的现实需要，引导其进行从学术活动、心理活动、文娱活动到社会实践的全方位的自我教育；同时也要求我们着眼于青年学生的成长成才过程和成长阶段特征，引导其进行自新生入学、在校培养直至离开学校走上工

作岗位的全过程的自我教育。不仅将自我教育工作贯穿学生成才始终，还要将自我教育和思想政治教育的其他教育形式有机结合，达到"养成教育"的良好效果。

（三）教育关系：提高教育工作者的自我教育意识，发挥受教育者的积极性

教育工作者在教书育人的工作中，对受教育者有着巨大影响。教育工作者的教学水平和人格风范，直接影响着受教育者对世界观、价值观和人生观的取舍及精神世界的构建。如何提高教学水平，增进他们的自我教育意识，使思想政治教育的内容更充实、形式更生动，使受教育者能够进行充分的自我教育，是每一个教育工作者必须思考的问题。在此过程中，教育工作者更需要努力提高自身素质，在人格和精神上，为受教育者树立一个具体而鲜活的形象，使学生"见贤思齐"。此外，教育工作者尤其要树立自我教育意识，处理好教育与自我教育、引导学生自我教育与鼓励学生自主进行自我教育的辩证关系。一方面，教育工作者必须有更强的组织协调能力，引导、帮助受教育者的自我发展，设定正确的、具体化的、切合实际的、与社会发展相一致的自我教育的目标，并通过体制建设使自我教育保持正确的方向和轨道；另一方面，教育工作者还要放手让受教育者发挥其主观能动性，真正促进青年的向上的进取心，达到自我教育的效果。

（四）教育姿态：以人为本、贴近学生，发现新情况，解决新问题

任何一个有着鲜活生命力的教育理念和教育模式，都是能够与时俱进、开拓创新的，而不是高高在上的。单向"灌输"的教育方法之所以不能取得良好的教育效果，不仅在于其不能调动受教者的主观能动性，也在于其只立足于教育者自身的认知乃至臆测而脱离了实际情况的发展。自我教育关注的是人的自觉行为，其本身即是"以人为本"的教育理念，也只有不断随着学生群体情况的发展而发展才能具有生命力。所以，自我教育必须贯彻以人为本的思想，以"贴近"的姿态，更及时地了解学生群体的发展情况。要在贴近实际、贴近生活、贴近学生的教育过程中，随时发现新情况，解决新问题，

调整教育思路，改进教育措施，切实增强思想政治教育工作的实效性。

三、加强自我教育的方法和途径

立足思想政治教育要求，探索大学生自我教育的有效途径和方法，使大学生自我教育体现时代性，把握规律性，富于创造性，增强实效性，是摆在高校思想政治教育工作者面前的一个重要课题。结合高校的实际情况，本文提出以下几点思考。

（一）正面引导，弘扬正气，建立自我教育的引导机制

自我教育需要从正面进行目标激励，需要建立引导机制。自我教育的引导机制包括三个层面的内容：教育工作者要用树榜样、立典型的方法示范学生，使他们学有楷模、行有标兵；要从古今中西的文化资源中萃取先进的思想以教导学生，提升他们自我教育的境界；要大力弘扬正气，使学校里形成思想政治教育的主流，使学生在思想主流的引导下由自发到自觉地加强自我教育。在引导机制的实施过程中，要将正面引导与反思批评相结合，使学生既有明确的奋斗方向和赶超先进的意识，又能通过学习和比较发现自身的不足，更清楚地认识到自己与目标的差距，以便正确地评价自我，增强他们的自我教育的主动性。

（二）加强两会、社团等学生组织的建设，保障自我教育的集体条件

自我教育是有强烈主体色彩的教育方式，但与其他方式的教育一样，它也需要受教育者之间的砥砺、互动，也需要集体环境的保障，尤其是自我教育性质的集体环境的保障。学生会、研究生会和学生社团等学生组织是党委、团委领导下，建立在"自我教育、自我管理、自我服务"基础上的学生群众组织，是推进大学生自我教育的重要组织力量。要大力发扬他们接受党团组织领导、进行自我教育的组织关系传统，要充分发挥他们的自我组织、密切联系学生、天然贴近学生的组织工作优势，要积极鼓励他们自主开展形式健康活泼的组织活动，推进批评与自我批评的互动教育机制建设，不断完善集

体教育与自我教育、主动自我教育与集体自我教育相结合的"自我教育"组织,保障自我教育的集体条件。

(三)将自我教育贯穿到学生日常学习生活之中,探索"隐性教育"途径

自我教育具有重要的"养成教育"属性,也尤其需要受教育者的主体实践。这就需要将自我教育的理念贯穿到学生日常学习生活之中,用思想政治教育的要求统领学术活动、社会实践、勤工助学、志愿服务和文体活动,坚持解决思想问题与解决实际问题相结合,寓教育于学习、于实践、于娱乐,达到"于日常"。通过满足学生具体需要,使思想政治教育无处不在、无时不有。这就在加强主题教育等显性途径的同时,提出了将学术活动、社会实践、勤工助学、志愿服务和文体活动等开辟为自我教育的隐性途径的工作要求。在当前情况下,隐性教育途径的探索尤其要重视网络、手机短信等新的传播载体途径的作用。

(四)加强校园文化建设,形成自我教育的良好氛围

校园文化是以学生为主体、教师为主导的在特定的校园环境中创造的与社会和时代密切相关且具有校园特色的人文氛围、校园精神和生存环境。校园文化是校园中的青年文化形态。它是大学生群体基于自己的需要而创造的,是大学生群体的需求在文化上的真实反映,它最贴近学生的生活实际,对学生也最具感召力。同时,作为文化形态的校园文化一旦形成,又具有其独立性,即能够以其历史积淀而成的场域约束力对社会文化中的思潮导向、价值原则及能力要求等进行过滤和折射,然后体现在自己的结构中并通过活动实践和风气熏陶,对大学生群体产生潜移默化的引导和规范作用,具有思想引导、素质培养、感知协调、人心凝聚等重要的育人功能。将内在需要与引导教育相结合的校园文化是学生自我教育必需的文化生态环境和氛围。用正确的价值观念指导校园文化建设,使学生在积极向上的校园文化氛围中生活和学习,能够引导他们由自发到自觉地确立积极的价值观念,在校园内形成自我教育的氛围,达到"空气养人""空气育人"和"空气指引人"的效果。

提高大学生的思想政治素质,促进大学生的全面发展,是新时代摆在我

们面前的课题。做好大学生自我教育的工作，是深入贯彻《意见》精神，适应新形势、担负新任务要求的重要方式。我们要本着实事求是的精神，探索出一条适合中国大学生自身特征，以"自我教育、自我管理、自我服务"为宗旨的教育途径。加强学生思想政治组织队伍的建设。以公平、公正、公开的原则任人唯贤地选出学生干部，调动大学生的积极性，加大学生的自我管理能力。

在大力发展学生党员的基础上抓好学生组织建设，以党建工作推进大学时思想政治工作的进步，充分发挥学生党员的骨干带头作用和先锋模范作用。学生为争取入党而奋斗的过程，就是自觉接受学校思想政治教育的过程。学生入党后，还会把自己的思想观点传播给其他同学，并通过自己的行动感染教育其他同学。

引导学生积极进行自我思想政治教育。苏联著名教育家苏霍姆林斯基说过；"真正的教育乃自我教育。"自主性学习是当今教育界的新型理念。现在学生的自我思想教育中存在一些问题，如对政治基本概念理解清晰正确但运用理论指导实践的能力不强；学生基本政治态度与主流一致但更注重功利性等问题，还需要教育工作者的正确引导。

总之，高校德育是一个系统工程，包含学校、家庭、社会三要素，是三要素教育紧密的结合，缺一不可。家庭教育是大学生思想政治教育的重要部分，它会将社会价值观念潜移默化，是思想政治教育的重要方面。社会教育在大学生思想政治教育中起着越来越重要的作用。对高校德育而言，则应该在深入研究社会主义核心价值体系的基础上，提高高校德育的针对性和有效性，真正符合时代赋予高校的新要求，为国家培养合格的建设人才贡献力量。

第十四章 德育实效分析

德育实效即德育的实际效果、效益，是主体行为实践活动对德育对象所产生的直接与间接、有形与无形、当前与长远的影响，以使德育对象的思想品质发生有利于人和社会发展的变化，有益于实现预期目标所产生的实际效果、获得的实际效益。德育实效强调的是德育活动的质量。实践中时常遇见一些同志热衷于把活动次数、谈话人数、报告场数、报道篇数等作为德育工作成绩夸夸其谈，好像有了活动数量就有了德育质量和实效，其实不然。因为形式主义的走过场之类，或对德育原则、内容把握得不准，方法运用不当的活动，不但不能取得预期的效果，或者效益很小，有时还可能产生负效益。

第一节 德育实效的实质

德育实效是德育生命力的根本所在，德育工作要讲求实效，就要充分发挥主体、客体和环境等多种要素的作用，遵循科学的教育原则，选择正确的教育内容，采取灵活的教育方法，以求获取最佳教育成果，进而推进德育目标的实现。德育工作绝不能只满足于讲方向原则、不讲实际效果的"务虚主义"，也不能只顾搞具体事务、活动而忽视目标方向的"事务主义"，德育工作者必须强化德育实效意识，视实效为德育活动的生命，时刻用实效这把尺子衡量德育活动的成败得失，不断加强和改进德育工作，提高德育实效，实现德育目标。

一、德育实效是德育行为实践活动的目标

德育是一项特殊的教育活动，其意义不在于德育活动本身，而在于对德育对象的塑造和培养，在于使德育对象"真知善行""知行合一"。德育实效是德育实践活动在德育对象身上产生的思想品德修养效应，是人们可感知的客观精神现实。因为德育对象的思想品德状况是客观的，德育对象所获得的"真知善行""知行合一"是可以在行为实践中体现出来的。德育实效的突出特征是它的直接现实性。它可以作为一个客观的尺度反映德育目标的实现程度，进而调整德育内容、方法、形式、途径等各个方面。

德育实效的直接现实性使之成为德育行为实践活动的目标追求。德育活动的价值在于其实效性。求实效是一切有目的、有计划、有组织的活动所共有的价值取向。德育实效，特别是同我们所确立的德育目标相一致的德育效果，对于德育工作是一种成败得失的标准和表征。我们所进行的一切德育活动，诸如德育教学、社会实践、日常思想政治工作，无论我们在其中付出多少，如果落实到德育对象的转化上效果不佳，我们在这一过程中所付出的努力就价值不大或无意义。任何重过程而轻效果的做法，都会对德育活动产生误导。因此，德育效果评估、德育目标管理、大学生品德综合评价等做法，实际都是对德育产生积极意义即德育效果的肯定和确认。它体现了把德育效果作为德育行为实践活动的目标追求。

二、德育实效是正确价值导向的具体体现

任何社会价值体系在运行过程中都存在着既矛盾又统一的两个基本方面，即社会主导的价值理想、价值规范和价值导向与个人的价值目标、价值取向和价值认同之间的矛盾统一。高校德育作为对大学生进行思想政治道德教育活动，承担着特殊的社会职能。德育必须用正确的价值导向影响和引导大学生。高校作为社会的教育职能机构，一般说来，其德育的依据是社会占主导地位的价值观体系；而大学生作为一种特殊的社会成员，其价值目标、价值取向往往更多地受到社会价值理想、价值导向的影响和支配。所以，大

学生价值取向的困惑和扭曲往往也根源于社会价值体系的震荡，要引导大学生树立正确的价值观念,德育工作者就需要理清社会价值导向上的矛盾关系，在理论和实践上弄清社会进步所要求的人的思想品德修养的具体指向及其必然性，并用可接受的方式使学生对正确或合理的价值目标、价值取向产生认同，形成行为主体的良好思想品德素质认知。而大学生在这种认知水平上表现出来的符合社会、国家要求和思想道德准则及人自身发展要求的行为实践状态，正是德育效果成为正确价值导向的体现。

第二节　德育实效性问题探讨

高校德育是我国高等教育的重要组成部分，重视高校德育是我国社会主义教育方针的客观要求。如果我们把高校德育放在社会大系统中来考察其有效性，主要有两个维度：一是高校德育的实际运作与其所处的社会大系统之间的关系维度；二是高校德育实际运作系统本身构成要素与德育目标的关系维度。我们对高校德育实效性的考察也主要从这两个维度展开。

一、高校德育实效性弱化的分析

高校是一种特殊的社会组织。随着高等教育大众化时代的来临，高校与其他社会组织的联系越来越多，不可避免地影响和受影响于社会大系统。高校大学生是活的社会个体，更不可能孤立于社会之外，必然会受到社会大环境的熏染。高校德育的实际运作与其所处社会大环境之间的相宜性和互动性，是高校德育实效性得以实现的重要保证。现将导致德育弱效的主要原因做如下分析：

1. 负面环境因素的影响

（1）随着社会的进步和信息时代的到来，高校德育的生态环境发生了显著变化，德育不再是一种孤立的校园教育，而是每时每刻都与社会相通的实践性活动，出现了高校德育与社会负面现象对大学生的影响不一致的现象。

高校德育主导的价值理念与大学生眼见的社会现实有较大的差距。校园内德育的正效应被社会的负效应所抵消，德育的向心力被社会负效应的离心力所销蚀。

（2）新经济模式给高校德育提出的新挑战。社会主义市场经济体制的建立和科学技术的发展，引起了整个社会生活的极大变化，生产力得到了长足的发展，人们由此获得了前所未有的改造外部世界的能力，同时也产生了一个新的神话：人类完全可以凭借科学技术来解决所面临的各种问题，而对道德教育的作用有所忽视。在市场经济负面因素的影响下，人们实用功利思想明显，显然德育的经济功能不能短时见效，故大学生更愿意学实用技术而不重视德育实践，甚至怀疑德育的必要性和重要性。德育在大学生心中的地位始终处于游离状态，使得高校德育难以起到影响大学生品德的作用。

2. 道德观念差异的影响

改革的深化、市场经济的建立和科技的迅猛发展，带来了人们生活方式、思维方式、价值观念的多质、多元，从而引起道德观念的差异。比如，市场经济应是道德经济，但其趋利性又与道德要求相悖；经济全球化既要求国际合作，又要求坚守本土化、民族性；"知本家"时代既要求人们不断掌握科技知识，努力创造财富，又要求人们不断否定知识、创新知识、尽可能享受人生等等。客观社会生活的变化必然引起道德的变化。我国经济关系的变化引起了道德从依附性到自主性、从重道义到重功利、从封闭到开放、从一元到多元的变化。其中，对德育实效影响比较突出的一是道德的世俗化，二是道德的多元化。

（1）道德的世俗化。道德的世俗化首先在经济领域发生，具有实用性和多变性的经济生活对我国原有的道德理想主义与道德绝对主义发起了最有力的冲击，这种冲击是由人们的切身感受所推动的。当人们明显地感觉到贫富差距的时候，他们就必定会反思自己所恪守的道德。导致缺乏道德理想，远离道德崇高，对道德持工具主义态度，社会上出现道德媚俗化倾向与道德理想、道德信仰危机。这种状况决定了高扬理想的高校德育难以被大学生普遍接受和自愿内化。

（2）道德的多元化。道德多元化与道德的世俗化密切相连，"世俗化事实上导致了多元主义的局面"。当今中国从一元社会变成多元社会，其一是经济成分的多样化，我国坚持以公有制经济为主体，同时又发展个体经济与私营经济等非公有制经济；其二是社会组织的多样化，随着科学技术、生产力的迅速发展和社会分工的不断扩大，各种具有专门职能的组织机构不断涌现；其三是由于各种组织机构和个人各有其独特的利益，我国的利益关系也具有多样性的特征；其四是个性的多样化和生活方式的多样化。因此，出现了集体主义道德、个人主义道德、功利主义道德、享乐主义道德、实用主义道德等同时存在的现实，一度曾是构造单一的社会道德选择，现在都必须面对一个以多种多样的道德直觉和道德理解为特征的世界。这种道德多元化使得一度曾占统治地位的、毫无疑问的价值观念成了新的问题。人们似乎有充分的理由来为自己所持的道德观进行合理性辩护。在此情形之下，高校德育难以求得一个让大学生心悦诚服、一致认同的道德背景和道德氛围。

3. 德育运作过程的不成熟

（1）高校德育的实际定位偏低。多年来，各方面对高校德育地位的认识有过反复与争论。目前，理论上各高校都认可德育放在首位，但在一定程度上存在德育"说起来重要，做起来次要，忙起来不要"的状况，影响了德育的实质性发展。

（2）在高校德育实践中，往往只强调集体利益而忽视大学生的个体利益和个性发展需求，德育变得没有温情。传统的高校德育目标设计过于理想化，缺乏时代性和层次性。难以适应发展变化了的社会环境，德育目标过高，未切合大学生思想实际，"假、大、空"的德育目标令大学生敬而远之，而传统的德育途径、方法、手段呆板、陈旧，让学生感到遥远、落后，难以引起共鸣，起不到应有的导引、激励作用。

（3）德育内容设计呈现绝对化、无序化和保守化倾向。高校德育内容与中小学德育缺乏科学的衔接，内容雷同甚至颠倒，故有人说我们目前的德育现状是：小学进行共产主义理想教育，大学进行日常行为规范教育。无序化的德育内容降低了德育的信度和效度。科技突飞猛进，时代变化万千，德育内容的更新却相对滞后。网络化、信息化和经济全球化时代的德育要求显然不同于传统的德育要求，但高校德育内容的设计与时代的发展不相适应。对民族优秀传统德育资源的开采力度不够，有些甚至偏激到崇洋媚外、民族虚无的地步。德育应该借鉴国外有益经验，但德育本土化更为重要。高校德育应有特定的范围，但目前的实情是"德育是个筐，什么都可装"。德育的内容过于庞杂不利于德育的有效运行。

（4）高校德育的智育化倾向。"两课"是实施高校德育的主渠道，"两课"教师是实施高校德育的主力军。当前，一个不争的事实是"两课"教学更注重德育知识的传授，而忽视了精神的陶冶。德育考评一如智育，只注重"两课"书本知识的考核，似乎考分与德育水平成正比。这种考评倾向使学生重考分而轻践行，从而出现了"高分低德"、知行不一的现象。

（5）高校德育的政治化倾向。德育当然具有政治性，但由于历史原因，我们过分强调德育的政治功能，把德育等同于政治教育，窄化了德育的功能，增加了德育的难度，影响了德育的有效性。

（6）高校德育的形式化倾向。高校德育工作者往往满足于常规化、形式化的事务性工作，迷信和囿于既往的德育经验，或盲目照搬国外或国内其他高校的德育实践模式，或食洋不化，或毫无特色。总之，问题意识不浓，研究意识不强，创新意识不高，德育效果不佳。

此外，高校德育还存在软件不软、硬件不硬的问题。所谓软件不软，即德育本身是塑造人的灵魂的工作，特别是高校德育塑造的是大学生的灵魂，具有相当知识和思辨能力的大学生对德育更敏感，要求也更高。但目前教育者居高临下强行灌输的"教师爷"姿态令学生反感，本该和风细雨的变成了冰冷无情，不能形成情感互动。所谓硬件不硬，即有利于实施德育的物质条件缺乏，制度规范不健全，执行乏力。德育失去了物质载体的支撑，刚性不足。其实，德育的物质投入和制度建设至关重要，我们往往忽视这一领地，只重视德育的舆论影响，使之实质上丧失了应有的约束作用，德育的有效性自然不强。

4.学生自身素质原因

当代大学生思维敏捷，眼界开阔，有着许多优点，然而由于不同的成长经历、家庭环境而形成的性格、心理和认识观念上的欠缺也在一定程度上影响了德育效果。

（1）有些大学生（尤其是独生子女）以自我为中心，以工具化的人生态度对待社会和他人，以自己的想法来理解外部世界，以自己的标准来评判和选择一切，按照自己的需求和意志来行动。

（2）个别大学生关注个人功利的需要，轻视乃至忽视社会的、精神的需要，毫不隐讳自己求学的目的是为了自己，为了得到一份悠闲轻松而又收入丰厚的工作，为了出人头地。他们取向于个人而不是社会，个人需要与社会需要、功利与道义、人的自我价值与社会价值处于疏离甚至冲突状态。

（3）有些大学生具有逆反心理，蔑视道德，否定崇高，亵渎理想，甚至将道德教育视为不识时务之举。

5.德育队伍建设的问题

（1）高校德育工作者自身素质亟待提升。有的德育工作者理论水平欠缺，自身"三观"问题没有解决，甚至存在信仰危机，有的纪律性不强、道德品质差，其言行不一、负面示范消解了德育的应有效应。

（2）高校德育队伍不稳。德育工作者地位不高、待遇不好、晋升困难，致使他们缺乏职业和事业意识，身在曹营心在汉，在其位不谋其政，所谓从业不乐业，在岗不爱岗，很难有所成就。

（3）"两课"教师教学水平参差不齐，更有人认为"两课"专业性不强，谁都可以教，滥竽充数者也不乏其人，影响了"两课"的教学和德育的效果。

总之，目前高校德育存在着定位不准、针对性不强、方式方法不新、队伍不稳、物质保障不足等缺憾，影响了德育的实效性。

二、增强高校德育实效性的思路

什么样的高校德育才算有实效？这就涉及衡量高校德育效度的标准问题。我们认为，高校德育的实效性是指在一定的历史条件下高校德育的实际运作对高校大学生成长需要的满足程度和对高校德育目标的实现程度。也就是说要考察高校德育的实效性，既需要重新审视高校德育目标的定位是否科学，是否合乎当代高校大学生的实际成长需要，又要考察高校德育实施过程是否科学，是否有效。简单地说，既要看德育认知，又要看德育实践。也就是要处理好"知道"与"体道"的关系问题。高校德育实效就是要求大学生既要"知道"又要"体道",做到知行统一。

1.确定对象意识

突出针对性才能增强实效性。增强德育实效性的一个重要前提,就是联系对象的思想实际,明确对象的思想特点如何、思想倾向如何、思想障碍在哪里,正确认识德育对象是做好德育工作的前提。德育对象相对于德育主体而言是德育客体,他们不仅作为人的存在具有客观性,而且他们的思想道德基础及其身心发展规律作为社会存在、社会关系及政治、文化的反映,也同样是客观的,是不以德育主体的意志为转移的。因此,只有了解对象、按对象的思想认识发展规律及其特点开展德育教育,才能够真正发挥德育的导向作用。那种忽视客体状况而主观臆断的说教,只能是行动的目的,是预期的,但是行动实际产生的结果并不是预期的,或者这种结果起初似乎还和预期的目的相符合,而到了最后却完全不是预期的结果。可见,增强对象意识至关重要。了解对象特点,尊重学生思想发展的客观规律,是保证德育效果的重要前提。

德育对象的思想状况呈现出鲜明的时代特征。受改革开放和发展社会主义市场经济等社会大气候的影响,当代大学生思想敏锐、勇于探索、求知欲强、现代科技知识比较丰富,但也存在着两重性,既有务实、自立、开拓的一面,也有功利性强、盲目自信、心态浮躁的一面。表现为渴望实现现代化,加快国家发展步伐,但社会主义的方向性不够明确、坚定;适应改革较快,但情绪容易起伏不定;务实观念增强,政治意识趋淡;自主意识突出,整体意识、大局意识减弱;开拓精神较强,刻苦意识欠缺。德育对象呈现的上述时代特点,是德育主体必须把握的,对此既不能抱怨,也不能忽视。

德育对象的思想政治状况随着年龄和年级的变化而变化。随着年龄的增长,大学生的思想、心理发展加快,社会接触面逐渐扩大,思想政治状况由比较单纯、相似而逐渐呈现出多样性及层次上的差异。在理想信念上,有心怀强烈爱国之情的,有拥护社会主义的,有坚信共产主义的,同时也有只埋头读书、对政治不感兴趣的,甚至有极少数信仰宗教的。在道德品质方面,也呈现出多样性倾向;在人生态度、价值观念、道德认知和行为选择上,都表现出层次性的不同。随着年龄和年级的增长，大学生的思想倾向更加深沉，对课堂式的思想道德教育接受性逐步减弱。同时，一些大学生的思想排他性明显增强，排斥的方式也呈现出多样性、复杂性。这就要求德育主体把握这一特点，改进德育思路和方法，不断提高德育水平。

不同地区德育对象的思想道德状况也存在差异。由于高等学校有重点与一般、本科与专科之别，学校所在地有沿海与内地、大城市与中小城市的差异，学生来源有城市与农村的不同，因而大学生的思想道德情况存在着差异性。一些开放地区的学生经济头脑、市场意识较强，竞争意识和社会适应能力也较强，政治意识、大局意识、集体观念、奉献精神较差。一些内地高校学生，特别是来自内地农村的高校学生，艰苦奋斗精神、奋发进取精神、政治责任感和纪律观念较强，但开拓意识、创新精神不足。这就要求针对不同特点的德育对象，各有侧重地展开德育工作。

2. 确定背景意识

德育从来都深深地打有时代烙印。德育目标的确立要符合时代要求；德育内容的选择要体现时代特征；德育途径和方法的运用体现着时代特点；德育功能的确定亦为时代发展所规定。总而言之，德育具有鲜明的时代特征。作为社会意识的运动形式之一，德育必然受到社会存在的制约。脱离时代或滞后于时代，德育都将丧失其生命力。通常说德育要密切结合实际，要有针对性，要为中心工作服务，都包含着突出德育的时代性要求的意思。要做好德育工作，就必须确定背景意识，把握客观环境及其特点，充分认识时代对德育对象的影响及其要求。

我国正处在社会主义初级阶段，这是逐步缩小同世界先进水平的差距，在社会主义基础上实现中华民族伟大复兴的历史阶段，是在经济文化落后的中国建设社会主义现代化不可逾越的历史阶段。在这个阶段，以公有制为主体、多种所有制经济共同发展的局面将长期存在，经济、政治、文化的发展具有社会主义初级阶段的鲜明特征。德育必须从这一实际出发，允许和承认人们在思想道德、价值观念等方面的差异，针对大学生思想道德实际状况，科学地制定分层次的教育目标，以现实合理的方式将先进性要求与广泛性要求结合起来。

改革开放是我国的强国之路。党的十一届三中全会以来，我国实行改革开放，发展社会主义市场经济，推进两个根本性转变，进一步解放和发展了我国社会主义生产力，巩固和发展了社会主义制度，上层建筑也经历了重大变革，对人们的精神世界产生了深远影响。大学生在耳濡目染中更加深刻地认识到党的基本理论、基本路线、基本纲领的正确性，更加拥护和热爱中国共产党，更加坚定了走建设有中国特色社会主义道路的必胜信念。社会主义市场经济的发展有力地促进了大学生新思想、新观念的形成。然而，在改革开放的条件下，经济成分和经济利益多样化、社会生活方式多样化、社会组织形式多样化、就业岗位和就业方式多样化，带来了一系列的多变性，如大学生思想认识的多变性、价值观念的多变性、思维方式的多变性等等。多变性既有有利的一面，也有不利的一面；既有向积极健康的方向变化的一面，也有向消极颓废的方向变化的可能。市场经济活动存在的弱点及其带来的消极影响，反映到人们的思想意识和人际关系上来，容易诱发自由主义、拜金主义、享乐主义、极端个人主义。改革开放以来，党内消极腐败现象不断滋生，社会上一些丑恶现象死灰复燃，西方腐朽思想不断渗入，封建主义残余影响依然存在。这些都为德育提出了新的课题。

国际和国内的重大背景条件以及我国社会主义现代化建设对当代大学生的要求，表明德育工作既面临机遇，又遇到挑战。在严峻的国际形势和国际政治斗争面前，德育只能加强，不能削弱；只能迎接挑战，不能畏惧退缩。要引导德育对象站在历史长河的高度认清人类社会发展的必然趋势，把握社会前进的基本方向，坚定社会主义、共产主义理想信念。面对改革开放带来的新问题、新矛盾，要引导大学生认清主流、正视发展，以改革创新的精神加强和改进德育工作，一切从实际出发，积极研究新方法，探索新途径，保证大学生思想始终朝着积极健康的方向变化。

3.确定德育内容的建构原则

弘扬主旋律是德育内容的建构原则。弘扬主旋律是时代进步的内在要求，也是思想文化建设规律的内在要求，对于增强德育实效性具有重要作用。德育的时代性、针对性和实效性主要是通过德育内容体现的。德育内容根据德育目标和德育对象思想品德发展的一般规律而确定，并随着社会发展进程而充实调整。德育的效果主要靠德育内容来实现。社会性质及其所处的历史条件通过对德育目标的规定而规定德育内容。德育内容从根本上说，是由一定的社会经济、政治制度决定的。德育内容的确定必须服从和服务于社会的政治、经济、文化发展要求。德育内容的建构既要符合对象的身心发展规律和德育规律，又要符合社会发展规律。弘扬时代主旋律是推动我国社会发展的客观要求，也是建构德育内容的重要原则。

一个前进的时代总要有一种健康向上的精神，一个发展的社会总要有积极进取的主流意识。主旋律代表时代精神，表达人类美好的思想情感。德育要为大学生健康成长和社会进步提供精神动力，就必须在德育内容的建构上表达这种精神。

"主旋律"的内涵是博大的。凡是体现思想进步主流、振奋人民精神、鼓舞群众斗志、凝聚民族力量、激发社会活力的时代精神，都属于主旋律之列。江泽民同志把主旋律概括为"四个一切"，即一切有利于发扬爱国主义、集体主义、社会主义的思想和精神，一切有利于改革开放和现代化建设的思想和精神，一切有利于民族团结、社会进步、人民幸福的思想和精神，一切用诚实劳动争取美好生活的思想和精神。

社会主义初级阶段的特定历史条件，客观地要求我们在弘扬主旋律的同时，要注重多样化，把先进性要求和广泛性要求结合起来。进行马克思列宁主义、毛泽东思想特别是邓小平理论和"三个代表"重要思想教育，是德育的首要内容。深入持久地开展以为人民服务为核心、以集体主义为原则的社会主义道德教育，这是德育的重要内容，它包括社会主义道德思想和道德原则教育、校园文明礼貌和行为规范养成教育、中华民族传统美德教育和社会公德、职业道德、家庭美德和环境道德教育。大力弘扬爱国主义、集体主义、社会主义和艰苦创业精神，这是德育的主要内容。同时，还要加强世界观、人生观、价值观教育，加强民主法制教育和纪律教育，等等。从而，使青年学生形成建设有中国特色社会主义的共同理想和精神支柱。

4.激活对象的德育需求

德育对象的德育需求是增强德育实效性过程中必须面对、不可逾越而又必须予以解答的关键性问题，也是经历多年德育实践沉淀和反复理论思考而提出的一个德育理念。

一般说来，一个完整的社会人都有其潜在的德育需求，德育对象是这样，德育的实施者也是这样。如若忽视或无视这一前提性问题，就会丢掉德育的内核。德育实践反复证明，德育需求问题解决得好坏，直接关系到德育的效果和成败。20 世纪 60 年代前半期，形容雷锋等模范人物学习毛主席著作，叫作"如饥似渴"，许多经历过那段时期的同志也都有过类似的感觉。这就叫"需求"。目前我们德育工作的缺点之一，就是对德育对象的德育需求没有很好地研究。"需求"是人的行为实践活动的内在驱力。德育对象的德育需求是德育实际工作取得成效的基本依据。因为德育需求是人的社会性本质的体现。人的社会化需要德育，大学生的全面发展需要德育，大学生的自我实现需要德育，大学生的综合素质、健康人格塑造需要德育。

总之，人在社会中一切活动都需要德育。所以，谁看轻了德育，谁就是看轻了自我。也就是说，德育需求是人高层次的需要。人的社会化程度越高、个人认知结构越科学、心理健康状况越好，其德育需求层次也就越高、越自觉、越强烈、越持续、越稳定。当个人德育需求指向与社会核心德育观一致时，个人德育需求就开放，就活跃，就积极，反之就封闭，就逆反。当社会环境健康向上、社会生活趋于平等、德育理念进步、民主时，个人的德育需求就呈现出多样性与主导性相统一的态势。同时，德育需求又是个体德性修养的内在条件和动力，但也须与外界不断交流能量和信息，不断生成和接受社会规范。因为潜在的德育需求要转变为现实的需求，只能通过德育活动才能实现。随着社会的进步发展，当代大学生的德育需求更加科学、理智和深沉。

我们应该尊重每一个德育对象的合理德育需求，同时德育工作者也有责任指导德育对象进行理性的德育需求选择。在这方面，我们需要着重做好的工作主要是：首先，研究搞清德育对象需求的状况，包括各层次的德育需求情况。其次，唤起德育需求的自觉。再次，不断创造德育需求的氛围和条件。最后，正确处理社会的要求与对象德育需求的关系。同时，与德育对象的德育需求相联系，还应很好地研究德育的接受机制等问题。

第十五章　德育的管理体制

第一节　德育是系统工程

德育既是高等教育这个大系统中的一个子系统。同时，它本身又是一个十分复杂的系统。特别是在当今高等教育深化改革的形势下，从事德育工作更具复杂性、重要性，因此，如何理顺学校德育管理体制，科学地组织德育工作的实施，加强领导，系统安排，精心组织，坚持德育在学校工作中的首要地位，就成为新时期改进和加强德育工作所必须探索的关键问题。

一、德育工作系统的概念

德育是处于学校——社会的环境中，并与之不断地进行着信息交换，具有整体性、动态性、内部要素具有有机联系性的复杂系统。德育系统整体功能的优化对提高德育的实效性具有重要作用。因此，德育工作者必须树立系统观念，运用系统思想和方法、建立德育工作系统工程的思路、研究德育系统诸要素和德育过程诸要素的优化对策，才能找到提高德育实效性的有效办法。

为什么要从系统工程的角度把握德育工作，这是因为，从德育自身的规律看，德育过程就是施教者根据受教者的人生观、世界观形成的规律，对受教育者的知识、情感、意志和行为施行有目的、有组织、有计划的影响，使其实现由知到行的转化，这种影响是整体的、潜移默化的、循序渐进的。德育过程是教育与自我教育相结合的过程，学校教育与社会影响相结合的过程，也是德育与智育相互促进的过程。只有建立协调、有序、整体化的德育体系，才能很好低发挥德育的教育功能，提高德育的实效性。

系统是整体的，环境是整体的，社会、家庭、学校对学生的影响也是整体的。学校的各种教学活动、教师的言传身教、同学间的相互感染，以及校风、学风、校园文化等，都对学生思想品德产生着重要影响。德育与智育、教育与教学是互相依存、互相促进的。德国教育家赫尔巴特指出："教学如果没有进行道德教育，只是一种没有目的的手段，道德教育如果没有教学，就是一种失去了手段的目的。"可见，发挥德育的系统整体功能，对提高德育的实效性是至关重要的。

二、德育工作系统的功能

所谓德育工作系统工程，就是在德育工作中，以唯物辩证法关于全面的观点、联系的观点和发展的观点为指导，运用系统方法，建立全方位、全过程、全员参与的有机整体体系。这种有机整体体系主要体现在以下三个方面：

1. 全方位协调同步

全方位协调同步就是围绕德育目标，使学校教育、家庭教育、社会教育、思想政治教育、专业课教学、管理教育；马克思主义理论课教学、思想品德课教学、党团教育、日常思想政治工作等各种教育形式和谐配合，使德育的空间结构层次具有协调性。为此，需要建立一种开放式的网状教育结构，即从领导体制、课程设置、第二课堂、军训、校园文化、生产劳动、社会实践，到经常性的思想政治工作等进行总体考虑、总体设计，根据德育目标，明确各自的教育内容和要求，并以纪律或法规的形式固定下来，让各种信息在系统内部传播流动。这种开放式的网状结构，把学校、家庭、社会联系起来，把中学与大学教育衔接起来；把德育与智育、体育结合起来；把学校内部党、政、教工、团、学等各种力量统一起来，使之相互配合、相互补充、相互渗透。

2. 全过程有序发展

全过程有序发展就是将德育贯穿于学校教育的全过程，因此，必须使德育的实施过程在时间上保持有序性，使各学段、各年级首尾相接，承前启后，协调发展。根据培养目标、德育规格和学生思想品德形成、发展、变化的规律，明确不同学段、不同年级德育的任务与要求、内容与形式、方法与途径等。要突出抓好"两个过渡"：一是从中学到大学的过渡，二是从学校到社会的过渡。还要抓好各年级之间的衔接，逐步形成各学段相承续，各年级相衔接的一以贯之的社会主义德育新格局。

3.全员参与，齐抓共管

这就是说，德育要在党委领导下，全体工作人员人人参与并尽职尽责，党政工团齐抓共管，在学校各个方面强化育人意识，形成强大的合力，使德育的实效性得到可靠的组织保证。全员参与，首先要注意调动教师教书育人的积极性。在学校教育整体中，教学是最基本的活动，所占时间最多；教师是最基本的队伍，对学生产生的影响也最大。所以，列宁说："学校的真正性质和方向并不是由地方组织的良好愿望决定的，不是由学校委员会决议决定的，也不是教育大纲决定的，而是由教学人员决定的。"其次，要建设一支稳定的、强有力的德育骨干队伍。这支队伍包括马克思主义理论队伍（马克思主义理论课和德育课教师）、学生思想政治工作干部队伍和学生骨干队伍。再次，要注意调动干部管理育人和职工服务育人的积极性。把"三育人"工作真正落到实处。

总之，德育是一个复杂的系统，德育工作是一个系统工程。要提高德育的实效性，就必须强化德育的运行机制与整体效应。现代社会的德育，绝不仅仅是学校教育，它需要社会教育，也包括社会教育；也决不仅仅是理论教育，它需要实践教育，也包括实践教育；还决不仅仅是专职德育工作者所实施的教育，它需要其他教育工作者的参与，也包括其他教育工作者的育人活动。可见，德育系统至少包括：学校教育、社会教育和家庭教育构成的社会德育系统；学校内部专门从事德育和结合其他工作进行育人活动的系统；理论教育、养成教育与社会实践教育系统；德育施教者、德育受教者、德育环境组成的德育过程系统；德育决策、德育实施、德育评估系统等等。

第二节　完善德育工作领导管理体制

学校特别是高校是出精神产品、出专门人才的教育单位，是知识分子和高层次学生群体密集的地方，它的德育工作具有明显的特点。学校德育工作的好坏直接影响社会的安定团结，而且关系到全民族的素质和社会主义事业的前途、命运。从系统论和控制论的角度说，德育领导管理系统可分为五个子系统：即决策系统、指挥系统、执行系统、监督系统和反馈系统。具体地说，就高校而言，决策系统即学校党委；指挥系统，可由分管副书记和主管副院（校）长牵头负责，由党委学工部、学生处、宣传部、团委、教务处、保卫处等有关处室的领导及有关工作人员组成；执行系统，包括"两课"教师、专业课教师、学生工作人员以及全校各系、各处室、各单位、各种组织和社团直至全体教职员工；监督系统，对外，接受主管部门、学生家庭以至全社会的监督；对内，主要应强调各系统互相监督，特别要强调接受学生监督；反馈系统，包括对德育效果的考核、测评以及学生、教工、家长的反映、评价等。

一、完善德育管理体制，对提高德育的实效具有重要意义

在新的历史条件下，我们面临着改革开放和发展市场经济的考验，在这种社会大环境下，德育工作面临着严重的冲击，德育管理体制也面临着不断改进和完善的形势，所以要充分认识新形势下德育工作的复杂性、艰巨性，并且从学校德育的现状认识加强德育的紧迫性。因此，在当前深化教育改革的同时，注重德育管理体制与德育实效性的关系是一个非常重要的现实问题。

（1）正确的、符合时代发展和形势需要的德育管理体制应是既稳定又灵活，既有统一指挥又有分权管理的体制，对加强德育工作，提高德育的实效起着重要的作用。

（2）正确的德育领导管理体制，应使学生工作有一个强有力的统一指挥

机构，整个学生工作的计划、实施、检查、总结成为一个整体，符合科学管理的原则，能够使德育工作纳入科学管理的轨道，对提高德育的实效具有重大意义。

（3）正确的德育领导管理体制，应大大减少管理上的"扯皮"现象，使长期形成的思想品德教育与管理脱节的现象得到改善。

（4）正确的德育领导管理体制既有统一指挥，又有专门的办事机构，对及时解决学生思想问题，提高办事效率，提高德育的实际效果具有重要意义。

（5）正确的德育领导管理体制，应是信息反馈比较灵活的体制。有了统一的工作机构，可使信息反馈有稳定的方向，迅速掌握反馈的信息，并依据信息及实际工作情况，做出准确的决策，实行有效的调节。

（6）校（院）党委和校（院）长对学生的思想政治工作管理的指令，可以通过各职能部门，对学校整个领导体制的改革，具有较强的适应性，对提高学校德育工作质量奠定稳定的基础，使德育工作的实效性更加明显可见。所以说，德育领导管理体制与德育的实效性是密切相关的。

二、提高德育的实效性，必须构建整体运行机制，开辟全员德育新局面

所谓整体运行机制，即在学校党委领导下，一方面把党政工团等部门的人员组成一个立体的、交叉的整体育人网络，树立整体的育人意识；另一方面要建立合理的、科学的德育体系和管理制度，使学校德育更规范化、系统化。同时还必须对德育诸方面的实质内容提出具体的要求和方案，使德育真正实现由虚变实，由软变硬，由定性到定量。

1. 德育领导管理体制建设

目前，我国学校特别是高等学校的领导体制，一般实行党委领导下的校（院）长负责制。历史证明，这是符合我国国情的。在这种体制下，学校党委担负把握学校的社会主义办学方向和对学校思想政治工作全面领导的责任。在党委领导下，校（院）长从负责全面贯彻教育方针的角度，负责学校德育工作的领导和管理。

当前，各高校德育领导管理体制普遍存在两个问题：一是监督系统似有若无；二是反馈系统不成体系。必须指出，管理系统必须构成一个连续封闭的回路，才能形成有效的管理系统，才能自如地吸收、加工和运作。不封闭的管理系统等于不成回路的输电线，线的性能再良好，也不能输电。没有健全的监督和反馈系统的管理系统不符合"封闭原理"。因此，理顺和完善德育领导管理体制的关键性环节是建立和健全监督系统和反馈系统。建立健全监督系统，在学校内部应建立由各级学生会为主体的监督组织；在校外应建立包括学生家长代表在内的社会监督网点，形成校内外的监督网络。建立健全反馈系统，应建立一个以受教者为主的、以分别考察德育工作情况和德育效果为内容的、同执行系统不重合的、既有分工又有合作的、能够"灵敏、正确、有力"地反馈信息的反馈系统。

2. 全员德育要素优化对策

全员德育意识是近年来提出并被广泛接受的一个新概念，它是基于历史经验的总结而产生的。学校和政治风波的历史教训告诉我们，只靠德育专职人员孤军奋战，不建立全员德育队伍，德育的任务是很难完成的。只有建立了强有力的全员德育队伍，使每个教职员工都成为德育的参加者和成员，学校德育工作才有深厚的基础。因此，在学校各方面强化育人意识，形成全员德育队伍，真正做到教书育人、管理育人、服务育人，提高德育的实效性才能有可靠的组织保证。

（1）教书育人。教师的基本任务是"传道，授业，解惑"，即教书育人，自觉地把教书与育人融为一体，是每个教师应尽的崇高职责。教师身处教学第一线，和学生有经常的、密切的联系，有一种天然的师承关系，教师的政治态度、思想观点、品德作风，对学生产生着直接的、潜移默化的重要影响。教师的这种特殊地位客观上就决定了他们在育人中的主导作用。从数量上讲，教师在学校中所占的比例大大高于专职政工人员所占的比例，如果每个教师都能从严要求，以身作则，为人师表，以言教和身教带好自己周围的学生，那么，整个学校的面貌就会大大改观，学校德育就一定会焕发出勃勃生机。

（2）管理育人。

①要加强干部管理育人的意识，形成管理育人网络。在学校，管理和教

育是密不可分的，管理和教育最终都是为育人服务的。因此，管理工作者必须增强育人意识。管理育人首先是但不只是管理学生的专门机构的任务，而应是一切干部乃至一切教育工作者的责任。学生在校生活的每个场合、每个角落，都应发挥管理育人的职能，应做到在哪发生问题，哪里的工作人员就应对其进行教育，哪里有工作人员，哪里就担负着管理育人的职责。这样，就形成学校管理育人的网络。

②健全规章制度，严格各项管理。没有规矩，不能成方园。因此，加强管理育人，必须建立健全各项规章制度，如《学生管理实施细则》《学生德智体综合测评条例》《学生奖贷学金实施细则》，班主任（班导）将有关规章制度、条例细则编辑成册，发给学生学习、贯彻。

③加强监督检查，坚持相对封闭管理原则。相对封闭管理原则是现代科学管理的基本原则，它要求在任何一个系统内，其管理手段必须构成一个封闭的回路。否则，敞口开放，就不能实现管理效能，就等于没有管理。相对封闭性管理，要求加强监督检查，及时获得反馈信息，并及时处理。对违反规章制度者必须予以追究。

④要加强对学生自我管理的组织领导。实现管理育人，只靠专职管理人员是不行的，必须调动学生自我管理的积极性，形成一支自我检查、自我监督的积极分子队伍，并将他们组织起来，给予支持、指导和帮助，充分发挥他们在管理育人中的作用。

（3）服务育人。在学校全员育人队伍中，肩负服务育人的广大服务部门职工是一支不可忽视的力量。然而目前就总体情况而言，这是一个最薄弱的环节。具体表现为：领导对这支力量的育人功能普遍忽视，服务部门职工的育人意识相当薄弱，因而，他们的育人功能尚未得到较好发挥。应当尽快改变这种状况。

①应大力加强对服务部门职工服务育人工作的领导，学校应建立服务育人工作的领导机构，由主管副校长牵头，由总务处等有关处室负责人参加，全面负责全校服务育人工作。

②通过宣传、教育以及服务部门党团工作，大力增强职工的育人意识，使他们在搞好食堂、卫生院、浴室、开水供应、宿舍管理、体育场馆、教材

部门等服务工作的同时，不失时机地对学生进行热爱劳动、热爱公物、遵守公德、文明礼貌、乐于助人等思想品德教育。

③完善政策导向，健全规章制度要将服务育人作为考核服务部门职工工作质量的重要标准，作为评优选先、调资晋级的重要依据，与职工本人的实际利益挂起钩来。此外，要建立健全相应的规章制度，使服务部门职工的服务育人工作规范化、制度化。

总而言之，德育是一个具有整体性和动态性的系统，德育工作是一项复杂的系统工程。作为一个系统，它与周围的环境不断进行着信息和能量的交换，系统本身也随时进行着自组织、自调节。系统各要素随着信息的反馈调节，不断实现着优化，各要素及其相互关系的不断优化，使德育系统整体功能也不断优化。这样循环往复，以至无穷，形成一个无终端的过程，在这个过程中，德育的实效性便得以不断提高。

第三节　德育系统整体目标化管理

一、高校德育工作实施目标管理的意义

德育系统目标管理，其涵义是以目标为导向，激励、调动组织其成员参与和实施目标的积极性。在工作中，实行自我控制，以各个分目标的实现来保证总目标的实现，并以实现"目标"的成果状况来评价其贡献的大小。笔者认为，把目标管理运用到高校德育工作中，其意义至少有以下几点：

1.有利于增强德育工作运行机制的适应性

高校在开展学生德育工作中，除了课堂德育进入课表安排外，其他形式德育工作一般都制定一个工作计划，但在实施过程中，往往碰到两种情况：一是由于种种原因，经常变动计划，实施困难；二是在实施过程中需要结合新的形势另外安排有关教育内容时有难度，有时即便安排了，也显得缺乏时效性，效果不佳。究其原因，就是比较刻板的计划式工作机制缺乏适应性。因此，需要寻找一种方式输入现今的工作运行机构，使其增强活力和适应性。

目标管理遵循"一切活动开始于目标的制定，活动的进行以目标为导向，活动的结果以完成目标的成果来评价"的原则。因此，在高校德育工作运行机制中，引进目标管理，可以较好地解决上述问题。总之，实施目标管理，有利于增强德育工作运行机制的适应性。

2.有利于提高高校德育工作运行机制的可靠性

实施目标管理，对于提高高校德育工作运行机制的可靠性具有重要的保证意义，这主要表现在两个方面：其一，根据目标管理的要求，将总目标分解为每一个组织和成员的分目标，各级领导人员有章可循，可以依据分目标对下属进行指导、管理、考核，从而保证高校德育工作总目标的实现。这样就能较好解决德育工作中一些脱节现象，形成千斤重担众人挑，人人有目标，总目标与分目标环环相扣、紧密相连、各司其职的局面。其二，目标是对一定组织和个人未来行为的规划，是必须完成的任务的量与质的规定。要完成目标，一定要实施中间的过程管理并对其考核，而且要围绕所要实现的目标制定出切合实际的相关规章和制度，以保证目标的实现。

3.有利于实现高校德育工作运行机制的系统性

目标管理的最大特点就是系统性，如果环节上不扣紧，就会使德育工作呈一种发散状态。譬如，对工作有布置，但缺乏检查；有任务，但忽视考核；有制度，但缺乏监督；有总结，但奖惩不明等。这种发散状态的管理必然是低效率的。根据目标管理的原则，高校德育工作要根据新形势和新任务，确定目标、展开目标、实施目标，并对实现目标过程和效果进行考核，使其形成一个动态、有序的管理过程，保证各项管理职能环环相扣，有效地完善德育工作运行机制的系统性，提高工作效率和管理职能。

4.有利于促进高校德育工作运行机制的科学性

实施目标管理，不但能增强高校德育工作运行机制的适应性，提高高校德育工作运行机制的可靠性和有利于实现高校德育工作运行机制的系统性，而且还能使高校德育工作运行机制逐步走向科学化。首先，目标管理是建立在科学管理基础之上的，它是现代管理系统中的一种科学管理方法，而现代管理方法，融合了现代自然科学和社会科学的新成果。把目标管理运用到高校德育管理工作上来，能使高校德育工作运行机构不断完善，并具有科学性。

其次，目标管理能够激发组织和个人做好学生德育工作的创造性和积极性。目标管理强调过程型的激励作用，强调通过目标设置来激发动机，指导行为。高校德育工作运行机制实施目标管理，不仅能够激发各级组织和成员想方设法完成目标的创造精神，形成齐抓共管的局面，还可以促进各单位结合实际情况，围绕总目标，各显神通，突出效率，从而避免人浮于事和学生德育工作流于形式的局面。

二、高校德育工作系统实施目标管理的原则

1. 充分论证，科学准确地确定目标

确定目标在整个目标管理中起着十分重要的作用。学校党政领导应该根据党和国家对人才培养的要求，制定出富有本校特色的学生德育工作目标。为了使目标科学、合理，在确定目标时要把握三点：首先，把握好指导思想。学生德育工作目标必须坚持以马克思列宁主义、毛泽东思想、邓小平理论和江泽民同志"三个代表"重要思想为指导，认真贯彻《中共中央关于加强思想政治工作的若干意见》和教育部《关于加强和改进研究生德育工作若干意见》的文件精神，理论联系实际，紧密结合社会主义现代化建设的实际，分层次、有重点，突出针对性，着眼于学校特色，坚持教育与管理相结合。其次，制定学生德育工作目标，既要做到科学，又要符合学校的实际，这是关系到德育工作措施能否落到实处的问题。因此，在确定工作目标时要注意三个方面：第一，从制定目标的依据上，做到适应新形势需要，认真把中央下发的有关文件和工作指示，作为制定学生德育工作目标的依据，并与本校的特色紧密结合。第二，制定目标要做到统揽全局、分步实施。第三，制定目标要突出重点。每年度的学生德育工作目标中分为重点和日常两部分，要根据总目标的要求，并结合学生高低年级的特点，年度德育工作目标中要突出重点，围绕重点精心安排，认真组织。最后，要认真体现求实创新的态度，学生德育工作也要与时俱进。高校德育工作实施目标管理，目的是求实创新，使该项工作更加规范化、制度化、科学化，扎扎实实地将高校德育工作推向前进。因此，要求确定的工作目标既要具体明确、职责清楚、体系清晰、一

目了然，又要便于实施和检查考评。制定目标中要注意定量和定性结合，能定量化应尽量定量化，有了定量目标，在目标管理中便于管理和控制，在考核评比中容易衡量各级组织和个人的工作成效、目标实现情况等。对于制定的目标要富有新意，能体现创新意识，这本身也是不断探索完善新形势下高校德育工作机制的客观需求。

2. 联系实际，必须全面地展开目标

目标展开是目标管理过程中的一个重要环节，直接影响目标的实施和整个目标管理活动的成效。目标展开是一个将目标从上到下层层分解、落实责任的过程。在高校德育工作目标管理层次中，有全校工作目标管理计划，院、系工作目标管理计划，教研室工作目标管理计划，学生党支部工作目标管理计划，课题组指导教师工作目标管理计划等。高校对每一年级层都要有一个学生德育工作要求的总目标，为了实现这个总目标，各个层面上的德育工作组织必须结合实际，对目标分解，进行对策展开，明确目标责任和授权。其中，目标分解是建立目标体系的基础，对策展开是目标实现的保证，明确目标责任和授权是为了调动积极性。

3. 保质保量，认真地狠抓目标实施

目标计划实施要围绕实现目标进行，在目标计划的实施中，一是要在各层次内部的自主管理和自我控制上加强管理，要细化到具体责任人；二是上一层次对下一层次目标实施计划要加强指导、控制、监督、检查，要明确到职能部门和负责人，要充分发挥各管理系统的作用和管理活动的作用，做到既坚持按计划组织实施，又根据情况变化搞好调节平衡；既充分发挥下级的自主管理和自我控制作用，又加强计划实施中的检查，防止失控。在目标计划实施过程中，要注重目标质量管理，主要把握两个问题：第一，要实行全面质量管理。根据目标质量管理一要全面、二要全程的要求，在目标实施过程中，对各个层面上的德育工作组织要进行系统全面的质量管理。第二，要加强对重点目标的管理。

4. 实事求是，严密地组织目标考评

目标考评是整个目标管理的最后一个阶段，是全部德育工作中最重要的内容之一，目的是通过考评，了解和掌握目标管理工作的情况，总结一个阶段目标管理的经验教训，为提高目标管理水平提供可靠的依据，使目标管理水平不断提高，最终达到目标管理的要求。目标考评要坚持实事求是、赏罚分明、奖优罚劣等原则，目标考评要抓好四项工作。第一，要制定一套科学的考评标准；第二，要建立严密的考评组织；第三，要健全严格的考评制度；第四，要实行自评、互评、上级对下级考评等结合。上级党组织要使这些成果评价与物质奖励和精神奖励挂钩，以维持这种积极性，并将评价结果及时反馈，让各级评价主体主动总结经验教训。高校德育工作全面推行目标管理，只要精心组织、精心实施、注重实效，形成良性循环，一定能够促进高校德育工作全面提高。

第十六章　网络文化与德育的实效性

高等学校是培养和造就高素质创造性人才的摇篮，德育在学校工作中起着导向作用。当前，在网络环境下，高校德育面临许多新情况、新问题，面临新的发展机遇和严峻挑战。网络技术的飞速发展，不仅日益全面、直接地影响着人们的生活方式，而且带来了德育的形式、内容、范围、效果的新变化。互联网已经无可争议地成为德育的两个新的重要形式和重要阵地。如何利用互联网开展德育工作，找到与传统德育方式的结合点；如何应对网络文化对高校德育工作提出的严峻挑战；如何充分利用互联网把科学思想和正确观念以生动、快捷的途径传播出去，积极拓展德育的空间，已经成为高校德育工作非常重要而又紧迫的课题。作为高校德育工作者，必须用先进的思想文化和网络技术去占领网络阵地，引导社会主义网络文化的发展。因此，我们必须充分认识高校德育工作进网络的重要意义，认真研究网络环境下高校德育的特点和规律，积极探索进一步加强和改进高校德育工作的新途径和新方法，进一步提高德育的实效性。

第一节　网络环境对德育的影响

目前，绝大多数的高校开通了校园网，网络已成为学生接受信息的一条重要渠道。网络改变了人们的生活，网络改变了世界，因特网已成为重要的思想舆论阵地和国际舆论斗争的领域，也成为思想政治工作的一个新的重要阵地。网络文化已成为影响青年学生思想品德、价值导向的重要力量。由于传播不受时间空间的局限，利用网络手段可以增加思想政治工作的时效性，有关思想教育的信息一旦通过网络发布，学生可以在任何时间、因特网主干的任何一个接入点浏览、查阅，既拓展了工作覆盖面，又变学生被动接受为主动参与和相互交流，更符合德育工作得人心、稳人心、暖人心的要求。随着网络技术的发展，教育工作者在学生信息接收中的权威地位已被打破。当前，一方面大多数德育工作者计算机基础知识特别是网络知识和技能较薄弱；另一方面学校对学生依法依规地运用网络技术的教育相对滞后，传统德育的手段和方法已不适应。因此，我们应该深入研究网络环境对高校德育的影响，从而掌握新时期高校德育的主动权。

一、网络技术的发展和普及给德育带来了严峻的挑战

21世纪是信息与通讯高度发达的网络时代，互联网络给整个社会带来前所未有的深刻变革。人类社会的整个生存状态，从工作、学习到娱乐，从经济、政治到文化都将发生一次根本性的变革。互联网不仅创造了全人类叹为观止的价值，同时也隐藏着一系列不容忽视的忧患。网络在以空前的广度和深度渗透到大学校园的各个角落的同时，不可避免地带来了许多良莠混杂的信息、消极的思想以及腐朽低级的文化。由于青年学生正处于人生的特殊时期，他们的阅历还不是十分的丰富，他们的世界观、人生观和价值观还没有成熟，所以，许多学生还不能够很好地辨别真伪善恶。如果我们不加以及时、正确的引导教育，进行科学的道德规范，其后果将不堪设想。

1. 网络信息的传播对青年学生思想信念造成了冲击

（1）由于网络的全球性和共享性，一些青年学生不同程度地受到了西方国家的思想、文化观念和生活方式的侵蚀，是非观念模糊，思想观念混乱，理想信念产生偏差。网络技术的发展消除了信息传播的地理与时空的障碍，促进了全球各种各样的思想观念和矛盾冲突的相互激荡、相互碰撞。特别是西方国家，利用国际互联网络，传播信息，散布谣言。他们打着"民主""人权"的幌子，大肆宣扬并强行推销其政治观点和价值观念，对我国和其他社会主义国家进行攻击和诽谤，并把青年学生作为"西化""分化"的主要对象，妄图打赢一场"没有硝烟的战争"。他们还抓住青年一代可塑性强、辨

别力和抵抗力差等弱点，通过图片、声像、数字、文本等途径传播其腐朽的思想观念和生活方式，使青年一代在不知不觉中受到侵蚀。为了推行网络霸权主义，一些西方国家不断加速发展网络技术，垄断教育信息资源，肆意向我国青年学生传播错误思潮，传输其文化道德观念。有些青年学生，经受不住误导和欺骗，往往产生了"西化"的倾向，他们理想渺茫、信念淡薄、真伪难辨、是非不清，是十分危险的。

（2）由于网络的虚拟性和隐蔽性，一些青年学生在网络环境中出现了网络道德问题，道德意识下降，伦理观念受到了强烈的冲击。随着网络日益为众多青年学生所熟知和应用，网络病毒、网络色情、网络欺诈、网络黑客、网络犯罪等各种各样的网络道德问题也接踵而至，这些负面效应越来越影响青年学生的认知心理、情感世界和道德水准，不能不引起我们的关注和思考。

（3）良莠不分的信息在网上爆炸并波及全球，因特网上流窜着的黑客软件、色情交易、暴力游戏等，直接冲击着人类的道德根基；网络犯罪急剧上升，道德被打上了黑色的问号；而不断翻新的各类知识使人们无所适从，导致了信息焦虑症流行于世界各地，再加上网络信息的高度图象化和直观化，使人们逻辑思维能力退化，异化成"数字化的人"，从事精神创造的潜在动力被毁弃得干干净净；"人"的概念被网络时代改写。

网络带来之危机种种，不一而足，人的精神处于一种失落而迷茫的状态，高校德育教育陷入了新的困境：东西文化交错碰撞、鱼龙混杂，虚拟社会各种信息对青年学生世界观、人生观、价值观的影响错综复杂，教育环境由人人对话转向人机对话，学生思想行为形成更为扑朔迷离等等。

2. 网络文化对大学生影响的分析

（1）网络的数字化、信息化适应了大学生的主体活动。大学生在校园的主体活动是学习。从信息论角度而言，学习在本质上是信息获取和加工的过程。网络信息不仅跨越了时空、表现形式丰富多样，而且信息容量大、传播速度快、覆盖范围广，所有这些为大学生广泛获取信息提供了一个非常便利的渠道。大学生一旦触网，就会被它的神奇所吸引，只要条件允许，他们就不会错过"遨游"的机会，以此满足他们获得大量信息的需求。

（2）网络的交互性、虚拟性符合大学生的心理需要。随着社会节奏的加快，现实的压力和挫折往往使当代大学生无所适从。他们在互联网这个虚拟的世界里寻找自己的理想，寻求虚拟的价值实现和幻想的成功，以达到心理上的平衡。同时，虚拟也为他们把对现实的不满在网络世界里不顾一切地宣泄提供了方便。另外，网络还为大学生广泛交往创造了条件。当代大学生是交往频繁的一类群体，他们往往不满足于现实中的人际交往，希望在更广阔的领域中寻找伙伴。而互联网拓展了交往的手段和空间，使人与人之间的交往不受时空的限制，真正实现了"手指轻轻一点，世界尽在眼前"的梦想。

（3）网络的开放性、多样性为各种思潮在校园传播提供了便利的渠道。网络无国界，任何思想、观点都可以在网上找到自己的位置，大学生又容易接受新事物，这就决定了他们比较容易受到网上形形色色的思想的影响。同时，大学生的世界观、价值观还未定型，缺乏社会阅历，辨别是非能力相对较差。因此，网上的信息大潮，既可以拓宽大学生的视野，也可能造就出一些异化的、迷失方向的"电子人"，甚至有可能从根本上改变他们的理想和信念。调查发现，虽然这类人数量极少，但应引起高度重视。

3. 引发大学生网络问题的心理因素分析

（1）猎奇的心理。积极探索未知世界是青年人天然的心理倾向。由于心理不成熟，鉴别力差，对一些不健康的网站常常抱着试试看的心态去浏览，结果却身陷泥潭，难以自拔。

（2）宣泄的心理。由于我国教育制度尚未健全，以考试为主的选拔机制成为一座"大山"，长期压在学生心头。大学生经历十几年的寒窗苦读，学习负荷大，精神长期紧张，再加上处于青春期的大学生生理和心理都尚未发育成熟，惶惑、烦躁、苦恼等情绪经常伴随他们，由此造成的长期压抑，需要通过一定的方式加以发泄，无拘无束的网上冲浪无疑是较为方便的途径。

（3）渴望理解的心理。现在的青少年大多是独生子女，在家中比较孤独，为了缓解心理上的寂寞，最渴望能与同龄的伙伴交流。网上聊天虽然不完全真实，毕竟可以通过"虚拟朋友"弥补生活中的缺憾。若长期沉湎在非现实的网上世界，会在一定程度上弱化他们与真实世界交往的能力。严重的上网成瘾还可能导致各种网络性心理疾病，如所谓的"网络幽闭症"，网络综合症（IAD）等。

（4）好胜的心理。青年学生年少气盛，在掌握了相当的计算机技术后，已不再满足于打游戏或上网聊天，强烈的炫耀心理促使他们伸出"黑手"，袭击网站，窃取信息，散布病毒。他们有些是出于挑战个人智力，有的仅仅是恶作剧，这都是由于好胜心强而导致的不端行为。

（5）幼稚的性心理。到了青年期，第二性征发育更加成熟。大学生的生理已普遍较为成熟，青年人的性意识得到进一步的发展。但由于长期受到传统性观念的锢制，正常的性教育滞后，人人谈"性"色变，性对绝大多数学生来说仍然披着一层神秘的面纱，形成一种心理困扰，而这反而勾起他们的好奇心，诱使他们进入那些惹眼的黄色网站。

高校学生年龄一般都在16～23岁之间，随着生理上的成熟，心理活动也逐渐步入成熟，其重要标志便是世界观、人生观及价值观的形成与巩固。身处改革开放时代的他们，思维有着更强烈的独立性、批判性，对外界的影响不再盲信盲崇；加之思维更具创造性，不再仅仅简单地接受信息。他们思想开放，头脑敏锐，但往往缺乏成熟的理性思考能力，容易产生偏激的看法。他们有着强烈的自尊心和自信心，不愿受人摆布，自我评价常常偏高，受挫后易产生逆反心态。他们精力充沛，兴趣广泛，活动能力强，但情绪不甚稳定，总是处于一种起伏跌宕的状态之中，极易产生心理冲突。加之我国经济发展的巨变所带来的人们生活方式和价值观念的变化，学校生活与社会生活形成的反差，也常使他们产生思想上的困惑，这无形中增加了德育工作的复杂性。德育理论研究和实践探索表明：德育过程要注重学生知、情、意、行各方面的协调发展，提高学生的自我教育能力，促使他们品德发展矛盾的积极转化，尤其要注重活动在品德形成与发展中的作用，这预示着网络时代的德育工作必须以活动为中心实施一系列的创新。

4.网络时代高校德育理念面临新的挑战

从信息论的角度看，德育是教育者与受教育者之间情感、思想和行为特征等信息交流及反馈的过程。而今，网络已经广泛而深刻地渗透到社会各个领域，并日益成为信息传播的重要手段，给高校德育理念带来了新的挑战。在这种形势下，高校德育的传统模式经受着严峻的考验，特别是高校德育模式呈现出错综复杂的发展性矛盾。准确地把握这些矛盾是高校德育创新的认知依据。

（1）德育对象的主体化发展与客体化模式的矛盾。德育的对象是接受教育的主体，如何充分调动其主体积极性，变"他律"为"自律"一直是德育的理想境界。而传统德育模式的说教方式使德育的对象沦为教育的客体，"他律"已不易实现，更无法落实"自律"。网络的发展加剧了这一矛盾，受教育者以不受约束的主体行为在网络世界遨游，极有可能成为自己的教育者。一方面，受教育者能在网上接受形式和内容各异、容量极大的借鉴信息，进行价值比较和价值选择，从而成为事实上的自我教育者；另一方面，网络尽数社会现象、社会问题，提供众多人的思想困惑，成为受教育者的"精神乐园"。这些信息交流包容兼蓄、良莠不分。这种放任自流的自我教育往往会因缺乏引导而陷入另一极端。面对这种局面，德育工作必须与社会的发展相适应，一方面要以新的视角、新的内容抢占网络德育制高点，另一方面要引导学生在网络德育中的主体化发展，真正成为学生品德养成的引航者。

（2）德育的个性化与教育的单一性之间的矛盾。德育所做的是"人"的工作。这种工作，从本质上说要建立在个体心理的可接受性的基础上，通过个体愉说接受，促成个体境界不断完善和提高。这与网络时代弘扬个性特点相一致。但是，当前以"两课"教育为主阵地的德育工作仍以课堂教育为主，虽然进行大面积强化灌输，这种强化灌输因缺乏认同基础而与学生的个性发展相去甚远。又因现行德育以抽象的说教为主，更使教育者一厢情愿，使得德育的针对性较差，并引起一系列副作用，大大降低德育的威信与功能，失去了德育工作本身应有的意义。这样，网络时代被唤醒的人文精神与单一的教育形式之间的矛盾日益加剧，掩盖了思想问题的真实性和针对性，不能及时发现问题，造成个体不良情绪的长期囤积，极大地影响了高校校园精神文明建设的发展。毋庸置疑，既重视德育整体的质又突出个体的个性发展已成为德育创新的关键问题。

5.网络时代高校德育工作面临新的困境

（1）高校德育工作者在学生成长空间中的主导地位受到冲击。随着互联网的普及，网络已成为校园生活中不可缺少的重要组成部分，对高校师生的思想观念和日常生活产生着深刻的影响，网络正在拓展高校师生的生活空间，成为他们必须面对的学习生活方式。因此，网络的群众性为德育工作提供了全新的工作平台和发挥空间，网络与思想领域的深层结合，决定了网络上的德育工作将更富有成效。网络的普及性、群众性向德育工作队伍提出了新的课题。

德育是通过德育工作者进行的，德育工作者的素质直接影响到教育的实效。在以往的教育过程中，教育者处于一种信息优势的地位。在网络时代，教育者信息优势至少是部分丧失了。学生通过网络可以方便地查到各种公开或内部、真的或假的信息，而教育者有时候却面临信息劣势的境地，部分教育工作者由于没有受到系统的计算机知识的培训，面对飞速发展的计算机和网络科技往往不知所措，上网查询信息很困难。加上繁忙的工作和家庭负担，很难抽出时间进行系统的学习。所以，教育者的一个尴尬境地是，在教育过程中，他所说的东西学生早就知道，而学生嘴里蹦出的新名词和新鲜事却是教师闻所未闻的。网络的开放性在一定程度上冲击了学校德育在学生成长环境中的主导地位。

数量巨大而且来源广泛的信息凭借网络直接到达学生身边，导致学生注意力分散，有限的德育信息发挥作用的难度空前加大。在这种情况下，高校德育工作者在学生思想成长空间中的主导地位受到严重冲击。

（2）网络环境的不可控性从信息质量上污染了德育的环境。主要表现在：西方国家意识形态的渗透和价值观念的传播引发青年学生人生观、价值观的冲突与失落；大量信息垃圾，如西方价值观念、腐朽生活方式、个人主义、利己主义、功利主义和实惠主义的泛滥传播对学生的思想造成严重侵蚀；信息网络技术的滥用影响着学生的道德伦理，互联网上的隐蔽性使道德行为的自由度和灵活度显著增强，为青年学生放弃道德责任提供了可能。在以往的德育中，教师向学生传递的是具有特定内容的信息，这些信息经过精心筛选，促进学生思想、行为发生转变。而在信息时代，由于网络的多样性，它向学生展示的信息广泛庞杂、无所不包，传播渠道不仅脱离了国家、政府、学校、教师、家长等的控制，而且内容也可能与教育者灌输的有所不同，甚至截然相反，这样就会引起学生思想上的疑惑和混乱，从信息质量上污染了德育的环境，削弱了德育的有效性。

（3）网络本身具有的消极和负面的影响，使德育面临新的困惑。互联网乃是一把双刃剑，它给人类社会带来方便高效的同时，也给人类社会带来了消极和负面的冲击。主要表现为：其一，文化冲突毕现。网络技术的发展，数字化可以把任何信息转化为二进制的数字语言，从地球任何一个地方无限量地向另一个地方传输。这就意味着异质文化充分交流和大规模冲突时代的到来，人类的技术处境与人的文化情感发生了冲突，德育面临新的挑战。其二，人际关系疏离。由于茧居族、电子隐士的兴起及"数码个人""虚拟自我"的出现，使得人际接触大量减少，并通过互联网构建了所谓的"虚拟世界"及"虚拟社区"，当然进一步就会造成虚拟的人际关系，导致人际关系的疏离。网络交往带给青年学生的情感、心理的问题以及人际交往的淡漠是摆在高校德育面前的一个尖锐的问题。其三，黄色风暴席卷而来。近年来，互联网上色情网站有愈演愈盛的态势，这些大量的色情信息侵蚀着人们尤其是青年学生的思想和道德观念。所有这一切，都使高校德育面临一些新的困境，都对高校德育提出了新的课题。

二、网络时代高校德育教育面临的新机遇

信息技术特别是网络技术的发展，为高校德育工作的开展提供了现代化手段，拓展了德育工作的空间和渠道。主要表现在：

（1）互联网被称为"第四媒体"，使信息达到的范围、传播的速度与效果都有显著增大和提高，给德育工作提供了一个有效的传播平台，架起了又一座党和政府与大学生沟通的信息桥梁。

（2）网络技术丰富了德育的手段，使德育中文字、图形、音像多种信息形式的应用成为可能，提高了教育的吸引力。同时，网络也为德育信息共享开辟了便捷新渠道，有助于整合各校、各地的教育信息资源，提高教育的针对性。

（3）网络拓展了思想政治教育的覆盖面，使教育可以面向全体学生，影响更为深远。信息网络以其独有的特点与强大的功能引发了一场新技术革命，它宽频高效的信息资源，极大地丰富了青年学生生活、学习和娱乐的心理需

求，为他们提供了施展创新才华和接受各种教育的机遇，使他们快捷便利地沟通信息，最大限度地共享信息资源。网络的开放性、交互性、个性化以及沟通的便捷性给高校德育带来了全新的发展机遇。

1. 互联网条件下的德育内容广泛而丰富

网络上的信息可谓丰富多彩、浩如烟海，为高校德育充分利用全球资源提供了便利条件。据统计，1983 年以前全球数据库总容量为 3.1 亿条，1984 年达到 10 亿条，1995 年达到 81.6 亿条，到 2000 年达 100 亿条以上。不可否认，大量的网上信息，为人们学习、研究提供了丰富的资料，开拓了人们的眼界，大大丰富了人们的生活。网上各种全文数据对使用者来说非常方便，各类马、恩、列、斯、毛、邓经典著作及党和政府的最新政策都可以在网上找到，丰富的信息为使用者展现了取之不尽的信息资源，只要我们的德育工作者善于利用，就能够有效提高工作效率。

2. 德育传播渠道更加便捷、宽阔

网络中提供了两种有价值的信息：一是实时动态的信息；二是全面深入的数据库。前者具有很高的更新率，后者具有无限的存储量。一个新网站每天 24 小时就可以更换上千条消息。这样，德育工作者可以通过互联网及时了解舆论信息，把握国际动态；另一方面还可以利用这个舆论阵地，进行广泛宣传，扩大德育影响力。以往德育工作者采用作报告、印材料等形式，这些手段因为受制于场地和时间等因素，其覆盖面是有限的，网络的发展使德育的优势得以进一步的发挥，正面的宣传可以摆脱时间、空间等限制，迅速而广泛地传播。

德育工作者通过校园电子公告栏、"校长信箱"等密切关注师生的思想动向，直接在网上与师生对话，对他们关心的一些热点、难点问题给予解答，从而使教育工作的针对性大大增强。同时，也加大了对网络不良信息的监控和管理的难度。

3. 网络的发展大大提高了德育的效率

被称为"信息高速公路"的网络媒体，其传播的速度是以秒来计算的，利用网络来开展德育工作可进一步增强教育的时效性。德育政治工作进入网络，将会扩大德育工作的影响力，拓展德育工作的渠道，从而推进工作手段和效果的创新。

网络作为新的通讯手段，大大削减了通讯的成本，信息传递迅速、高效。以前的德育工作者，往往为了一件事"磨破了嘴，跑断了腿"。如今，许多程序性的工作只需要在网络上通过发电子邮件等方式便可以解决了，同时由于网络传播信息容量大、范畴广、速度快、功能多，便于德育工作者获取从事思想调查和分析所需的数据资料，便于迅速地进行整合研究，便于形成教育合力，提高效率。与此同时，传播速度的加快和全方位的地域覆盖率，也对我们德育工作者的应变能力、反应能力和影响能力提出了挑战。

4.德育活动形式多样，满足教育对象更多方面的需求

网上教育、网上论坛、网上交互对话、网页设计、虚拟社区等等，形式多样、丰富多彩，都是教育对象喜闻乐见的。高校德育教育工作者如果充分利用网络的特点，把德育内容融入网络的各种形式当中，在全面服务于教育对象的学习、工作、生活、情感等需求的同时，把正确的人生观、价值观渗透在其中，不断变换德育的形式，使其生动活泼，无疑会大大提高德育的辐射力、吸引力和感染力。

5.拓宽了德育工作者与教育对象之间的交流渠道

网络技术在时间和空间上的超越，使人们几乎完全站在了一分节点上，增强了事件的现场感。人与人的心理距离缩短了，空间距离消失了，不同的人们能够生活在共同的平台上，相互交流、共同思考。由于网络的匿名性，师生在网上反映出的思想更真实。

网络上，一个使用者可以便捷地与另一个使用者以及多个使用者交流，再加上不参与讨论的旁观者，其影响面就更大，网上的交流可以不见面，这使得交流者容易开诚布公、畅所欲言，而且在网上，使用者之间完全处于平等的地位，网络的这种特点，大大拓宽了交流渠道，这样就可以让德育通过网络入脑贴心。

6.交互性强，使工作信服力进一步加大

网络的一个重要特征是交互性，信息的接受者有着更大的主动性。他不仅仅可以自由地选择传播的内容，而且可以更加主动地调阅需要的东西，还可以更加自由地发表自己的意见。由于网络的交互性特点，网上思想政治工

作一改过去的说教，成为工作者与上网者直接的双向性沟通，并可同时达到单一面对众多的效果。通过网络，德育工作完全可以做到面对面、心与心的交流，从而增强工作的信服力。但是，网络的交互性、平等性等特点，对我们传统的单向灌输方式和高人一等的"身份"意识是一个巨大的冲击。

第二节　开创德育新途径，构建网络德育体系

随着网络技术的发展，网络问题已经成为关系到我国社会发展、经济繁荣和思想文化建设的一个重大问题。因此，如何充分运用网络技术开展大学生德育也成为关系到德育能否跟上时代发展的大问题。

在网络时代，教育者的主导作用与受教育者的主体作用辩证统一的规律、协调自觉影响与控制自发影响辩证统一的规律、内化与外化辩证统一的规律依然存在，但呈现出了新的特点。首先，随着受教育者"平等意识"的增强，教育者施加的教育影响有弱化趋势；其次，由于大学生社会交往范围日益扩大，社会影响面的增多，教育效果的反复性越来越突出；第三，由于网络文化的多元性和无限性的影响，教育者信息优势地位逐渐丧失。因此，思想道德教育工作者必须把握新的特点，增强创新意识，应当充分利用网络，增强教学的趣味性、形象性、直观性，提高教育的现代化、信息化水平，努力构建起网络主流文化与校园优势文化相结合的新文化。传统的德育教育方式已远不能适应网络时代的需求，这就要求新时期的高校德育教育在坚持优良传统的基础上不断掌握网络信息的新特点，探索大学生思想道德教育新规律、新特点，构建网络德育体系。

因此，如何抢占网上制高点，因势利导，让学生朝着符合社会主义"四有"新人标准方向发展，是高校德育创新的关键切入点。

一、充分认识开创"网络德育"的意义

"网络德育"就是指在网络的局域网和广域网上所开展的一系列德育活

动，这种活动必须围绕现代德育思想、德育目标和德育内容来开展，它与学校德育有着紧密联系，是学校德育的延伸，也是学校德育现代化发展的必然趋势。

（1）"网络德育"是高校德育教育现代化的需要。加强高校德育教育的现代化，当务之急是要借助于网络的优势，借助于现代管理科学的基本理论，对大学生思想进行网络管理和教育，在"数字化生存"的社会里，作为"生命线"的德育工作更应有所作为，发挥其"教书育人"作用。我们要充分利用互联网得天独厚的优势，切准时代的脉搏，弘扬时代的主旋律，在新形势下发挥德育教育工作的"服务保证"作用。实现德育教育工作由"人力密集型"向"科技密集型"的转变，使德育教育工作更深、更细、更活。因此，"网络德育"正是符合社会发展方向的现代化科学方法。

（2）"网络德育"是提高高校德育教育效益的需要。"网络德育"能够打破时间与空间的限制，把历史与现实，此域与彼域大量生动的事实，逼真地展现在大学生面前，使讲道理与摆事实更好地结合起来。"网络德育"具有交互性、平等性等特点，利于学生与教育工作者的平等交流沟通，变单向灌输为双向互动，使教育成为平等的思想交流活动；"网络德育"具有即时性和低成本性的特点，减少不必要的内部运作和时间耗费，增强了工作透明度，由此看出，"网络德育"确实能够提高德育教育的效率和工作质量。

（3）"网络德育"是提高学生思想道德素质的需要。在网络时代，人与人的交流、联系和依赖相对弱化，学生行为的自主性和隐蔽性空前提高，学生思想问题的个性化日益突出，其表现也趋于纷繁复杂。而现行的集体道德教育模式已显得滞后、僵化。要保证学生在虚拟的网络世界里具有健康的人格和良好的思想道德素质，"网络德育"无疑是一贴良方。"网络德育"依靠网上资源优势，把互联网络作为德育教育的信息库、宣传站，把德育教育通过网络传送到每个学生，使学生的自主教育和有针对性的接受教育成为可能，实现道德他律走向道德自律的自我塑造、自我提升。

二、实施"网络德育"的措施

"网络德育"是一种新型的德育教育工作方式，我们应该加以探索和研究。我们认为实施"网络德育"教育应采取以下具体措施。

（1）走进网络，转变教育观念，构建新型德育教育工作网络阵地。进入信息社会，学生不再仅仅是被动的受教育者，他们与教师的关系是互动的。教师也不再是学生唯一的施教者，教师与学生要进行平等对话和讨论；作为信息时代的高校教师，应该把工作重心放在教育引导上，注意从网上搜集信息，摸准学生的思想脉搏，用学生容易接受的方法来引导，用科学的观点来分析各种现象。要树立服务的观念，如可将与学生相关的工作、学习、生活、就业等方面的内容上网，实实在在地为学生服务。要学会运用网上大量正面、积极、健康的材料，对学生开展形势与政策教育、理想与信念教育、爱国主义教育。还要善于把高校传统的宣传工作阵地，如报刊、广播、录像资料等，及时移植到网上，加强正面宣传的广度、深度和力度。首先，组织专家开发德育教育软件，积极推进德育教育工作信息资源的建设；其次，加强网络与大众传媒的整合使用，大力开发信息资源，扶植更多的新闻、宣传和文化机构以及报纸刊物进入网络，不断增大信息输出量，让社会主义舆论占领网络阵地，建立高校德育教育的传播基地；其三，建立德育教育工作网站、网页。集中力量重点建设一批有基础、有特点、有吸引力、有影响力的网站，在网上唱响主旋律，打好主动仗。例如，可以开辟网络特色主页、开展新闻时事、经济与社会、环境与发展、爱心行动、普法园地等大批主流版的宣传沟通；其四，开创网上德育"两课"教学基地。要选聘一些优秀专家和"两课"教师，指导和参与高校德育教育网络的建设，增补网上"两课"教学内容，开展网络马克思主义基础理论教育、道德教育、法制教育和爱国主义教育。

（2）构建德育网络，开放育人环境。学生品德的形成，是学校、家庭、社会教育共同作用的结果。虽然学校及课堂是主渠道，但以往德育实践往往企图通过封闭的学校教育办法，堵塞不良信息，规约学生视野，控制学生行为，对学生进行理想化教育，以培养学生健全完善的人格。网络时代这种做法的可行性就大打折扣，这是因为：①学生从各种渠道获取的多方信息与教师传递的理想化要求形成反差，导致学生质疑，降低德育实效。②在这种经过净化的空间里，学生失去了进行道德判断和选择的机会，其道德能力得不到提高。因此，首先必须构建家庭、社会、学校三位一体的德育网络，敞开校门，把学校小课堂同社会大课堂有机结合起来，让学生面对现实，面对生活，在同真实社会环境的互动中去自主鉴别"真、善、美"与"假、恶、丑"，从而接受教育，得到提高。其次，应加强高校内部的德育网络建设。宏观上，要求学校至上而下形成齐抓共管的局面；微观上，把德育渗透在专业教育和学生日常行为管理中。改变过去那种条块分割，各自为政的状况，保持教育影响的连贯性和一致性，构建全员育人机制。再次，注重加强校园文化建设，组织开展丰富多彩的校园活动，使学生得到美的享受和熏陶、变生硬呆板的形式教育为生动活泼、寓教于乐的渗透教育。充分利用网络技术，大力弘扬积极的、正面的典型事迹，使学生的品德在潜移默化中得到升华。

（3）着力提高德育教育对象的综合素质，增强其自身的抗干扰力和"免疫力"。一是要着力提高他们的思想政治素质，增强其政治敏锐性和鉴别力；二是要着力提高他们的思想道德素质，培养其健全的人格和高尚的情操，使其在腐朽生活方式信息的诱惑面前，能够自觉地加以抵制；三是着力提高他们遵守网络规则的意识；四是加强对他们价值观、政治态度、道德观念的引导；五是加强网络法制和网络伦理道德教育。为此，高校要研究和出台具体措施，制定网络道德规范，加大网络道德的宣传力度，加强网络道德教育，通过各种形式增强上网青年学生的责任意识、法制意识、道德意识和政治意识，帮助他们自觉地明辨是非，扶正祛邪，引导他们培养健全的人格和高尚的情操，切实加强网络精神文明建设。

（4）高校德育教育工作者要培养网络思维方式。网络的出现强烈地改变着我们面前的世界，影响着我们的生活、思维方式和价值观念，这对德育教育工作者在过去封闭环境中建立的庞大的说教式的意识形态体系是一个巨大的冲击，这迫切要求德育教育工作者改变以前的思维方式，树立新的思维方式，特别是树立交互网络思维方式与多向性的开放思维方式，克服传统德育教育所受的时间、空间和个人的限制，在思维的广度、速度和深度上适应现代社会快节奏变化和知识经济发展的要求；要求德育教育工作者必须具有超前意识和现代意识，树立网络观念，努力适应德育教育进网络的需要，主动走入网络世界，熟悉网络文化特点，学会在信息公路上与教育对象打交道，在知识和信息的海洋里开展工作。

（5）精心策划，开展丰富多彩的网上德育教育活动。当今，许多大学生都将上网作为课余时间的第一选择。网络已经对大学生思想道德的形成产生了重大影响。因此，必须树立新的德育观念，加大对大学生的上网引导与教育。将"上网引导"作为德育的重要内容引入课堂，提高学生处理信息、分辨信息、选择信息、综合利用信息的能力，努力构筑坚强的思想防线。

德育教育网站的生命力在于内容、在于特色、在于充分发挥网络传播的优势。要把握好师生的思想脉搏，掌握师生思想动态，及时沟通，化解矛盾，增进团结；要开展网上论坛，对重大问题进行讨论、答疑、解惑，有针对性地做好教育引导工作；要精心策划，开展融思想性、知识性、趣味性于一体的网上校园文化活动；学校在一定范围内开设网上论坛，以重大节日、重要事件为契机，在网上开展生动活泼、富有说服力的德育教育活动，通过网络实施德育。

（6）加强 BBS 等引导与管理。BBS 是网络中的电子公告栏，在这里，使用者可以具有相当自由度地将自己的意见贴上去，与他人进行具有相当自由度的网上谈话。因此，在网络运用方面，高校德育工作者要切实进入 BBS，通过 BBS 贴布告、传播信息，做好"上传下达"工作；要在保证信息完整的基础上正确引导，发挥使用者的参与热情；对提问者要采取宽松的态度与柔和的手段来进行交流；要解疑释惑，凝聚人心，既要理直气壮地进行理想信念教育，又要和风细雨、恰如其分地分析是非曲直，让受教育者心服口服，从而拓宽德育工作空间。

（7）建立严格的信息发布管理体制和建立健全法律法规。各级政府必须明确规定，信息发布单位的资格审查与监督必须由政府设立的专门机构来管理，以加强对信息内容的审核和监控。网上有害信息的泛滥在很大程度上是由于管理措施不到位造成的。国务院出台的《互联网信息服务管理办法》为互联网的管理提供了政策法规方面的依据。当前，应根据现实需要，对已有的法规进行修改、补充和完善，并结合网络这一特殊思想阵地，制定有关网上管理制度，如网上信息发布规范、网上信息审查和监督规定、知识产权的保护条例等。

（8）加强对可能危害德育教育的有害信息的监控。高校要对网络保持高度的关注，做到对网络使用的真正了解、知情和有力监控，及时了解和掌握大学生使用网络的情况，采取一些技术手段，通过抢占信息制高点，控制信息通道的路由政策来实现对网络的宏观控制，并选择性地限制可能传递反动、有害和色情内容的网站，甚至可以建立信息关卡，以阻止非法信息的侵入。

总之，网络时代既使高校德育教育面临困境，也为高校德育教育方法与机制的创新提供了机遇。高校德育教育工作者要积极利用网络媒体这一先进的德育教育资源，抓住机遇，敢于迎接挑战，义不容辞地推动高校传统德育教育向网络德育的转变，开辟德育教育新领域，迅速占领网络德育阵地，增强德育教育工作的实效，努力开创高校德育教育工作的新局面。

第十七章　德育环境与德育的实效性

马克思主义认为："每一事物的运动都和它周围其他事物互相联系着和互相影响着"，"外因是变化的条件"。大学生思想品德的形成，同样受外界条件的影响，整个德育过程都是在一定的社会环境中进行和完成的。我们常说，大学是社会的缩影，思想政治教育的"小气候"受"大气候"的影响，即受教育环境的影响。因此我们研究大学德育的实效性，必须研究与其有着十分密切关系的德育环境。

第一节　德育与环境的关系

大学德育与环境的关系，简而言之，就是德育离不开环境，环境制约着德育，德育又反作用于环境。德育过程任何一个环节，都离不开环境的影响，一切同大学生发生关联的环境都或多或少、或大或小地制约着学生思想品德的形成。

一、德育环境及划分

1. 德育环境的内涵

（1）人与环境。环境是一个涵义极为广泛的概念。所谓环境，大都是指围绕某一中心事物并给其影响的周围一切事物的总和。这里的中心事物，是泛指一切客观事物，它既可指自然界中的土地、山河，小的如原子，大的如星球；也可指社会生活中的人与政治、经济、文化等各种关系的总和，它们互相依存，互相作用，共同存在于一个统一体中。

人的繁衍生息也必须依赖于一定的外界环境,当外界环境作用于人时,其影响是多方面的,可以影响人的生存和健康,可以影响人的智力发展和知识水平,更可以影响人的政治思想及道德观念的形成和发展。

(2)德育环境。教育学告诉我们,影响教育对象的一切外因的总和称教育环境。我们说,影响教育对象思想、道德、观念、个性形成的一切外因的总和称为德育环境,它所包含的内容是十分广泛的。人们通常认为,"德育指学校对学生进行的政治思想品德教育"或"德育就是教育者培养受教育者品德的教育"。而"品德则是调节一定社会关系的政治规范、思想规范和道德规范表现在个人思想言行中稳定的政治品质、思想品质和道德品质的总和"。不难看出,德育环境的特殊性在于它是教育学领域里的问题,尤其是教育学中德育方面的一个问题。有人提出,"德育环境在德育过程中,是处在教育者与受教育者之间的一个'中介'。它应当包括德育内容、途径、手段和各种教育活动"。社会的政治制度、经济制度、人们的物质条件、精神生活、社会的舆论导向、社区的文明程度、学校的教风学风、家庭成员的道德意识、生活习惯、集体主义的合作精神、周围的人际交往等等,凡是与人的思想发生关联的政治的、经济的、物质的、精神的、社会的、家庭的、整体的、个体的影响条件都可以构成德育环境。从高校内部来说,学校的人文精神、教育理念、工作作风、,师的学识水平、教学态度,学生的志向目标、文明意识、集体的团体气氛、良好风尚、环境的优美舒适、整洁卫生等等都构成了大学生的德育环境。

总之,德育环境,就是在德育过程中,影响学生的一定品德形成和发展的各种事物的总和。德育环境的构成,一是指学生的品德及其形成和发展的过程,这是中心事物;二是指围绕这一中心事物的各种环境因素的总和,它们共同构成了德育环境。

2.德育环境的特征

从德育环境的定义来看,我们知道,环境是教育对象同周围的一切关系所构成的。有人就有思想,有思想就必然同周围的人和事发生联系,这种联系就构成了环境的多种特征。

(1)德育环境具有广泛性。从普通意义上讲,每个人都同周围事物有着直接联系，而这许多事物又同别的许多事物有联系，只要是人涉及的认识的或没有认识到的社会对象，都可能构成环境，这就决定了环境的无限广泛性。从空间上讲，宇宙无穷大，现代科学的发展，航天技术的应用，使人类活动范围不断扩大，世界不少国家对南极的考察，从 20 世纪 60 年代开始对月球的探索等等，扩大了环境的领域；从时间上讲，人类不断对远古社会的认识发现，对原始人类及地球起源等方面的研究，也不断为环境提供了宽阔的领域；从发展上讲，人们不断对未来的预测、分析以及创造环境能力的加强，也在拓宽环境这一地带。因此，我们才说环境具有链式反应的无限广泛性。

（2）德育环境具有依存性。环境作为条件是依存于对象而发挥作用的，环境和对象是相互依存的，谁也不能独立出来，没有对象就无所谓环境，环境虽然客观存在，但离开了对象就失去了意义，就不是我们这里所要研究的环境了。对于一个人，整个世界都是他的环境，这是从总体的抽象观念上谈的，具体地讲，一个人不可能接触整个世界的各个领域。这个环境只是就其已经接触或认识的方面而言的，每一个人都有一个特定的环境，因为每个人所接触的、所思所感的并不完全一样。

（3）德育环境具有变异性。一个人所处的环境是不断变化的，一方面环境是动态的环境，它本身在不断地更新变化；另一方面，人的观念、个性由于环境的影响而形成和发展，环境刺激思维，思维刺激行动，行动反作用于环境，环境又产生新的变化，这种循环往复的过程，决定了环境总是处于不断的变化之中。这种变异性，就决定了环境的可创造性。

（4）德育环境具有局限性。德育环境的局限性表现在三个方面：一是矛盾性。环境因素不是清一色的，有共产主义的影响，有剥削阶级的影响，有先进的、有落后的、有美好的、有丑恶的等各种各样的因素，整个世界光怪陆离，对于人的思想行为的影响是复杂的、矛盾的。二是差异性。环境对人的影响，因主体人的气质、性格、年龄、性别、文化素养、觉悟程度的不同而不尽相同，有的人可能因某方面的原因受这方面的影响大一些，有的人可能受那一方面的环境影响大一些。三是选择性。人对环境的影响，不是消极的、被动的适应，而是积极的、主动的适应，并加以创造，这就是说，对于环境影响因素的吸收情况，因人及人的态度而不同，具有相当灵活的选择性。

3. 德育环境的划分

德育环境是作为一个整体而存在和发生作用的。如果把这个整体看作是一个复杂的系统，那么，构成这个系统的各种环境因素就是不同的子系统。为了正确认识德育环境内部诸因素及其关系，探究德育环境作用的内在规律，我们需要也可以把德育环境从不同的角度进行分类剖析：

（1）以其存在的形态划分。德育环境可分为自然环境因素和社会环境因素，在社会环境中又可分为物质环境因素和精神环境因素。

（2）以其被创造和利用的方式划分，德育环境可分为创造者有意识地、自觉地、有目的地创造的，即有意德育环境因素；另一种则为无意德育环境因素。

（3）以其涉及的范围划分。德育环境可分为宏观德育环境和微观德育环境。

（4）以其不同的作用划分。德育环境可分为正向德育环境和逆向德育环境。

（5）以其作用对象活动范围划分。德育环境可分为家庭德育环境、学校德育环境和社会德育环境。

4. 德育环境的构成

不同内容的德育环境因素对学生品德的形成和发展具有不同的影响作用。在客观存在的德育环境中，有自然环境因素和社会环境因素，社会环境中又分为经济环境因素、政治环境因素和精神文化环境因素。这些不同的环境因素对学生品德的形成和发展都具有影响作用。

（1）自然环境因素。自然环境因素包括各种物质形态的大自然和经过改造的人化的大自然，其对学生品德发展的影响，主要在于培养学生对祖国土地、山河和家乡的一草一木的印象认识、情感、记忆。自然环境因素基本上是从客体表象上影响学生的情感和思想意识的。

（2）经济环境因素。经济环境因素包括生产力发展水平及社会物质产品的丰富程度、社会生产方式及人与人之间的经济关系和分配制度等。其对学生品德发展的影响，主要在于培养学生对物质生活舒适或艰辛的体验，影响学生的社会公平感的建立及其心理的平衡。经济环境因素主要是从物质利益上影响学生的价值观念和道德品质的形成及发展的。

（3）精神文化环境因素。精神文化环境因素包括民族文化的传统和民族心理氛围，精神产品的丰富程度和质量水平，国民的精神素质，社会对文化、知识、人才的重视程度，信息传播的方式、速度及可信程度等。其对学生的影响主要是培养学生的民族自尊感和民族自信心，学生的价值导向和精神陶冶水平。精神文化环境因素主要是从社会评价上影响学生的品质和人生价值观的形成和发展。

（4）政治环境因素。政治环境因素包括社会的政治制度、社会安定程度、政治民主及民众参政议政程度、政治气候的倾向性、政治领导者的言行示范性等，其对学生品德的影响，主要是通过政治舆论影响学生的民主与法制观念的确立，影响学生的政治热情、政治参与程度及参政议政能力的培养，影响学生对国家主人翁地位的认识和公民社会责任感的形成，影响学生政治立场、政治观念的确立和坚定程度。政治环境因素主要是从政治精神支柱方面影响学生品德的形成和发展。

需要指出，上述四种德育环境因素在对学生品德形成和发展的影响过程中，就一般情况而言，越后者影响的范围越广，影响的程度也越深，也就是说政治环境因素对学生品德影响最强烈。当然，上述任何一种环境因素都不是孤立存在的，而是相互渗透、相互交叉，并结合为一体而存在的，因而学生的品德发展中总是同时受着各种环境因素的综合影响。

二、德育环境对人的品德发展的影响

马克思主义认为，环境对于教育有着十分重要的作用，环境对人的个性形成起着不可忽视的作用，它们之间有着密切的关系。我们知道，自然素质为人的个性形成提供了一定的物质基础，但自然素质在后天环境和教育的影响下，具有可塑性和补偿性。马克思早就指出："人们的意识随着人们的生活条件、人们的社会关系、人们的社会存在的改变而改变。"人的品德是在一定的社会环境条件下形成和发展的，德育过程也同样是在一定的社会环境条件下进行的。具有自然素质的人要成为具有社会素质的社会的人，必不可少的就是后天的环境，没有社会生活环境这个重要条件，就不能形成一个正常人的个性。马克思又说："人天生就是社会的生物，那他就只有在社会中才能发展自己的真正的天性。"这里也肯定了社会环境对人的个性形成的重要作用。

德育的一切手段，其直接目的都是为了在德育对象周围形成一个适合其品德向一定方向发展的德育环境。我国教育史上，历来重视德育环境，两千多年前孔子曾说："里仁为美。择不仁处，焉得之？"意思就是说，居住的地方，要有仁德才好。选择居住的地方，如果没有仁处，怎么能得到好的熏陶呢？孟母为子择邻三迁的故事，之所以家喻户晓，并被传为佳话，其道理也说明德育环境的重要。中国古代许多思想家都十分重视环境对于教育的重要作用。墨子认为，人性如"素丝"，"染于苍则苍，染于黄则黄"；孟子认为人性本善，很容易被外界物欲所引诱，这样就丧天性成为恶，他举出"富岁子弟多馈，凶岁子弟多暴"来说明社会物质生活条件影响着人的个性气质；荀子以为人生社会中，所受周围客观条件影响，"兰槐香芷之根，其质并非不美，泥渍于溺中便成恶物"，"所渐者然也"。同自然物一样，人的个性形成都要受到周围环境的习染。王夫之则认为人们的思想意识和行为与现实生活的环境有密切关系，环境能决定人们的意志，意志则支配人们的行为，人生活在病苦贫困的环境中，其思想则贫乏而不能展开，人生活在奢侈腐化的环境中，其意识堕落骄奢淫逸，他认为物质生活条件对人的思想意识起决定作用。这些古代人的思想和行为对我们认识人性的形成和环境的关系，都不同程度地有一些积极意义。

从中国古代思想家的论述到马克思主义学说，都不同程度地认为环境对于教育（其中包括德育）有着十分重要的作用，环境与德育有着甚为密切的关系。但是，我们也应该认识到环境虽然是重要的，但真正起主导作用的还是教育以及接受教育的主体——大学生的实践及其由此而产生的思想升华，这样才不至于陷入"环境决定论"的认识误区。马克思曾经指出："环境正是由人来改变的，而教育者本人一定是受教育的。""环境的改变和人的活动的一致，只能被看作是并合理地理解为革命的实践。"教育所以起主导作用，是因为教育是有目的的、有计划的、周密的、循序渐进的、系统深刻的、主动的，也因为教育是按照科学规律办事的；还因为教育可以直接抵制错误环境的影响，引导教育对象向健康方向发展，使受教育者具备一定的观念，从而更好地选择环境。

第二节　德育环境对德育实效的影响

德育环境与德育实效性的关系，是密切的，又是复杂的。这里最主要的，一是不同的德育环境对德育实效性如何产生影响和产生什么影响；二是德育环境创造者怎样选择和创造德育环境以及环境作用对象怎样适应和利用环境的作用与德育实效性的关系。

一、宏观社会环境因素对学校德育的影响

社会德育环境，就德育过程而言，是一个宏观环境，其内容层面广阔，作用力强大。大学生作为社会的成员，自觉与不自觉地受到社会德育环境的影响与教育，这如同呼吸空气一样不可避免，也无法抗拒。

那么，当前社会德育环境的状况是怎么样的呢？毫无疑问，改革开放以来，经过全党、全国人民的锐意改革、努力奋斗，我国出现了社会稳定、政治稳定、经济发展、精神文明建设扎扎实实地进行的局面。高校德育的宏观社会环境因素在变化中不断完善。高校德育与社会经济与社会政治之间，社会文化与社会心理之间联系更加密切，社会德育环境对高校德育实效性的影响也越发重要。

1. 社会经济、政治与学校德育

经济与政治作为不同的社会环境对学校德育的作用是不同的，从"政治是经济的集中表现"的观点和从历史唯物主义关于社会生产力是社会发展的根本动力的观点来看，经济的作用更为根本。但是经济和政治的关系十分密切，相互渗透和融合；经济的决定作用往往要通过政治去实现。因此社会经济与政治对学校德育的作用又往往交织在一起，具有相似的特点。

社会经济、政治环境对学校德育的影响分为对"教育的外层、中层和深层的影响"。

首先，社会经济政治环境影响学校教育的外层，从而影响学校德育的外层。这主要表现为对学校德育"输入端"和"输出端"的影响上。"输入"指为学校教育与德育提供物质基础，它"不仅提供可供教育直接消费的货币形态的教育经费，实物形态的教育设施，还提供教育间接消费的经济范畴的劳动年龄人口和可用于智力活动的空闲时间。"通过提供物质基础，社会经济和政治制约着教育的发展规模和发展速度等等。毫无疑问，任何时期的学校德育都需要一定的物质基础才能赖以生存和发展。在经济上，生产力的发展程度决定着学校德育的产生及发展程度。同样，政治体制不同，不同政体对德育重视程度不同，很大程度上亦通过其教育投入及其在德育上的分配的不同比重，从而影响学校德育的营养程度和发育程度。

"输出端"指"产品"，即人才的规格、构成和规模等。一定社会经济、政治对学校德育的要求主要体现在德育目标，即对学校培养人才的品德目标的设定上。

其次，社会经济、政治环境对学校德育的中层影响。这主要表现为对学校德育内容、方法、管理的影响上。一定社会经济和政治决定着社会类型、教育体制和一定时期的德育目标，从而当然影响学校德育的内容和方法，因为内容和方法总是按一定教育体制运作，为一定德育目标服务的。在学校教育具体运作及德育的管理方面，经济、政治的影响亦十分明显。在我国计划经济模式下，学校教育在人、财、物力的筹措使用，教职工的报酬分配，学生收费及奖助学金管理等方面都受政治和经济体制的影响，学校管理形同行政机关，具硬化和单一的特征。随着改革开放及市场经济的发展，学校已在人、财、物力筹措和分配原则等方面进行了多种形式的尝试。这些教育管理体制上的变革已经和必将更高程度地影响到学校教育及其管理的重要组成部分的德育。此外，教育管理范式的变迁还具有德育的潜在课程意义，影响对学生的平等观念、市场意识、效益观念和拼搏精神等品质的培养。

最后，社会经济、政治对学校德育深层的影响。对学校德育深层的影响实际上是对学校德育内核和灵魂的影响，主要包括对学校德育范式和精神的影响两个方面。

当现代经济、政治的发展实质上使学校德育与社会政治、经济及社会的每一个方面都已融为一体时，孤立地进行学校德育已成为死胡同，代之而起的出路是德育社会化课题的提出。因此大德育观既是社会经济、政治发展的产物，同时又是学校德育对社会经济和政治体制的一个反向诉求。

总之，如果我们将社会经济及政治对学校德育影响的三个方面做一比较，就会发现：经济政治对外层、中层的影响虽比其对深层的影响更直接，但对后者的影响却又远比前者要实质和根本。

2. 社会文化与学校德育

社会文化之所以能够成为制约学校德育环境之中的"软约束"与文化的延续性和周遍性特征有关。"延续性"不仅意味着文化"在时间上它与经济、政治影响可以是不同步的，可以超越或落后于现实的经济和政治的发展"，而且可以理解为社会文化作为环境参与或影响包括德育活动在内的人类个体和类的行动历程的每一环节。所谓"周遍性"，不仅可以理解为"在空间上文化的影响可以超越一定经济共同体、政治共同体的地域范围而流传"，而且可以理解或界定为文化对人类活动每一领域和每一方面的全方位的辐射。这种对过程和领域的全面及全过程的影响可以概括为文化之"渗透性"特征。

（1）社会文化的渗透性与学校德育。文化的渗透性特征决定着社会文化对学校德育全过程及各个领域均有所影响。首先，社会文化影响学校德育工作者。每一个德育工作者都是一定文化中人，其价值观、知识体系、教育观等各个方面都受其特定文化积淀的影响。与西方文化中重视个人权利，尊重儿童个性发展的文化传统特征不同，中国文化一直强调"师道"观念，教师往往成为学生人生的导师和道德上的绝对权威。尽管这一观念已与时代相抵触而屡受责难、批判，尽管西方价值澄清、体谅模式等在中国有所传播和影响，但至今在实践中，中国德育工作者仍是积重难返，德育灌输范式在中国仍属主流，其原因就在于传统文化这种延续性的渗透作用。其次，社会文化制约德育对象的身心特征。不仅不同国家、民族文化中的青少年具有不同的文化特征，就是同一国家、同一文化中不同子群内部的青少年也存在特征上的不同。由于不同的德育对象生长在不同的历史和现代文化的土壤中，所以学校德育就必须充分估价、理解这种文化背景对德育对象的重要制约。此外，德育对象赖以生长的文化环境往往同时又是学校德育的文化环境，故学校德育的其他因素亦会受到同样的制约。再次，社会文化制约学校德育的内容和方法。比如，由于文化本身的选择功能，学校德育课程在一定意义上讲是先在的。这种先在性即是社会文化所赋予的。中国封建社会形成了以儒家文化为主，兼收道、释各家的主流文化，故历代官学、私学的德育内容均奉儒学经典为正宗，同时掺杂道、释精神。从以上德育过程诸要素的文化制约性不难看出社会文化对学校德育的普遍渗透性和重要意义。

（2）社会文化思潮与学校德育。一定时期的文化总要在传递、传播、选择中实现自身的变迁。文化的流变对动态的学校德育产生互动，而文化的流变对学校德育的制约具有决定意义。

首先，文化传递和传播影响学校德育。学校德育的首要任务是要将作为客体文化的德育内容转化为德育对象所内化的主体文化。从历史的主导方面来看，道德客体文化首先转向作为文化主体的教师，而后实现向德育对象的转化。客体文化的传播传递过程在学校德育中实质上表现为主体文化之间的迁移。但是德育内容是文化在时间上传递和空间上传播的历史和现实作用的综合产物，而德育对象及学校德育工作者本身亦是文化传递传播的产物。在一种相对简单和封闭的文化中，文化传递和传播的速度、规模有限，学校德育负担的任务相对单一，德育范式变动可能性小。封建时代，中国的孔孟学说在中国德育课程中的统治地位历经千年以上，即是这种简单有限的文化传递传播使然。同样，现代社会"信息爆炸"已使文化传递的速度、规模发展惊人，使学校德育继续传递千年不变的金科玉律的梦想破灭，而不同文化间的交叉传播又使学校德育面对一个价值体系多元和相对的时代，学校德育再也不可能以传播绝对真理的身份立足，而必须以培养学生自身的道德判断、分析评价、选择和创造力为宗旨，实现道德超越成为现代德育的主旋律之一。

其次，文化选择制约着学校德育。无论古代还是现代，不同文化传播的结果都绝非毫无规律的混杂。文化是在选择中前进的，人类文化史即是文化选择的历史。当代社会文化经选择已从保持传统基本要素的稳定选择型，转向了择不同文化两端而取其中的改化选择型和向某些少数但却与社会发展趋势相一致的文化逼近的定向选择型。学校德育适应这种文化选择的转型必须实现由一元而多元、封闭而开放的选择。最后，文化变迁对学校德育有制约的作用。表现有二：一是文化范式及性质的变迁制约德育发展的方向。中国近代从西学东渐引起的"以夷技之长制夷"的武器引进，到推翻帝制、建立民国的体制变迁及最后"实现人的现代化"的深层呼唤，这种由物质层面而制度层面，进而上升为精神层面的文化性质的变迁，亦使中国德育思想经历了大体相仿的历程。二是文化变迁的速度制约学校德育。当文化变迁遵循积累的法则处于量变时期，学校德育往往采取守成范式，主要任务是传授规范和稳定的价值体系；而文化变迁如遵循突变法则处于质变时期，则社会要求学校德育具备道德观的选择、定向和超越功能。当代世界范围内学校德育正面临着前所未有的危机和挑战，就与全球范围内日益加速的文化变迁有直接联系。

3. 社会心理与学校德育

社会心理是一种低水平的社会意识，表现为感情、风俗、习惯、成见、自发的倾向和信念等，它交织着感性因素和理性因素。社会心理分个人心理和群体心理两个方面，其中前者是社会心理学的研究对象，后者则是个体成长和高校德育的重要环境因素。群体心理因主体不同而不同，对学校德育影响较大。

在阶级社会，社会各阶级所处的经济政治地位不同决定着他们具有不同的社会心理。不同阶段的社会心理在不同时期对各级学校德育有不同的影响。统治阶级的意识形态除直接作用于德育外，还通过对社会风俗、习惯诸方面的影响形成一定的社会心理，从而影响学校德育的实施。封建时代的中国，尤其是宋明理学统治地位确立之后，"三纲""五常"等封建伦理对全社会习俗的控制加强，中国学校德育对忠孝、节烈观念的强调亦受社会心理的影响而达到极端，教学中思想压制倾向也大甚于前；被统治阶级的意识形态及社会心理虽在一定历史时期不占主导地位，但也是影响学校德育的直接背景之一。在中国，一方面，农民阶级的朴素、勤劳等品质已构成民族特质而成为学校德育的传统内容之一，但是另一方面，中国农民阶级的小生产意识又积淀成中国人普遍的社会心态，影响了中国现代化的历史进程，也对学校德育的保守、封闭性特征有一定作用。虽然不宜夸大阶级心理的作用，但是忽视各阶级社会心理的不同及其对各级学校德育的影响也是不科学的。

不同群体的社会心理对学校德育影响的一个共同点是透过心理层面对德育对象的影响。而这一影响的重要机制则是模仿和从众。对于从众和模仿，学校应做两项工作，一是对于健康群体中的正向模仿、从众加以分析、鼓励，实现 E.阿伦森所称的"第二获得"，使某一道德观念为学生所同化、内化。二是对于负面的从众行为则应着眼于群体心理研究，实现该群体范围内的行为矫正。模仿和从众实质上也是一种社会学习。虽然不能以此来揭示社会群体及个人心理对德育影响的全部，但研究模仿与从众从而揭示社会心理和学校德育之间的中介机制，无疑是一个正确的选择。

二、家庭环境对学校德育的影响

1.家庭环境的特殊性

家庭作为学校德育的环境，其特殊性已有不少研究。但许多研究往往只把家庭同学校环境相比较，且罗列有余，不及根本。家庭环境不仅不同于学校环境，而且不同于其他学校德育的外部环境。作为学校德育的微观外环境，家庭环境主要有以下三方面特殊性。

第一，家庭环境是学校德育的基础环境（具基础性）。这主要是学校德育对象对家庭在经济上和感情上的依赖。前者构成其成长的物质基础，后者构成其成长的精神基础。而无论经济和情感上的纽带关系都对儿童及青少年品德形成提供心理上必需的安全感、依恋感等。失去这些正是对许多离异家庭、单亲家庭的青少年道德成长产生不利影响的重要原因。家庭在无意识层面上对学生的德育影响在年龄上是从 0 岁开始，内容上是无所不包的。这种先入为主的影响事实上也可以发生在学生的每一学习阶段。无论是作为先入为主性的基础作用，还是家庭的物质、情感上的基础性，都是既非社区、社会，也非学校环境所能提供的。

第二，家庭环境作用具有深刻性。深刻性取决于家庭作为首属群体的许多特征。首先是人际关系上家长与子女的接触频度高，具有聚合性。社区、社会、学校中的人群对于儿童和青少年来说往往是非直接关系的次属群体，甚至被视为异己的外群，即使是在学校中关系较为直接、密切的师生关系，也因师生关系的发散性特征，而不可能在频度和聚合度上与家长相比。这样，由于这种直接、经常和亲密的接触，家长和子女间对彼此的了解都是较为细致和深刻的，这种深刻的理解特征既有利于家庭教育德育影响的"因材施教"原则的实现，又有益于子女对家庭德育影响的正确理解和深层吸收。其次是家庭环境影响的非正式成分较高。家庭影响中的德育自觉成分随社会发展和教育意识的提高而增加，但与专门的学校德育相比较，家庭影响仍具有更显著的隐蔽特征、间接特征。在家庭中由于教育与生活在时间、空间、活动上往往是统一的，因而家庭环境影响的重要方面是家长的榜样作用。由于子女与家长的接触频度高，具情感上的亲密性质，所以这种榜样作用的能量、深度远胜于一般社区及宏观社会环境作用。首属群体的特征决定了家庭环境的高频、隐蔽、亲切诸特征，从而奠定了其对儿童和青少年德育影响的深刻性。

第三，家庭环境对学校德育具有互补性。互补性主要是就德育内容而言的，同社区一样，家庭亦是一定文化的积淀之地，因而也是一定文化的传承者。由于家庭人际关系最具人伦的基础特征，所以家庭环境同时又是人伦文化的传递和创造基地。学校德育比较系统、规范，多从大处着眼，理论性强，而家庭环境中学生是处在处理人际关系的细部的境地，具有具体、生动、现实性强的特征。因此存在学校德育重一般理论，而家庭环境重具体应用的分工。两者相得益彰则可能形成良性循环。此外学校德育内容有限，课程之外的许多伦理问题也主要在家庭环境中得以自觉补充。中国古代所谓"子不教，父之过"，其"教"的内容主要属于德育性质。除内容外，家庭环境亦是学校环境之外的互补时空之一。同社区一样，学校德育影响在校园之外能否继续辐射和强化亦有待于家庭环境的配合、补充。与社区宏观环境不同的是，家庭环境对学校德育的补充往往更具主动性和自觉性。

2. 家庭环境类型及其作用

家庭环境的特殊性只是说明了家庭环境对于学校德育的独立价值，而家庭环境对学校德育的具体作用尚需进一步分类说明。家庭环境依据主观可控性成分的多少可分为客观环境和主观环境。

客观环境指难以人为调节的环境因素，如家庭的经济状况、家庭结构，家长职业及文化程度等。值得注意的是，家庭经济只是家庭环境的成分之一，家庭环境又只是制约学校德育及青少年道德社会化系统中的若干因子之一，学校德育对象的许多方面又并非全受家庭及其经济条件的制约，故家庭经济与青少年品德发展间并无一对一线型关系。同时贫困家庭出身的儿童即使在研究中普遍认为影响较大的抱负水平一项上也不乏"少年孤贫而志存高远"的例子。所以即使有统计学上的大体结论，也不可将家庭经济对学校德育的某些影响作绝对化的理解。

关于家庭结构的研究，目前主要集中在独生子女和离异、单亲家庭对儿童社会化的影响上。对于独生子女的研究目前尚无一致性结论。有人认为由于独生子女社会网络缺少天然关系，会有自我认定等方面的困难。由于过多的呵护，独生子女任性、依赖性强、合群性差等，这种人格特征势必影响学校德育，产生一定的德育上的困难。也有学者认为，虽然独生子女的社会网络天然关系缺损，但其"社会"性人际关系就比非独生子女多，因而网络规模大小及其他特征并不比非独生子女差，独生子女作为个人早年社会化的经历的特殊性亦会随年龄增长而递减，尤其在中国，独生子女在社会上将变为常态，其特殊性更显日趋消失。故"出生顺序以及独生与非独生经历在个人社会化过程中是无足轻重的因素，没有什么理论研究的价值，也没有个人行为的影响……"笔者认为，在我国现行政策之下，独生子女作为普遍现象和特定个体都具有独立和重要的研究价值。独特的家庭结构必将从两个途径影响学校德育：一是不管积极还是消极评价，独生子女作为学校德育对象肯定具有自身独特的身心特点，学校德育须研究和注意相关研究成果，因材施教；二是独生子女家庭结构的"倒金字塔"型已使独生子女的家长队伍增长，家长对学校德育的关注增强。学校德育应引为变革和进步的重要契机，求得家庭对学校德育的理解、配合和支持。

主观环境指可人为调控的家庭环境因素，主要指家长气氛和家长的期望水平等。家庭环境的特点之一就是父母与子女间人际接触的频率高、聚合性强。但接触频率高、聚合性强并不等于"凝聚力"强。如果家庭环境中人际关系不融洽，这种高频率、强聚合的人际交往反而会起负面的德育效果。家庭气氛实际上是家庭人际关系的独特德育价值发挥的关键之一。家庭气氛主要从两个方面影响德育对象：一是从心理层面上，二是从家长的影响力上。不良的家庭气氛易产生心理损伤，出现不良人格特征（如暴躁、抑郁、反社会倾向等），也易导致离心力增强，从而使家长正面的德育信息不能为子女有效吸收。此外，不良的家庭气氛还会伤及家长对子女及学校德育关注的积极性，家庭因此会成为对学校德育产生负效应的环境因素。家庭气氛的不同取决于家庭人际关系运作的方式，即家长的教育态度或方式。研究证明民主型教育方式较易形成良好的家庭气氛，产生良好的德育影响。

活动环境指家庭父代与子代间的道德活动方式所构成的对于儿童和青少年及其学校德育的影响。我国有学者研究过家庭德育代间情境，认为家庭代间情境主要有三种：传承性情境、建构性情境、调控性情境。这一种研究颇有见地，但将调控性情境与传承性、建构性情境并列是不合适的。因为无论传承性情境还是建构性情境都不可能是单纯的认知而无行为的调控。

三、大众传媒对学校德育的影响

1. 大众传媒及其影响的特点

大众传媒是指面向大众传播一定社会信息的媒体。依据接收者的感觉方式，可分为视觉系统接收的书籍、报刊，听觉接收的广播、录音，视听综合的电视、电影、录像，有人还加上游戏机、互联网、长拉OK等。也有人干脆分为印刷媒介和电子类媒介两大系统。虽然书籍报刊等作为大众传媒的历史较长，但总的说来，与现代化的社会生产力和科技发展带来的信息爆炸、信息需求及信息传播系统的制造能力直接相关，发达的传媒主要是当代社会的一个突出特征。大众传媒既是现代社会发展的产物，又大力推进了现代社会的发展，其影响广泛而深刻，以至于任何一个社会研究的领域都不能不考虑到大众传媒的巨大影响力。

大众传媒对高校德育的影响的一般特征可以概括为以下三个方面：一是中介性。媒体本身只是一个信息的媒介物或载体，本身不能直接构成影响源或影响。大众传媒的内容是一定社会主体所赋予的，这一点是大众传媒不同于其他社会环境的突出特征。比如社区、家庭也具一定的中介性，社会文化积淀于斯，赖其实现再传播从而影响学校德育及其对象等，但社区、家庭等本身又是一级社会实体，本身也是独立的文化，具有影响源及社会影响的特征和能力。宏观社会环境更是如此。大众传媒则不然，它的内容来自于制造或控制其生产的一系列的社会实体：政府、社区、家庭、制造商、创作人员、网络设计和编辑人员等等。正因为如此，大众传媒是不同于社会、社区、家庭环境中的"中间环境系统"。二是大众性。由于大众传媒的对象是普通消费者，故总体说来经过大众传媒包装的信息都是感性、直观的，也正是因为其感性、直观，吸引大众，大众传媒具有较高的商业价值；而商业性又强化了大众传媒影响形式上的非逻辑性和直观性倾向以及内容上的娱乐性、低俗性特征。三是程序性。程序性实际上应为程序固化性。不同媒体消费者如儿童的参与程序、主动性等表现不一，但无论书刊等印刷媒体或是影视录像、互联网等，其内容安排、结构等都已有设定的程序，消费者必须按照这一固化和物化了的程序前进。这一点也显著不同于社会、社区、家庭等环境作用。后者往往没有设定程序，其影响的随意性大，可控制程度亦低于大众传媒，故大众传媒的程序性又是可控性，而可控性证明社会对大众传媒控制的可能和必要性的存在。

2. 大众传媒的影响程度、构成和途径

以电视、报刊、广播、网络、移动通讯为代表的大众传媒构成了学生社会化的宽阔途径，从传媒影响的构成看，各种不同媒体对青少年均有不同程度的影响，各媒体对不同的德育对象也并不平衡，传媒影响具多元、辐射等特征。20世纪90年代以来国际互联网在中国的影响日益增强，网络作为媒体的一种，大有成为霸主的趋势。大众传媒无论其积极还是消极方面，都从如下三个方面影响学校德育。

第一，构成学校德育的环境。如果说社会政治、经济、文化、心理，社区和家庭等是作为环境实体发挥环境作用的话，那么大众传媒的影响主要是作为直接的信息状态发挥其环境作用的。由于其面向大众的直观、感性的包装特征，往往比其他环境因素更易于产生吸引、影响青少年的功效。故学校德育的社会环境建设的重要一环是争取有利的大众传媒。

第二，参与塑造学校德育对象。如前所述，现代儿童是在大众传媒的影响下成长起来的。从积极方面看，电视等传媒已经生动地传达给儿童的某些道德观念将成为学校德育提升儿童和青少年道德品质的基础；从消极方面看，传媒带来的心理损伤、负面文化和道德作用需学校德育进行有针对性的救助，并在此基础上传授先进的道德文化。

第三，直接影响学校德育诸环节。由于传媒系统的客观存在及其日益增大的影响，学校德育课程中的许多课题内容已取之于大众传媒，课堂教学中"理论联系实际"的对象越来越多地成为学生感兴趣的影响内容，学校德育课外活动也已与大众传媒相联系，不少学校已出现"影评小组"等即是证明。从教学手段的角度看，多媒体教学的出现实际上是大众传媒在学校德育中的直接运用。随着电化教学、计算机辅助教学的发展，学校德育将越来越多地运用电视、录像、计算机等媒体，以增强学校德育信息传播的力度。

3. 大众传媒影响的正负效应

对大众传媒的影响的正负效应，研究资料十分丰富，意见亦不一致。应予说明的是，不论从媒体还是其内容的角度，大众传媒的影响对青少年的道德成长及学校德育的正负效应都要具体分析，不可概而论之。电视、录像、书刊、连环画、游艺机、网络等等从一定意义讲都是双刃之剑，既对青少年的道德成熟有益，如不加强调控也会毒害青少年，对学校德育产生负效应。如有人指责西方尤其美国影视进行了全球范围内的文化渗透和"侵略"，是一种消灭他国民族文化传统的反文化现象。但也有人认为西方影响有利于形成儿童的全球意识、热爱人类和保护生存空间的观念等。再如，与指责游艺机侵犯儿童的学习、休息时间，浪费其钱财的结论相反，也有研究表明，游艺机不仅娱乐，而且益智，对心理疾病患儿还有治疗作用……所以总体说来，大众传媒对学校德育的影响是客观的和多方面的，问题是社会、家长和学校如何面对这一影响。

以上分别研讨了作为学校外环境的宏观系统的社会政治、经济、文化、心理，中观系统的社区，微观系统的家庭和中间系统的大众传媒。应该予以说明的是，系统的划分是分析思维的产物，各系统之间存在着相互作用、渗透、传递的关系，相互作用的各系统共同构成影响学校德育的外环境。系统间的相互作用的一体性具体表现主要有二：首先，某一系统对其他系统的渗透和连接。如社会经济作为社会基础和发展的根本动力影响到社会宏观环境内各因子，也制约社区、家庭和大众传媒的特点；又如社区往往扮演学校与社会、学校与家庭的桥梁的角色等。其次，学校德育的某一特征或变化可作多种环境作用的归因。如青少年中经常存在的影视明星崇拜现象，就不仅与大众传媒，而且与社会、社区、家庭环境等因素的共同作用有关。学校德育必须认真研究具体原因及其作用，才能解决这一课题。所以我们在分别研究各环境因子对学校德育作用时不可陷入原子论、分析主义。学校德育面对环境挑战的具体对策也应考虑到社会环境大系统的整体性，统观全局，在结构改造上切中要害。

第三节　校园德育环境建设

众所周知，对人的思想教育是在一定的环境中进行的，所谓环境是指围绕某一主体周围并给这一主体以某种影响的一切要素的总和，环境可以育人，环境的育人功能是不容忽视的，人们思想道德的成长和发展走向，在很大程度上是受环境的影响和制约的。新时期如何通过优化校园德育环境培育、造就出跨世纪的高素质创新人才是各高等院校的一项紧迫任务。

一、校园德育环境的构成

所谓校园德育环境是指对学生的思想品德的形成、发展产生影响的一切要素的总和，包括德育工作者根据一定的目的，有计划地选择、加工和制造对学生发生影响作用的环境。

1. 校园环境的德育功能

历史人文环境、教育管理环境和学术创新环境等共同构成了校园德育环境体系。它们是相辅相成的、有机运作的整体，只有三者有效结合、共同促进、协调发展，才能孕育出优质的校园环境体系，激发大学生的成长意识、创新意识，培养适应时代需要的新型人才。新时期，随着网络的飞速发展，校园德育环境的组成有了一个新的组成部分：虚拟环境。虚拟环境，原本是指通过现代化的高科技设备，作用于人的听、视、嗅觉等感觉器官，模拟出使人好像真实地处于其中但实际上并不存在于周围的环境。今天我们提及"虚拟环境"是指通过计算机网络等现代科技手段形成的，具有周围环境对人的思想行为产生作用的众多特点，而又非周围环境的一种形态。"虚拟环境"具有交互性、即时性、便捷性、广泛性、开放性、匿名性、平等性等特点，虚拟环境对新时期高校学生的思想影响越来越大。

2. 校园德育环境建设主客体

客观存在的各种德育环境因素，并不能自然地组成德育环境来对德育施加影响，它必须经过德育环境创造过程。就高校而言，德育环境创造的主体由德育工作者和全校教职工以及全校学生共同构成。德育环境创造的客体，就高校干部、教师、职工来说是其所面对的各项与育人相关的工作，也就是我们通常所说的教书育人、管理育人、服务育人等；对学生来说一方面是由个体品德表现而集合构成的校园德育环境，另一方面是校园物化的德育环境。

前面我们分析了德育环境创造者主体与客体，对主体来说其责任应包括以下内容：

（1）高校干部、教师、职工要依据《普通高等学校德育大纲》的要求，根据学生的品德培养目标，有目的地去实施一定的教育管理工作，并且争取获得预期的德育效果，营造良好的德育氛围；高校的职工也要在各自的工作岗位上通过努力工作实现高质量的生活服务，以及建设优美的校园环境，发挥其潜移默化的育人作用。德育环境创造者起着直接或间接地影响德育环境的作用。

（2）高校干部、教师、职工的素质水平关系着德育环境建设的效果。事实上，德育环境创造者的素质水平不可能是均等的。这里的素质水平主要表现在自身的品德修养、表率作用、对德育工作的理解、认识以及对学生实施德育过程中的把握能力等。特别是工作在第一线的班主任、辅导员以及任课教师对各种德育环境因素的利用等。能否正确、合理地组织利用和创造一定的德育环境，决定了德育的实效性。

（3）作为大学生应该有意识地、自觉地创造和维护德育环境，首先抓好自身的品德建设，积极参加校园文明建设，自觉维护校园精神态和物质态的德育环境，对实现德育目标发挥自己的积极作用。

需要说明的是，德育环境创造主体除上述所说之外，同时也应包括家庭的、社会的起教育作用的其他成员。

二、优化高校校园德育环境的重要性

良好的历史人文环境有利于大学生树立成才意识。大学生身在一种具有浓郁的历史文化气息的人文氛围中，会不知不觉地产生探索研究的冲动，长期在这种环境中耳濡目染，就会从内心激发成长的迫切愿望；学校历史悠久，其数代学者所营造的开拓进取、团结协作、求真务实、追求真理的科学精神和献身精神以及丰富的学术成果所形成的文化积淀，会使人在潜移默化中形成强烈的敬业精神、严谨的科学态度以及无畏的探索勇气；学校历史悠久、名人辈出，还会形成强大的压力氛围，使大学生们一开始就会有比较高的奋斗目标，主观努力的冲动自然而然会更加强烈，为日后迈向成功做了有利的精神准备。当然，压力环境会形成落差感，这就要求我们的大学生们能够客观地审视、评价自己，为自己准确定位。

1. 良好的德育环境有利于培养大学生终身学习的意识

树立正确的教育环境理念，会使高校的发展走上良性循环。这里主要指的是要着重创造一种氛围，着重挖掘学生个性，调动学生涉猎知识的积极性，激发学生学习的自觉性和创造性，而不仅仅是按部就班地重复课本知识。在社会上越来越要求终身教育的今天，良好的德育环境和教育理念更有益于培养大学生坚忍不拔的学习毅力和科学态度以及终身的学习意识。

2. 良好的德育环境有利于培养大学生的创新意识和创新能力

知识经济需要创新人才，社会主义市场经济条件下人才竞争的重心在于人才的研究和创新能力。在我国全面建设小康社会的历史进程中，更需要具有创新意识的人才，需要有良好学术创新环境的高等教育。良好的德育环境鼓励创造性思维的教学和学习研究，可以更好地培养学生的创新意识和创新才能。

3. 良好的德育环境有利于开发、利用新的德育手段

网络环境下的虚拟社区是构成德育环境的重要方面。对"虚拟环境"的研究和优化有利于在新时期研究新情况，探讨如何通过加强对互联网的管理和建设来应对互联网对大学生思想、生活等各方面的冲击和影响。所以，良好的德育环境有利于研究开发现代化的德育手段，加强"虚拟环境"下高校德育工作。

三、优化校园德育环境的渠道

就我国高校情况而言，良好的育人环境还不能说已经普遍地建设起来了。近些年来，党和政府十分重视社会主义精神文明建设，着力推动社会的全面进步，致力于治理社会大环境，并取得了很大的成绩。然而，社会大环境还应与校园小环境相结合，营造良好的校园德育小环境，既是德育功能赖以充分发挥的决定性条件，其本身又具熏陶感染、潜移默化的重要育人功能。一些高校的实践也证明，校内育人环境的营造、建设和优化是能够逐步做到的。

1. 加强对高校校园德育环境工作的领导

在高校校园德育环境这项工作中，各级党政领导要站在国家和民族前途命运的战略高度，把优化校园德育环境工作提到重要位置，切实抓好。在各级党政领导的工作总盘子中，要将优化校园德育环境和其他工作摆在同等重要的位子，要"同步"抓好：领导力量上同步分工，目标管理上同步签订责任状，资金运用上同步投入，考核评比同步总结、表彰；要正确处理好优化校园德育环境与教学、科研及管理服务工作的关系，要使校园德育环境的建设成为整个学校的任务，成为整个学校发展战略的重要组成部分。

2. 完善校园德育环境建设的制度和机制

制度可以推动德育环境建设，使之不断优化；制度可以保证德育环境秩序，使之与教育及学校整体工作和谐一致；制度可以强化德育环境功能，使之更好地发挥感染、导向、凝聚和推动作用。校园德育环境建设既要靠各院校的认识水平和自觉性，又必须利用制度所具有的稳定性、强制性等特点来予以保证。若干年来，我国相继颁布了《高等教育法》《中共中央关于进一

步加强和改进学校德育工作的若干意见》《中国普通高等学校德育大纲》等，我们应当把这些意见、通知具体化、制度化，使德育环境建设有章可循，建立起优化德育环境的工作机制。

3. 抓好高校德育环境的主阵地、主渠道建设

（1）抓好主阵地建设。加强高校德育主阵地建设，首先要重视校园宣传舆论气氛的渲染，要继续利用校报、广播台、橱窗、黑板报、电视等舆论阵地，在校园内广泛开展宣传教育活动。同时还要注意利用计算机、多媒体、互联网等新载体，以丰富多彩、生动活泼的形式开展宣传教育活动；其次，要坚持开展学生社区建设，让学生社区、寝室成为学生培养能力的场所、展示才华的舞台、提高素质的天地；再次，要广泛开展校园文化建设。校园文化是由体现一所学校的办学理念及学校精神、风气与传统的行为文化、精神文化、物质文化等共同构成的一种文化。校园文化的育人功能是多方面的，新形势下，校园文化建设应该成为高校教育的重要组成部分。

（2）抓好主渠道建设。20 世纪 80 年代以来，"两课"成为学校对学生进行德育教育的主渠道，要优化校园德育环境，营造浓郁的德育氛围，必须充分发挥"两课"的主渠道作用。新形势下，要充分发挥"两课"的主渠道作用，必须改革"两课"的教学内容、方法和手段。教学内容上不仅要进行马克思主义基本原理教育，而且要增加网络道德、法制知识等的教育，着力培养学生的自律能力；教学方法上要变"灌输式"教育为启发引导式教育、变封闭式教育为开放式教育，由包办式模式向主体式转变；教学手段上可尽量采用多媒体进行教学，以增加生动性和提供更多、更大的信息量。

4. 建设一支新型德育工作队伍

高校德育的专职人员是德育工作的核心，它的队伍组成人员要有较高政治影响力、情感影响力、知识影响力和才能影响力，要具备严于律己、以身作则，增强自身的人格力量。在加强队伍建设的同时，还要注意造就一支热心于德育工作的干部、教师组成的兼职队伍，这支队伍是德育工作的主力军。他们为数众多，各自有进行思政教育的有利条件。为适应新形势的要求，这些专兼职人员必须有效地掌握网络技术、熟悉网络文化特点，从而不断促进高校德育环境建设。

　　总之，从整个社会来说，德育环境就是要努力实现安定团结，形成经济繁荣、科学发达、生活富裕的局面。从整个学校来说，就是要树立优良的校风、班风，形成良好的学风。学校的一切德育活动及其效果，都是在一定的德育环境中进行和取得的。为了更好地提高德育的实效性，必须全面地、深刻地认识和把握德育环境的内容及不同的德育环境内容对学生品德的形成和发展过程中不同的影响，认真分析当前影响德育实效性的各种环境因素的现状，在此基础上探索优化德育环境的基本对策。

第十八章　校园文化建设与德育实效性

　　大学生正处在成长发展阶段，他们朝气蓬勃，精力充沛，喜爱从事各种活动；根据学生的不同兴趣和特点，组织丰富多彩的第二课堂活动，既可促进学生德、智、体全面发展，又可和第一课堂互相配合，互相补充，是德育途径中不可缺少的一个重要组成部分。

第一节　校园文化与德育

　　校园文化，概括地讲就是发生在校园范围内的一切文化现象的总和，是社会主义精神文明建设的一部分。一般说来，校园文化是指在教学计划所规定的教学活动（即第一课堂）之外，引导和组织学生有计划、有目的地开展的各种健康有益的活动。

一、校园文化的德育功能

1. 导向功能

　　校园文化蕴含着较深层的价值体系，这一体系是在长期的教学、科研与管理实践中凝结而成的。它为学生提供了行为的参照系，潜移默化地指导其正确认识和处理个人与集体的关系，把个人行为引导到集体目标上来，因而深刻地影响着学生的思想品德、行为规范和生活方式，具有水滴石穿的力量。导向的成功与否，是校园文化发挥了积极的正面效应还是产生了消极的负面效应的重要标志。可以说，校园文化在一定程度上为学生规定了一种目标模式。

2. 凝聚功能

这是指学校的文化氛围特别是良好的校风能激发学生对学校目标、准则的认同感和作为学校一员的使命感、自豪感、归属感，形成强大的向心力。所谓校风，即学校富有鲜明个性特点的教学意识、育人意识、道德意识、文明意识以及为全校师生认同的集体荣誉感与责任感。它对于学生来说，具有很大的同化力、促进力和约束力，能使每个学生都在和谐、融洽的人际关系中，最大限度地挖掘内在潜力。这种高凝聚力主要表现为：集体与个人的关系休戚与共；集体对个人有很强的吸引力；个人对集体有很强的认同感。

3. 激励功能

校园中凸现出来的榜样是这个特定的文化区间内涌现出来的正面典型。他们集中地反映出学生的精神风貌、价值观念、思想道德素质和生活行为方式。校园榜样真实贴近他们的生活，其激励的力量是无穷的，它既是校园精神的生动体现，又是校园文化的形象教材。它所产生的"共生效应"和"魅力效应"，是推动校园文化全面发展的动力和能源。充分发挥榜样的激励作用，对于弘扬正气、优化校风、培养校园精神、建设校园文化具有现实而深远的意义。

4. 认识整合功能

研究表明，学生的认识是在不断地模仿，进而比较、分析和判断的过程中形成的，而一定的文化氛围正是他们模仿的"蓝本"。与此同时，校园文化自身渗透着优秀的民族文化和丰富的科学知识，学生在健康向上、丰富多彩的校园文化中，通过不同思维的不断碰撞，在寻找个人与集体、社会的结合坐标的过程中，不断整合自己的思想与价值体系，从而逐步深入地认识社会、认识人生，并获取许多课堂上得不到的知识与技能。

二、新时期校园文化的新内涵

随着社会的发展和教育改革的深入，校园文化的内容也要不断地丰富和完善。当人类已经进入 21 世纪，当社会主义驶进市场经济的快车道时，我们在广泛深入地进行社会主义、集体主义、爱国主义教育的同时，还必须遵循市场经济的规律和新世纪的要求，补充校园文化的新内容。

1. 培养敬业精神

在市场经济这件外衣的遮掩下，拜金主义、享乐主义不断抬头，并已波及广大校园。大环境的影响，导致学生价值取向的多元化。作为未来事业的主要承载者，其扎根事业、扎根基层的敬业精神的坚定与否，直接影响到他们的学习成效与日后的工作成效。在当前敬业精神遭受严峻挑战的情形下，通过校园文化传播敬业与奉献精神显得尤为重要。

2. 培养科学精神

我们必须清醒地看到，科技意识淡薄，缺乏对科学与真理的执著追求，是当代学生普遍存在的现象。纵然有部分学生仍在努力"登山"，也往往是出于"竞争取胜"的狭隘动机，只看到多一份知识在将来的就业竞争中多一份实力，而对于"新世纪与科技""科技与发展"等深层次问题缺乏认识，校园里的厌学风就是集中反映。由于校园文化活动坚持业余和群众自愿参加的原则，它不受教学计划、教学大纲的限制，可以让学生在这个广阔的天地里根据各自的爱好，培养发展自己的特长，优化自己的智能结构，树立科学精神。

3. 培养勤奋务实精神

社会大气候的影响导致许多学生急功近利，追求"快餐文化""快速成才"。因此，培养他们严谨治学、勤奋学习、积极向上的务实精神是当务之急。尤其是面临社会改革和世界新的技术革命的挑战，信息量倍增，现行的第一课堂教学体系日益显示了它的局限性，比如课本不能及时反映最新信息；班级制教学这种标准化、同步化的组织形式限制了优秀人才的发展。因此，引导大学生参加校园文化活动可以使其扩大视野，增加人与人之间的交流，产生互补、互促的作用。可以让学生根据自己的实际可能，涉足学术研究，开展科研活动，掌握实际操作技能，有助于活跃思想，培养动手能力、实践能力和创造能力；可以使学生在组织和开展活动中得到实际锻炼，培养和提高组织能力和管理能力，培养集体主义精神。

4.培养竞争与创新意识

竞争与创新意识体现了时代精神，是当今校园文化的重要组成内容。通过校园文化活动让学生认清市场经济的规律，引导学生彻底抛弃"等、靠、要"的思想，以强烈的竞争意识投入学习。同时，要让学生认清知识与创新能力才是最雄厚的竞争资本，引导其把主要精力转向学习，以迎接未来的挑战。

总之，校园文化是高校主体精神的反映，是高校校园内独具特色的风景线。校园文化活动可以让学生在所学专业之外，根据各自的特点，学习和了解其他各方面的知识，培养自己多方面的兴趣爱好，达到一专多能的目的；对扩大学生的知识视野，培养学生的各种能力有着十分重要的作用，它是对第一课堂和学校统一组织的教育活动的必要补充，也是对学生进行思想政治教育不可忽视的重要阵地。

第二节　校园文化活动

大学生校园文化活动的内容是根据高等学校的培养目标和学生的兴趣、爱好、特点决定的，其内容、形式多种多样。

一、校园文化活动的内容

1.时事政治教育

这类活动主要是指结合国际、国内重大政治事件，贯彻党的路线、方针、政策所开展的一系列学习活动。比如，国际、国内重大节日的庆祝活动，国内外形势的重大变化，党和国家的重要会议、方针、政策的讨论或讲座，针对学生政治思想方面存在的普遍性的问题举办报告会、论坛、讲演会等。可以通过这些活动对学生进行时事教育、爱国主义教育和国际主义教育。

2.思想观念教育

一般地说，校园文化活动，都会对学生起到某种思想教育的作用。这里主要是指直接开展的一些思想教育活动。比如，思想修养报告会，英雄模范人物、三好学生标兵事迹介绍，参观革命纪念地，邀请老干部、知识分子作报告等。还可以组织留学生、归国华侨作报告，以及对学生进行革命传统教育，社会主义和共产主义教育。

3. 综合素质教育

素质教育包括思想道德素质教育，专业、科技素质教育，人文素质教育和身心素质教育。通过校园文化活动培养学生各项意质的发展，使其成为具有创新意识和综合能力的新型人才。

二、校园文化活动的形式

1. 社团活动

大学生社团是大学生基于共同的兴趣和愿望组织的群众性团体。社团的构建主要包括理论研究型社团、学术型社团、公益服务型社团、文化型社团和身心健康型社团。在高校中，学生社团已经成为加强学生思想政治工作、推进素质教育、推动校园文化建设的重要载体。

2. 科学技术活动

这类活动可以结合学生所学专业，也可以跨学科，鼓励支持他们涉猎广泛的领域。比如听学术报告，组织学术讨论会、学术研究小组、科技活动中心、攻关小组或研制小组，还可以组织学生探讨新课题等。开展这些活动能够增长学生的知识，发挥他们的才能，激发他们的兴趣，培养他们的毅力以及爱科学、肯钻研、不怕困难、勇于探索、追求真理的品质。

3. 社会公益活动

这种活动有自愿组织的，也有学校和社会提倡的，还有个人主动去做的。助学活动，学雷锋、为人民服务，植树造林、采集树种草种，参加各种有益于社会和他人的义务劳动等。这一类活动可以培养学生热爱党、热爱社会主义、热爱祖国的情操，还可以培养学生热爱劳动、勤奋朴实的优良品德和作风。

4. 文化、体育活动

这类活动是经常性、群众性的活动。比如，书评、影评、剧评、诗歌创作朗诵会、读书心得报告会、阅读指导讲座、征文、某一作家作品研究小组、主办学生文学刊物等；群众性的歌咏活动、音乐欣赏会、周末舞会、音乐知识讲座、舞蹈训练班、歌曲节目创作组、摄影小组等；还有各种群众性体育活动，体育竞赛，友谊比赛；象征性长跑、拔河、武术、气功、球类等等。各种各样群众性文艺、体育活动的开展，可以丰富和活跃学校的文化生活，可以吸引更多的同学发挥自己的特长，有利于培养德智体全面发展的人才，还可以使他们在活动中受到教育，培养热爱学校、团结互助，活泼的思想和性格。

第三节　校园文化活动的组织管理

一、校园文化活动的管理

1. 加强对校园文化活动的管理

校园文化活动可以促进学生的全面发展，提高学生的政治觉悟，是进行自我教育和自我管理的好形式。因此，校园文化活动要在学校党政部门领导下，发动学校各方面的大力支持，由学校学生工作职能部门和共青团组织管理和具体指导，学生会和学生社团自己组织实施。有关职能部门应认真履行对学生社团登记、注册等管理职责。

2. 加强对校园文化活动的引子

要注意掌握校园文化活动内容的思想性、教育性，看其是否有助于提高学生的思想政治觉悟，有助于培养学生的革命理想和共产主义道德品质，有助于发展学生的技能、技巧和创造精神，有助于学生扩大知识面，有助于增进学生的友谊和健康等。能够达到德育目的的，就应该大力支持。对于那些没有积极意义的活动，要引导到积极方面来，使其健康发展。

3. 注意发挥学生的主动性和创造性

校园文化活动要充分调动学生的积极性，发挥他们的主动性和创造性。要指导和引导他们自己动脑筋、想办法，开展一些有新意、有收获的活动。一般的活动让他们自己组织、自己准备、自己主持，从计划设想到最后完成，以便培养他们的能力，发挥他们的聪明才智。

4. 讲求活动的多样性和生动性

校园文化活动的内容和形式应该经常变换，务求新颖实在，使同学们乐于参加，组织的活动要符合青年人的特点，政治性的、知识性的、思想性的、娱乐性的可以交叉进行、兼而有之；动手的活动、动脑的活动、动口的活动、群众性的活动、分散性的活动、个人性的活动也要比例适当。这样才能做到丰富多彩，吸引更多的学生参加。

二、校园文化建设

1. 设立校园文化活动辅导员制度

将校园文化活动作为全校精神文明建设的重点内容，动员有能力的德育工作人员（干部、教师）支持并参加学生第二课堂的活动。设立校园文化活动辅导员制度，各二级学院、系、部教研室、各级组织和各个部门都要从自己的工作角度积极支持学生校园文化活动。

2. 加强校园文化设施建设

要把校园文化活动列入学校年度工作计划，提出明确的任务要求，提供必要的物质、设备、场所和经费，经常检查校园文化活动开展的情况，使校园文化活动做到工作有计划、有检查，不断总结经验，不断创新。

参考文献

[1]鲁洁. 道德与法治[M]. 北京：人民教育出版社，2016.

[2]王玄武. 比较德育学[M]. 武汉：武汉大学出版社，2000.

[3]刘次林. 以学定教[M]. 北京：教育科学出版社，2006.

[4]林崇德. 师德通览[M]. 济南：山东教育出版社，2000.

[5]李森，陈晓端. 课程与教学论[M]. 北京：北京师范大学出版社，2015.

[6]林崇德. 21世纪学生发展核心素养研究[M]. 北京：北京师范大学出版社，2016.

[7]鞠文灿，杜文艳. 道德与法治教师用书[M]. 南京：江苏凤凰教育出版社，2016.

[8]钟启泉. 课程与教学论[M]. 上海：华东师范大学出版社，2007.

[9]李开复. 做最好的自己[M]. 北京：人民出版社，2005.

[10]彼得·穆雷尔. 法律的价值[M]. 北京：法律出版社，2006.

[11]陈光中. 刑事诉讼法[M]. 北京：北京大学出版社，2006.

[12]陈晓卿. 百年中国[M]. 济南：山东画报出版社，2002.

[13]樊富珉. 青年心理健康十五讲[M]. 北京：北京大学出版社，2006.

[14]高铭暄，马克昌. 刑法学[M]. 北京：高等教育出版社，2005.

[15]胡凯. 大学生心理健康教育教程[M]. 长沙：湖南人民出版社，2009.

[16]许汝罗，王永亮. 思想道德修养与法律基础学生辅导读本[M]. 北京：高等教育出版社，2006.

[17]张光兴. 大学生思想道德修养[M]. 北京：科学出版社，2005.

[18]张俊宗. 现代大学制度[M]. 北京：中国社会科学出版社，2004.

[19]刘杰，池云下次. 思想政治理论课主题实践教程[M]. 北京：机械工

业出版社，2013．

[20]方燕，葛陈荣．高职院校思想政治理论课实践教程[M]．广州：广东高等教育出版社，2013．

[21]杨燕春．思想政治理论课实践教程[M]．北京：中国人民大学出版社，2013．

[22]陈锦水．高校思想政治理论课实践教程[M]．北京：现代教育出版社，2012．

[23]刘书林．思想道德修养（学生用书）[M]．北京：清华大学出版社，2001．

[24]王征国．道德规范论：以人为核心的道德规范体系研究[M]．广州：中山大学出版社，2001．

[25]刘智峰．道德中国[M]．北京：中国社会科学出版社，2001．

[26]袁宜芝．思想道德修养[M]．北京：化学工业出版社，2003．

[27]朱永新．新教育之梦[M]．北京：人民教育出版社，2002．

[28]李中莹．重塑心灵[M]．北京：世界图书出版公司，2006．

[29]罗国杰．中国传统道德（简编本）[M]．北京：中国人民大学出版社，1995．

[30]骆郁廷．高校思想政治理论课程论[M]．湖北：武汉大学出版社，2006．

[31]林庭芳．高校思想政治理论课教育教学现代化研究[M]．北京：人民出版社，2006．

[32]曾继耘．差异发展教学研究[M]．北京：首都师范大学出版社，2006．

[33]刘小新．当代大学生主导价值观研究[M]．北京：首都师范大学出版社，2005．

[34]石书臣．现代思想政治教育主导性研究[M]．上海：学林出版社，2004．

[35]孟宪东，高东．应用型大学思想政治理论课教学模式研究[M]．北京：中国政法大学出版社，2004．

[36]关怀．劳动法[M]．北京：中国人民大学出版社，2005．

[37]周利民，罗水平，贺小电．新婚姻法学[M]．北京：北京大学出版社，

2006.

[38]钱宁．社会正义、公民权利和集体主义[M]．济南：社会科学文献出版社，2007．

[39]荀振芳．大学教学评价的价值反思[M]．青岛：中国海洋大学出版社，2006．

[40]李雁冰．课程评价论[M]．上海：上海教育出版社，2002．

[41]祖嘉合．思想政治教育方法教程[M]．北京：北京大学出版社，2004．

[42]黄钊．儒家德育学说论纲[M]．武汉：武汉大学出版社，2006．